경제체제 전환과 북한

경제체제 전환과 북한

지속가능발전의 관점에서

강성진 · 정태용

KOREA
UNIVERSITY
PRESS
고려대학교
출판문화원

이 저서는 미래창조과학부의 재원으로 한국연구재단의 지원을 받아 수행된 연구임
(2016, 특화전문대학원 연계 학연협력지원사업).

책머리에

봉건주의가 타파되면서 자본주의체제가 확립되고, 18세기 중엽 이후 산업혁명(Industrial Revolution)이 본격적으로 시작되면서 우리 인류는 급격한 인구증가와 비약적인 생산 증가를 경험하였다. 경제성장에 의한 1인당 소득의 증가는 인류의 삶의 질을 급격하게 향상시켰다. 이처럼 높은 경제성장이 가능하였던 것은 자유방임주의 이념에 기반하여 시장경제체제를 주도한 보이지 않는 손(invisible hand)이라는 가격기능이 효율적으로 작동하였기 때문이다.

19세기 중순 이후부터는 시장경제체제에서 부작용이 나타나기 시작하였다. 그 이유는 시장경제체제는 공공재와 외부성이 없는 완전경쟁적인 시장구조를 전제로 하였으나 이러한 시장체제는 현실적으로 존재하기 어려웠기 때문이다. 경쟁에서 우위에 있는 기업들이 점진적으로 독과점을 통하여 시장지배력을 강화해 나가면서 자원배분의 비효율성이 나타나는 시장실패(market failure) 현상이 나타나기 시작하였다. 그뿐만 아니라 경쟁에서 도태된 사회적 약자들의 절대빈곤이 증가하고 경쟁력이 높은 계층과의 격차가 확대되는 현상이 나타났다.

자본주의 시장경제체제를 충격과 위기로 몰아넣은 것이 1920년대 발생한 대공황(Great Depression)이었다. 시장의 보이지 않은 손이라는 가격기능에 의하여 시장에 공급된 제품들이 시장에서 해소되지 못하게 됨으로써 자유방임주의를 기반으로 한 자본주의 경제체제에 대한 근본적인 문제점이 제기되기에 이르렀다. 자본주의체제의 분권화된 시장기능을 부정하고 중앙집권체제를 통하여 경제운용을 하려는 국가들이 등장하게 되었는데 가장 먼저 등장한 국가가 소련이다.

소련이 등장한 이후 헝가리와 폴란드를 포함하여 주변 동구권 국가들만 아니라 중국, 라오스, 베트남, 캄보디아의 동아시아 국가들까지 사회주의 국가로 전환하게 되었다. 그 이후 사회주의체제와 미국 및 영국을 중심으로 한 자본주의체제 국가들 간의 본격적인 경제체제 경쟁이 벌어진다. 그러나 1978년부터는 중국이 개혁 · 개방 정책을 실시하기 시작하였고, 1991년에 소련이 붕괴하면서 기존의 사회주의 국가들이 급격하게 자본주의 경제체제로 전환하는 체제전환(transition) 정책을 실시하기 시작하였다.

본 연구는 사회주의체제 국가들의 자본주의 경제체제로 전환하는 과정을 살펴보고, 체제전환 정책의 내용 및 성과를 비교하는 데 목적을 두었다. 먼저 체제전환국(transition countries)의 범위를 확대하여 정의하였다. 과거 소련체제하에 있던 국가들만 아니라, 중국, 베트남, 라오스, 캄보디아와 같은 동아시아 국가도 포함하였다. 체제전환에 대한 기존 연구들은 소련체제를 중심으로 하여 정치체제에서 다당제를 채택하는 민주화와 경제체제에서의 시장경제체제로 전환하는 국가를 체제전환국으로 정의하는 경향이 있었다. 그러나 본 연구에서는 기존 연구에 포함되지 않았던 동아시아 4개국도 체제전환국에 포함하였다. 이들 4개국은 비록 정치체제는 과거 사회주의체제에서의 1개 정당 체제를 유지하고 있으나 경제체제는 자본주의체제로 전환하는 변화를 보였다. 그 외에 본 연구에서는 아프리카 지역에서 체제전환 정책을 실시하고 있는 알제리와 알바니아도 체제전환국으로 포함하였다.

그리고 본 연구는 체제전환 정책의 성과를 평가하기 위하여 기존 연구들이 많이 이용한 1인당 소득이나 실업률의 변화와 같은 경제성과 지표에서 더 나아가 지속가능발전을 반영하는 지표를 이용하였다. 국가의 발전 과정에 관한 최근 연구 동향을 보면 경제성과만을 중심으로 하여 정책성과를 평가하는 것이 아니라 환경과 사회발전을 동시에 고려하는 지속가능발전(sustainable development)이라는 차원에서 정책성과를 평가하고 있다. 이러한 연구경향이 나타나게 된 것은 경제성장이 이루어짐에 따라 온실가스 배출이 증가하게 되면서 지구온난화(global warming)라는 기후변화에 직면하게 되었기 때문이다. 그리고 국가 간 혹은 국가 내의 경제주체 간에 경제적 성과가 공평하게 분배되지 못하고 있다는 인식이 증가하면서 포용적 발전(inclusive development)의 개념이 더욱더 중요하게 인식되기 때문이다.

체제전환 정책의 성과는 국가에 따라 다양하게 나타났다.과거 소련체제하에 있었던 헝가리, 체코, 폴란드 및 슬로바키아의 비셰그라드 국가들은 체제전환 초기에 이미 상당한 수준의 경제발전단계에 있었다. 그리고 이들 국가 간의 체제전환 정책의 성과도 소련체제하에 있었던 다른 국가 그룹인 독립국가연합(Commonwealth of Independent States: CIS)

국가들에 비해서도 매우 빠르게 개선되었다. 반면에 다른 체제전환국인 동아시아 체제전환국의 정책성과는 유사한 정책내용과 정책실시 속도에도 불구하고 국가별로 다양하게 나타났다.

체제전환국을 대상으로 지속가능발전의 시각에서 전환정책의 내용과 성과를 비교·분석함으로써 최근 체제전환을 시작하는 미얀마와 쿠바에 대하여 매우 중요한 정책적 시사점을 제시할 수 있을 것이다. 특히 한국과 북한의 관계가 개선되어 북한이 체제전환이라는 개혁·개방정책을 실시한다면 본 연구의 성과는 매우 유익한 도움이 될 것이다.

주위 많은 분들의 도움이 없었다면 본 연구는 불가능하였다. 특히 제 5장에서 주로 다룬 체제전환국 경제성장의 원인에 대한 실증적으로 파악하는 내용은 현재 진행 중인 지속발전연구소 김수정 연구원과의 공동연구 결과물이 많은 도움이 되었다. 그리고 자료를 정리하고 내용을 매우 꼼꼼하게 읽으면서 오타를 수정해 준 고려대학교 경제학과 조시준, 유은진, 장보윤 대학원 학생들과 연세대학교 국제학대학원의 손지현, 장지원, 현정희 대학원 학생들의 도움이 있었기에 이 책을 성공적으로 완성할 수 있었다. 마지막으로 고려대학교 특화전문대학원의 재정적 도움으로 이 책이 성공적으로 출판될 수 있었음을 밝힌다.

강성진 · 정태용

차례

표 차례

그림 차례

1장

서론

봉건제도가 무너지고 난 이후 18세기 중엽부터는 새로운 시장경제체제인 자본주의체제가 대두되었다. 시장경제체제는 영국과 프랑스를 중심으로 하여 제1차 및 제2차 산업혁명을 거치면서 확립되어 갔다. 제1차 산업혁명이란 1784년에 영국에서 시작된 '증기기관 발명에 의한 기계화'를 의미한다. 그리고 제2차 산업혁명은 1870년경에 '전기를 이용한 대량생산체제'가 확립된 것을 의미한다. 정부의 시장 개입을 최소로 하는 자유방임주의를 기반으로 하여 발달한 시장경제체제는 산업혁명의 확립을 계기로 이전의 봉건주의체제에서 볼 수 없었던 높은 수준의 생산을 가능하게 하였으며 인류의 삶의 질을 향상시키는데 커다란 공헌을 하였다.

전 세계 국가의 장기간에 걸친 인구와 GDP를 추정한 Maddison(1995, pp.19-20)에 의하면 산업혁명 이후 1인당 GDP가 얼마나 빠르게 증가하였는지 알 수 있다([표 1-1] 참조). 먼저 세계 인구 추계를 보면 1500년과 산업혁명 이전의 1820년 사이에 약 4억 명에서 약 10억 명으로 증가하였는데 이는 연평균 0.29%가 증가한 것이다. 반면에 1992년 전 세계 인구는 약 54억 명으로 증가하여 1820년 이후 연평균 0.95%

표 1-1 세계경제 성과(1500-1992)

연도	1500	1820	1992	1500-1820	1820-1992
세계인구(백만)	425	1,068	5,441	0.29	0.95
1인당 실질 GDP	565	651	5,145	0.04	1.21

주: 1) 1인당 실질 GDP는 1990년 기준 미국 달러; 2) 성장률은 연평균 증가율임.
자료: Maddison(1995), pp.19-20. [표 1-1(a)] 및 [1-1(b)].

가 증가하였다. 1인당 GDP도 1500년 565달러에서 1820년 651달러로 증가하였지만 1992년에는 5,145달러에 이르렀다. 1500-1820년과 1820-1992년 기간에 1인당 GDP의 연평균 증가율은 각각 0.04%와 1.21%였다.

산업혁명과 시장경제체제의 확립은 1인당 GDP의 상승을 가져옴으로써 인류의 삶의 질을 비약적으로 향상시키는 데 커다란 공헌을 하였다. 그러나 경쟁과 효율을 기반으로 한 시장경제체제의 발달은 19세기 중순 이후부터 많은 부작용을 낳았다. 먼저 시장경제체제의 발달은 경쟁에 우월한 기업들의 시장지배력을 강화시켜서 오히려 시장 경쟁을 저해하는 경우가 발생하게 되었다. 특히 시장경제체제가 경쟁을 기반으로 발달함에 따라 경쟁에서 탈락하는 계층이 생겨날 수밖에 없어 소득불균형의 악화와 절대빈곤층이 증가하는 현상이 발생하였다. 이러한 사회적 문제들을 포함하여 시장경제체제에 대한 근본적인 문제점을 인식하게 된 계기는 1920년대 전 세계를 뒤흔든 대공황(Great Depression)이었다.

대공황이란 시장에서 생산된 재화가 가격기능을 통하여 소비자들에게 판매되지 못하고 재고가 남아 있는 것을 의미한다. 이러한 현상은 시장경제체제의 가격기능인 보이지 않는 손(invisible hand)이 완벽하게 작동하지 않고 있음을 보여 주는 것이었다. 대공황을 계기로 자유방임주의를 기반으로 한 시장경제체제에 대한 비판이 제기되었다. 시장에만 의존하는 경제체제로는 소득분배, 빈곤 및 과잉공급과 같은 문제를 시장기구 내에서 자동적으로 해결할 수 없기 때문에 정부의 시장개입이 필요하다는 주장이었다.

시장경제체제 내에서 대공황문제를 해결한 것은 Keynes(1936)가 그의 대표적인 저서《고용·이자 및 화폐의 일반이론》에서 주장한 정부 주도의 총수요관리정책이다. 시장기능이 제대로 작동하지 않는 경우 정부의 적극적인 개입에 의하여 문제를 해결할 수 있다는 주장이다. 총수요관리정책을 통하여 대공황을 극복한 이후 미국과 영국을 비롯해서 시장경제체제를 유지하고 있던 국가들은 정부의 적극적인 시장 개입정책을 통하여 지속적인 경제적 호황을 누리게 되었다.

반면에 사회적 불평등 심화나 과잉공급은 근본적으로 시장경제체제가 잘못되었기 때문에 나타나는 현상이므로 새로운 경제체제인 사회주의체제로 전환되어야 한다는 주장이 있었다. 이는 19세기부터 주장되어 온 마르크스와 엥겔스의 사회주의체제론에 기반을 둔 것이다.

가장 최초로 이루어진 사회주의체제로의 전환은 1922년에 15개국으로 구성된 소련이라고 불리는 소비에트 사회주의 공화국 연방(Union of Soviet Socialist Republics: USSR)이다. 그 후 1949년에는 중국이 사회주의 국가로 전환되었고, 제2차 세계대전이 끝나고 1950년까지는 대부분의 동구권 국가들이 사회주의 국가로 전환되었다.

소련이나 중국을 비롯한 사회주의 국가들도 초기에는 경제개발계획에 의한 높은 경제성장을 달성하기도 하였다. 그러나 1970년대에 들어서는 사회주의체제 국가들의 경제성장률이 하락하기 시작하였다. 특히 1980년대에 들어와서는 경제성장률의 하락은 더욱 심각해졌고, 정부의 누적 재정적자와 대외부채가 급증하는 문제에 직면하게 되었다.

이러한 사회주의체제의 모순에 대한 인식을 바탕으로 폴란드(1950년대)와 헝가리(1960년대) 등 소련의 직접적인 지배를 받지 않았던 국가들이 시장의 가격기능을 도입하는 개혁정책을 시도하였다. 그렇지만 소련의 개입으로 인하여 실질적인 정책의 실행으로 이어지는 것에는 실패하였다. 사회주의 국가 중에서 실질적인 시장개혁정책을 도입하기 시작한 국가는 중국인데, 문화혁명이 끝나고 1978년에 덩샤오핑이 집권하면서부터이다. 그 후 1985년에는 소련의 고르바초프가 개혁정책을 실시하였고, 1986년에는 베트남과 라오스가 개혁·개방정책을 실시하기 시작하였다. 그렇지만 이들 국가들은 사회주의적 정치체제를 유지하면서 시장에 기반을 둔 경제정책을 실시하고자 하였다.

사회주의 정치체제가 본격적으로 전환되기 시작한 것은 1990년에 소련이 붕괴하면서부터이다. 소련이 붕괴되자 기존의 연방 국가 내의 국가들을 포함하여 폴란드와 헝가리 등 위성국가들은 본격적으로 다당제를 채택하는 등의 정치체제의 변화와 시장체제로의 경제체제의 전환을 시작하였다. 일반적으로 이들 국가를 체제전환국이라고 부른

그림 1-1 체제전환정책의 핵심내용

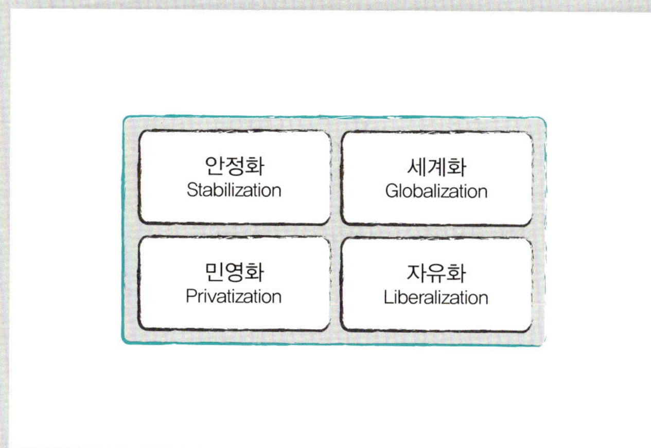

다. 그렇다고 모든 체제전환국이 경제체제뿐만 아니라 정치체제까지 전환을 한 것은 아니다. 예를 들어 러시아와 중국은 실질적인 다당제 정치체제로 전환한 것은 아니다.

이 책에서는 비록 다당제를 채택하는 정치체제의 전환이 이루어지지 않더라도 경제체제를 전환하는 국가를 모두 포함하여 체제전환국이라고 정의한다. 따라서 소련체제하의 국가들뿐만 아니라 소련이 붕괴되기 이전에 경제적 체제전환을 시작한 동아시아 4국(중국, 베트남, 캄보디아, 라오스)을 포함하여 최근 체제전환정책을 실시하고 있는 알제리와 알바니아 등 아프리카 지역 국가들도 포함한다.

체제전환정책에 대한 기존 연구를 종합하면 다음과 같은 네 가지 공통적인 방향에서 이루어졌다. 거시 경제적 안정화, 가격 자유화, 국영기업의 민영화, 그리고 대외시장 개방화이다([그림 1-1] 참조). 예를 들어 국가가 정하는 생산 및 배분 정책에서 시장의 수요·공급에 의해 거래가 이루어지는 경우, 소비에 비해 충분히 생산이 이루어지지 않게 되면 인플레이션이 발생하는데 어떤 경우에는 초인플레이션이 발생하기도 한다. 이처럼 국내시장이 불안정해지는 경우 정부의 재정지출을 적절히 조절하는 경제안정화 정책이 필요하다.

체제전환과정에 실시된 정책은 1980년대부터 경제적 어려움을 겪고 있던 남미를 중심으로 하는 자본주의체제 국가들에게도 공통적으로 제안되었던 워싱턴 컨센서스(Williamson, 1990) 및 수정된 워싱턴 컨센서스(Rodrik, 2006)와 유사한 방향을 가지고 있었다([그림 1-2] 참조). 이 정책들은 당시 경기침체를 겪었던 남미 국가들만이 아니라 그 이후 경제위기를 경험한 멕시코(1994)와 외환위기를 겪은 1997-98년 기간에 태국, 인도네시아 및 한국에도 동일하게 적용되었다. 제2장에서 이에 대한 자세한 논의가 이루어진다.

1990년대 이후 경제체제 전환국들은 체제전환 이전의 사회주의체제 내에서도 서로 다른 정책 경험을 가지고 있었다. 그리고 체제전환이 유사한 시점에 시작되었지만 체제전환 초기의 정치, 사회, 경제적 조건에는 국가별로 차이가 있었다. 또한 체제전환 과정에서 당시 국가들이 시행한 개혁정책들도 속도, 내용 면에서 다양하였다. 따라서 이러한 국가별 차이점은 유사한 형태의 체제전환정책을 실시하였다고 하더라도 국가별로 서로 다른 정책성과를 보여 주는 원인이 되었다.

경제성장을 달성하기 위하여 제안된 정책방향은 시장 중심적이고

그림 1-2 워싱턴 컨센서스와 수정된 워싱턴 컨센서스

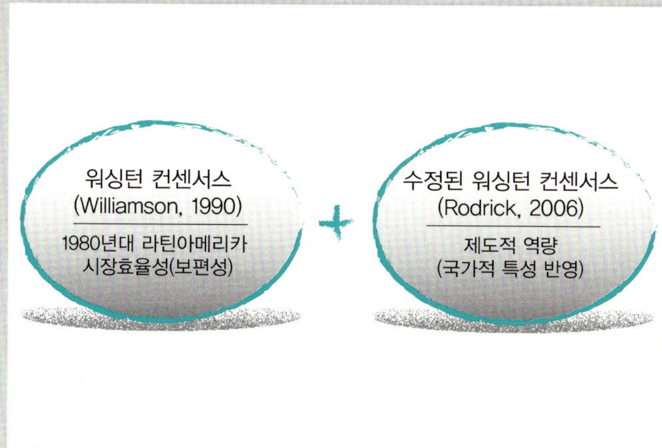

대외적 개방을 강조하는 워싱턴 컨센서스를 따라왔다. 그러나 2008년 글로벌 금융위기를 경험하면서 정책 제안 방향이 변화하고 있다. Kaletsky(2010)는 그의 저서 《자본주의 4.0》에서 2008년 글로벌 금융위기는 기존의 시장 중심의 정책을 바꾸도록 하는 계기가 되었다고 주장하였다. 그 이전에 중시되었던 시장중심의 정책 제안은 2008년 이후 세계가 직면하고 있는 다양한 경제문제를 해결하기에는 충분하지 못하다는 것이다. 다시 말하면 시장은 항상 장점을 가지고 있는 것이 아니라 문제점도 동시에 가지고 있다는 점을 인식해야 한다는 주장이다.

그는 시장은 장점과 단점을 동시에 지니고 있으므로 적절한 역할 조정이 필요하다고 보았다. 그렇다고 시장과 정부의 역할 분담을 성공적으로 해 왔다고 평가되는 국가의 경험을 그대로 가져와서 적용할

그림 1-3 체제전환국의 그룹별 특징

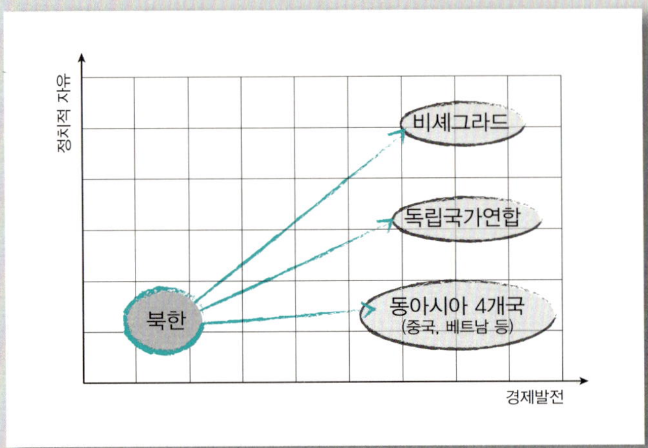

수는 없다고 하였다. 그 국가가 처한 환경에 따라 적절하게 시장과 정부의 역할이 조정되어야 한다는 의미이다. 즉, 어느 나라가 특정한 시장과 정부의 역할을 가지고 경제문제를 해결하였다고 해서 우리나라에게 같은 역할 조정을 했을 때 항상 성공하는 것은 아니라는 것이다.

기존의 체제전환국에 대한 연구를 종합하면 [그림 1-3]과 같이 정리할 수 있다. 주로 시장경제로의 전환에 따른 경제발전과 정치적인 체제전환을 통한 민주주의의 정도가 양(+)의 상관관계에 있다는 것을 실증적으로 보여 주고 있다. 정치적 자유와 경제발전단계를 기준으로 하면 체제전환국을 다음 세 국가 그룹으로 나눌 수 있다.

먼저 비셰그라드 4국은 사회주의체제 기간 중에도 다른 동유럽 국가들에 비해 지속적인 개혁정책을 추진할 만큼 소련으로부터 약한 간섭을 받아 온 국가들이다. 그리고 이들 국가들은 체제전환을 시작한 이후에도 다당제를 채택하고 유럽 등 시장경제체제 국가들과 매우 활발하게 교류를 하였다. 이들은 체제전환 초기에서부터 이미 1인당 GDP에 의한 경제발전 단계가 다른 체제전환국들에 비해 앞서 있던 국가들이다.

둘째 그룹은 러시아를 비롯한 독립국가연합 국가들이다.[1] 이들 국가는 전환정책을 실시하며 다른 시장경제 체제 국가들과 활발히 교류하고 있지만 아직도 러시아의 영향력 아래에 있다. 세 번째 그룹은 시장경제로의 전환을 추진하고 있지만 정치적으로는 사회주의체제를 유지하는 동아시아 4개국(중국, 베트남, 라오스, 캄보디아)이다. 이들 국가는 동구권 국가들보다 빠른 시점에서 전환정책을 시작하였다.

이제 우리 사회는 기존의 워싱턴 컨센서스적인 시각에 기반을 둔 기존의 체제전환 정책적 시각에서 벗어날 필요가 있다. 시장과 정부의 적절한 역할 분담에 대한 논의는 국가 간의 특성을 반영하는 방향에서 이루어져야 한다. 그리고 경제적 성과라는 차원에서 더 나아가 경제 · 사회 · 환경을 아우르는 지속가능발전(sustainable development) 차원

1 소련이 붕괴되면서 독립한 국가는 모두 15개 공화국인데 러시아, 우크라이나, 벨라루스, 몰도바, 카자흐스탄, 우즈베키스탄, 아제르바이잔, 키르기즈공화국, 타지키스탄, 아르메니아, 투르크메니스탄, 조지아, 그리고 발트 3국(에스토니아, 라트비아, 리투아니아)이다. 이들 15개 국가 중에 발트 3국(에스토니아, 라트비아, 리투아니아)과 조지아를 제외한 11개국이 1991년 12월 카자흐스탄의 알마아타에 모여서 서명하면서 공화국 연합체를 이루었는데 이들 국가들을 통칭하여 독립국가연합(CIS)이라고 부른다. 그 후 1993년 10월 가입하였던 조지아가 2003년 장미혁명 이후 러시아와의 갈등이 커지면서 2009년 8월에 탈퇴하였고, 2014년 3월 우크라이나가 탈퇴하였다. 투르크메니스탄은 2005년 탈퇴한 이후 준회원국으로 참가하고 있다. 2016년 현재 9개국이 남아 있다.

그림 1-4 북한의 체제전환 방향과 지속가능발전

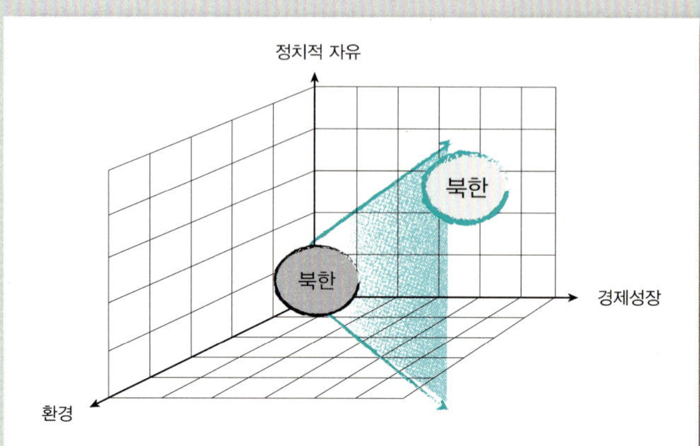

에서 정책의 성과를 파악해야 한다. 이 책은 이러한 목적을 달성하기 위하여 체제전환의 정책과 성과의 연관 관계를 단순히 경제적 성과 중심에서 벗어나 새로운 분석 축인 지속가능발전의 시각에서 파악하고자 한다.

[그림 1-4]는 기존의 정치적 요인과 경제적 요인을 강조하는 체제전환 정책의 성과 측면에서 사회(정치) 및 환경변수를 추가적으로 고려하는 세 가지 접근 방법을 제시하고 있다. 이러한 세 가지 접근을 통해 북한의 체제전환 경로와 방향에 관한 시사점을 도출하고자 한다. 단순히 경제적 방향만이 아니라 사회 및 환경적 요소를 추가하여 지속가능발전 차원의 발전을 고려하는 정책적 시사점을 찾아보고자 한다.

이 책은 다음과 같이 구성되어 있다.

제2장에서는 중앙계획체제와 시장 체제를 비교·분석하고 중앙계획체제가 어떻게 붕괴되었는가를 주요 국가별로 살펴본다. 그리고 이 책에서 정의하고 있는 경제적 차원의 체제전환을 위해 실시하였던 정책들을 시장경제체제의 개혁을 위하여 제시되었던 워싱턴 컨센서스와 비교한다. 마지막으로 2008년 글로벌 금융위기 이후 새로운 시장과 정부의 역할 정립을 강조하는 자본주의 4.0의 개념과 이를 통한 이 책의 연구 방향을 논의한다.

제3장에서는 체제전환국들에 대한 기존 연구를 정리하고 그들 연구에서 고려하지 못하였던 다양한 지속가능발전 지표를 비교한다. 기존 많은 연구들은 1인당 소득과 같은 경제지표를 중심으로 하여 체제전환정책의 성공 여부를 판단하였다. 그러나 본 연구에서는 경제지표 중심에서 더 나아가 사회발전과 환경을 포함하는 지속가능발전 지표를 이용하여 체제전환국들의 정책성과를 상호 비교한다.

제4장에서는 체제전환국만 아니라 자료를 취득할 수 있는 전 세계 국가들을 대상으로 하여 경제지표와 지속가능발전 지표에 의한 클러스터 분석(Cluster Analysis)을 통하여 유사 국가들을 그룹화 한다. 이를 통하여 체제전환정책을 통하여 체제전환국들의 성과가 어떻게 변화했는지를 알 수 있고 특히 체제전환국이 아닌 국가들과 비교할 때 상대적으로 그룹에서의 위치가 어떻게 이동하였는지를 살펴본다.

제5장에서는 조금 더 치밀한 계량경제학적 기법을 이용하여 전 세계 국가 혹은 체제전환국들의 경제성장을 결정하는 데 어떤 변수가 중요한 역할을 했는지를 분석하기 위하여 지속가능발전을 반영하는 지표

들을 이용한다. 이를 위해 단순 경제지표만 아니라 사회(제도)와 환경을 반영하는 지표를 분석에 함께 포함하였다.

제6장에서는 구체적인 분석을 위하여 체제전환 국가를 세 그룹으로 구분하고 각 그룹에 속한 국가 중에서 대표적인 국가들을 대상으로 하여 구체적인 체제전환 정책을 살펴보았다. 제6장에서는 동아시아 4개국의 체제전환과정을 살펴보고 특히 베트남에 대하여 자세히 논의한다.

제7장에서는 세 그룹의 체제전환국 중에서 러시아를 중심으로 한 독립국가연합과 비셰그라드 4개국의 체제전환 과정을 살펴본다. 특히 대표적인 국가로 러시아와 헝가리의 체제전환 과정을 자세히 살펴본다.

제8장에서는 북한에 대한 체제전환정책의 시사점을 논의하기에 앞서서 지속가능발전 차원에서 주요 경제·사회·환경 상황을 지표를 통하여 살펴본다. 기존 경제지표를 중심으로 한 북한의 상황을 살펴보는 차원에서 더 나아가 사회적 및 환경적 지표를 같이 살펴보는 것은 앞으로 북한이 지향해야 할 지속가능발전을 달성하기 위한 유의미한 정책 제안을 하는 데 도움이 될 수 있다.

제9장에서는 지금까지의 분석결과를 중심으로 하여 앞으로 체제전환정책을 실시할 것으로 기대되는 북한에 대한 정책적 시사점을 도출한다. 독일처럼 통일 이후의 체제전환정책이 아니라 통일 이전 상황에서 북한이 독자적인 체제전환정책을 실시하는 경우 기존의 체제전환

국들의 경험에 대한 분석을 통하여 북한에 대한 정책적 시사점을 제시하고자 한다.[2] 물론 이미 체제전환을 시작한 미얀마나 쿠바에게도 유사한 정책적 시사점을 제시할 수 있을 것이다.

2 본 연구에서는 북한과 통일이 된 이후의 전환정책을 논의하는 것이 아니라 현재 사회주의체제 내에서 북한 스스로 체제전환정책을 실시하는 경우를 가정한 것이다. 만약 통일이 된 이후의 체제전환정책이라면 통일된 독일의 정책에서 많은 시사점을 얻을 수 있을 것이다.

2장

경제체제 전환과 워싱턴 컨센서스

국가의 운영체계는 크게 중앙계획체제와 시장체제로 구분될 수 있다. 1917년 3월과 11월 두 차례 발생한 러시아 혁명과 1920년대 세계를 뒤흔든 대공황을 거치면서 시장체제에서 중앙계획체제로 전환하는 국가들이 생겨났는데 소련과 중국이 대표적이다.

1970년대 들어서 이들 중앙계획체제의 경제성과가 자본주의 국가에 비해 현저하게 떨어지면서 시장체제로 전환하고자 하는 국가가 나타나기 시작하였다. 1978년 중국을 선두로 하여 1986년에 베트남과 라오스가 시장체제로의 전환을 시작하였다. 중앙계획체제 국가들이 본격적으로 체제전환을 시작한 것은 1991년 강력한 중앙계획체제였던 소련이 붕괴하면서부터이다.

본 장에서는 체제전환정책의 구체적인 내용을 1980년대 이후 라틴아메리카의 경제적 어려움을 극복하기 위하여 제안된 정책들을 정리한 워싱턴 컨센서스의 정책 제안과 비교해 본다. 마지막으로 2008년 글로벌 금융위기에 직면하면서 등장한 시장과 정부 역할의 재정립을 주장하는 자본주의 4.0 개념과 체제전환 정책 간의 관계를 비교·분석한다.

2.1 중앙계획체제와 시장체제

한 국가의 운영 체제는 정치, 경제, 사회, 문화 등 다양한 부문의 상호 연관관계에 의하여 결정되는데 대표적으로 중앙계획체제와 시장체제(자본주의체제)로 구분된다. [표 2-1]은 두 체제의 특성을 비교한 것이다.

먼저 경제적 제도 측면에서 보면 중앙계획체제에서는 자원분배, 자원의 소유, 가격기능, 소득분배 및 이윤결정이 중앙정부에 의해 계획되거나 결정된다. 반면에 시장체제에서는 국가보다는 민간이 직접 자원을 소유하고 자유 시장경제에 의해 재화 생산 및 자원 배분이 결정된다. 따라서 자원의 소유, 자원배분에 대한 결정 및 생산에 대한 의사결정을 국가와 시장 중에서 누가 결정하느냐에 따라 두 체제가 구분된다고 할 수 있다.

경제와 연관된 제도 측면에서 보면 중앙계획체제에서는 금융 및 금융제도는 국가가 소유하지만 시장체제하에서는 민간이 금융을 소유한

표 2-1 중앙계획체제와 시장체제의 비교

제도의 형태	중앙계획체제	시장체제
1. 경제제도		
자원 분배	중앙계획	자유 시장
자원 소유	국가	민간
가격	국가	자유 시장
소득분배	국가	자유 시장
이윤결정	국가 통제	자유 시장
2. 경제 연관 제도		
통화 및 금융	국가 소유	주로 민간
재정	국가 예산	중앙 통제
산업조직	대규모 조합	대규모 민간 기업
농업	국가 소유인 집단 농장	민간 소유 농장
3. 정치제도		
정부구조	중앙집권화	연방(미국) 혹은 중앙집권화
정당	공산당	2개 이상 정당
4. 법률제도		
법률	중앙집권화 된 법률 제도 상업법과 사유재산법 없음	계약법, 불법행위법, 파산법
5. 사회 제도		
개인	협동	경쟁
사회계약	극단적 온정주의	국가별로 다양
노동조합	정부에 의해 통제	정부와 독립
교육	국가에 의해 통제되고 이념적인 커리큘럼	이념성이 약하고 다양한 커리큘럼

자료: Schnitzer(2000), p.171.

다. 그러나 재정 부문은 두 체제 모두에서 민간이 아닌 국가가 관리하여 국가예산으로 조정하거나 중앙통제를 통하여 운영된다. 중앙계획체제에서 산업조직 및 농업부문과 연계되는 제도는 국가나 대규모 조합에 의해 운영되지만 시장체제에서는 민간 기업에 의하여 운영된다.

정치체제 측면에서도 중앙계획체제는 중앙집권적 정부조직과 공산당 혹은 사회주의 정당 1당이 국가를 운영한다. 국가의 상황이나, 역사적 배경, 문화 등에 의하여 연방제, 양원제 등 다양한 형태의 정부조직으로 국가가 운영된다. 시장체제를 운영하는 국가들에게서 볼 수 있는 일반적인 공통점은 2개 이상의 정당이 정치활동을 한다는 점이다.

법률적 제도 측면에서 보면 중앙계획체제는 상업법이나 사유재산법이 없이 중앙집권화에 의한 법률제도를 보유하지만 시장체제에서는 계약법, 불법행위법, 그리고 파산법 등 자유로운 시장경제를 운영할 수 있는 다양한 법률이 존재한다. 그 외에 사회적 제도 측면에서 본다면 중앙계획체제는 협력체제이지만 시장체제는 경쟁체제이다.

사회계약은 극단적 온정주의 형태를 갖는 중앙계획체제에 비해 시장체제에서는 다양한 형태의 사회계약이 존재하는 것으로 구분할 수 있다. 노동조합은 정부에 의해 통제되는 중앙계획체제에 비해 시장체제에서는 정부와 독립적이다. 중앙계획체제에서의 교육은 정부에 의해 조정되고 이념성이 강하다. 반면에 시장체제에서는 교육은 이념성이 약하고 더욱 자율적이고 광범위한 내용을 포함한다.[1]

1 두 개의 국가 체제로 분류하는 것은 두 체제의 이론적 차이를 분명하도록 하는 목적

2.2 중앙계획체제의 해체과정

봉건주의체제가 해체되고 자본주의체제가 수립된 이후 자본주의체제는 1700년대 말 이후 발생한 산업혁명으로 생산이 폭발적으로 증가하면서 경제성장이 본격화된다. 그러나 효율과 경쟁을 기반으로 한 자본주의체제가 지속되면서 기업의 독과점 문제가 나타나고 경쟁에서 뒤처진 계층이 생겨나면서 소득분배 악화 및 절대 빈곤 증가와 같은 문제가 나타나기 시작하였다. 특히 1920년대 발생한 세계 대공황은 시장에서의 수요 및 공급 불균형이 시장기능에 의하여 문제 해결이 되지 않는다는 것을 의미하는 것으로 어떤 학자들은 자본주의체제에 대한 근본적인 의문을 제기하기도 하였다. 따라서 자본주의체제와 다른 새로운 체제로 전환하려는 움직임이 나타나기 시작하였다.

1900년대에 진입하면서 러시아를 시작으로 중국 및 유고슬라비아 등 국가들이 중앙계획체제를 기본으로 하는 사회주의 국가로 전환하게 되었다. 그 후 이들 국가들은 1980년대에 중앙계획체제가 서서히 해체되는 과정을 겪게 된다. [표 2-2]는 주요국이 중앙계획체제로 전환하고 다시 해체되는 과정을 요약한 것이다.

러시아에서는 1905년 제1차 러시아혁명과 1917년 3월과 11월 두 차례에 걸쳐 일어난 러시아혁명 이후 기존의 로마노프왕조를 대신하여 혁명정부가 탄생하고, 1922년에 사회주의 국가인 소비에트 연방공화

에 의한 것이다. 그러나 현실적으로는 두 체제가 서로 혼합된 형태로 나타나고 있다고 보아야 한다. 예를 들어 중앙계획체제였지만 부문에 따라서는 시장체제의 시장원리를 도입하기도 하였고, 반면에 시장체제에서도 경제개발계획과 같이 중앙집권적인 정책을 사용하기도 하였다.

표 2-2 주요국의 중앙계획체제로의 전환 과정

국가	과정
소련	– 1917년 11월 러시아 혁명으로 사회주의 국가 수립 – 1922년 12월 소비에트 연방 결성 – 1991년 12월 공산당이 해체되고 공산주의를 포기하면서 본격적인 경제체제 전환이 시작 – 1992년 1월 12개국으로 구성된 독립국가연합(CIS)이 형성되면서 공식적으로 해체
중국	– 1949년 10월 중화인민공화국 수립 – 1955–59년 대약진운동 – 1979년 덩샤오핑의 등장과 개혁·개방 정책이 본격적으로 시작
유고슬라비아	– 1945년 연방인민공화국 수립 – 1991년 해체되고 그 이후 크로아티아, 슬로베니아, 보스니아 헤르체고비나, 마케도니아, 세르비아, 코소보의 7개국으로 분리·독립
폴란드	– 1947년 1월 기에레크 공산당 정권 수립 – 1989년 7월 비공산당 주도 연립정권 수립
헝가리	– 1949년 공산주의 정권 수립(소련의 위성국) – 1989년 10월 사회주의를 종식시키는 신헌법이 통과 – 1990년 3월 복수정당제 채택
체코슬로바키아	– 1948년 2월 사회주의공화국 – 1993년 1월 체코와 슬로바키아로 독립
라트비아	– 1940년 8월 라트비아 소비에트 공화국으로 소연방이 됨 – 1991년 9월 소련에서 독립
에스토니아	– 1940년 8월 소련으로 편입 – 1991년 9월 소련에서 탈퇴하여 독립
루마니아	– 1947년 12월 루마니아인민공화국 선포 – 1990년 1월 공산당 해체
알바니아	– 1946년 공산주의 정부 수립 – 1991년 4월 알바니아 공화국 수립
불가리아	– 1947년 12월 인민공화국법 채택 – 1990년 11월 불가리아 공화국 수립
리투아니아	– 1940년 6월 리투아니아소비에트 사회주의 공화국(8월 3일 소련으로 편입)

자료: Kennett(2004) 참조하여 저자 작성.

국(소련)이 탄생하였다. 그 이후 1980년대에 들어서서 체제의 경제적 비효율성 누적으로 대외부채 및 정부 재정적자가 증가하면서 사회주의체제는 붕괴하기 시작하였다. 1991년 소련이 공산주의를 포기하고 공산당을 해체하면서 체제 내에 있었던 공화국들도 분리·독립되었다. 1992년 1월에 발트 3국(에스토니아, 라트비아, 리투아니아)과 조지아를 제외한 11개국이 독립국가연합(CIS)을 결성하면서 연방체제는 공식적으로 해체되었다.

중국은 1949년 1월 중화인민공화국이 수립되면서 사회주의 국가가 되었다. 그 이후 1955–59년 기간 동안 중국에서 실시된 대약진운동을 통한 농업집단화를 추진하면서 대부분의 농촌이 인민공사 조직으로 전환되었다. 이 정책이 실시된 이후 성과는 기대와 다르게 농촌의 생산성이 하락하고 경제가 어려워지면서 경제 효율성을 강조하는 정책으로 전환되어 1966년까지 지속되었다. 당시 대표적인 정책은 인민공사를 축소하는 것이었다.

1966–76년 기간에는 마오쩌둥은 초기의 공산주의 상태로 돌아가야 한다고 주장하면서 '무산계급 문화대혁명에 대한 결정'(문화혁명)을 추진하였다.[2] 문화혁명으로 오히려 경제상황은 더욱 악화되는 결과를 낳았다. 1976년 마오쩌둥이 사망하면서 중국도 실용주의 노선을 기반으로 하는 정책으로 전환을 시작하게 되었다. 1978년부터 덩샤오핑이 개혁·개방 노선을 채택하면서 중국도 본격적으로 체제전환정책을 실시하게 되었다.

2 문헌에 따라 공산주의와 사회주의는 다양한 개념으로 사용된다. 이 책에서는 중앙계획체제를 의미하는 것으로 사회주의체제와 공산주의 체제를 동일하게 사용하고 있다.

소련과 중국 이외에 연방 체제를 갖추고 있던 사회주의 국가는 1945년 형성된 유고슬라비아 연방공화국이었다. 이는 세르비아와 몬테네그로 2개 공화국과 코소보메토히야와 보이보디나의 2개 자치주로 형성된 연방국이었다. 1963년 사회주의연방공화국으로 개칭되었고 1991년에 공식적으로 해체될 때까지 지속되었다. 1991년에 유고슬라비아가 해체되면서 여러 개의 공화국으로 분리·독립되었다.[3]

중부유럽에 위치하는 4개국(헝가리, 폴란드, 체코, 슬로바키아)은 공식적인 체제전환국이 되기 이전에 소련의 영향력하에서 위성국으로 사회주의체제를 유지하고 있었다. 체코슬로바키아는 1948년 사회주의 공화국을 수립하였고, 1969년 체코와 슬로바키아가 연방제를 수립하였다. 1990년 6월 자유총선을 통한 민주정부가 수립되면서 체제전환이 이루어지기 시작하였다. 1993년 체코와 슬로바키아 두 공화국으로 분리되었다.

헝가리는 1949년 5월 공산당이 장악하고 8월 헌법이 제정되면서 소련의 위성국이 되었다. 폴란드는 1947년 1월 공산당 정부가 수립되면서 소련의 위성국이 되었고, 1989년 총선거로 비공산당 정부가 탄생되면서 본격적인 체제전환정책을 실시하기 시작하였다. 1991년 2월 헝가리에 위치한 비셰그라드에서 헝가리, 폴란드, 체코슬로바키아 3개국에 의해 비셰그라드 그룹이 창설되었다. 비셰그라드는 1993년에

3 체제전환과정에서 유고슬라비아는 모두 7개 국가로 분리·독립되었다. 슬로베니아(1991), 크로아티아(1991), 마케도니아 공화국(1991), 보스니아 헤르체코비나(1992), 신유고연방(세르비아, 몬테네그로)으로 분리 · 독립되었다. 2006년에 신유고연방이 해체되면서 세르비아공화국과 몬테네그로로 분리되었고, 2008년에는 세르비아 내 자치주로 있던 코소보 공화국이 분리·독립하였다.

체코와 슬로바키아로 분리되면서 4개국 동맹체가 되었다.

지금까지 논의한 사회주의 국가들의 국가 운영체제의 공통점을 다음과 같이 정리할 수 있다(Kennett, 2004, pp.417-472).

첫째, 모든 거시 경제적 성과는 시장이 아닌 계획기구의 직접적인 통제에 의하여 이루어졌다. 이러한 정책은 시장의 수요와 공급을 일치시키는 데 실패했고 따라서 소비자의 소득에 의한 구매력을 시장에서 충분히 발휘할 수 없게 했다. 이는 계획경제체제에서 화폐를 사용하지 못하고 보관하는 화폐의 과잉보유(monetary overhang)의 원인이 되었다.

둘째, 시장이 아닌 계획에 의한 정책이 경제의 조정역할을 하였다. 이는 경제 차원의 생산물품, 생산방법 및 분배가 모두 중앙계획에 의하여 결정되는 것을 의미한다.

셋째, 시장기구가 작동할 수 있는 적절한 제도적 장치가 존재하지 않았다. 이 때문에 명확한 재산권 보장이 미흡하고 계약에 대한 제도가 미흡하다는 문제를 야기했다.

넷째, 재화나 생산요소의 상대가격이 상대적 생산비용이나 자원의 희소성을 반영하지 못하는 수준으로 결정되었다.

다섯째, 경제주체들의 시장 활동에 대한 진입 여부가 정부에 의하여 결정되었기 때문에 사회적으로 바람직한 재화의 생산도 불법화되는 경우가 나타났다.

그림 2-1 미국, 영국, 소련의 1인당 실질 GDP 추이

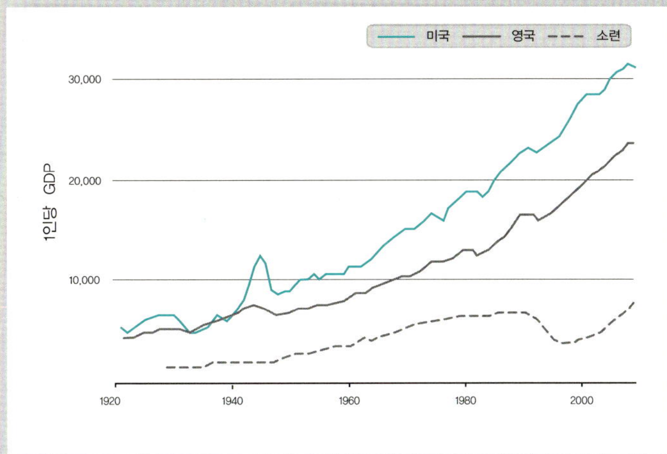

자료: The Maddison-Project, http://www.ggdc.net/maddison/maddison-project/home.htm, 2013 version, 검색일: 2016.5.20.

여섯째, 사적재산권에 제한이 있었다. 토지와 자본 등 경제활동에 필요한 생산요소가 개인이 아닌 국가소유로 되어 있었다.

일곱째, 대외무역이 국가에 의하여 제한을 받았기 때문에 외국과의 경쟁을 통한 효율성 증대가 어려웠다.

중앙계획체제는 시장이 아닌 계획기구에 의하여 재화의 생산 및 공급을 결정한다. 따라서 이 체제에서는 사적재산권을 명확히 확보하지 못하는 구조로 되어 있어서 경제의 생산성이 하락하는 부작용을 낳게 되었다. 특히 사회주의체제 이외의 국가들과 대외무역을 제한하는 정책을 실시하였다. 이는 기업들로 하여금 국제적 경쟁을 통하여 생산

효율성을 향상시킬 수 있는 기회를 박탈한 것을 의미하는데 중앙계획 체제가 붕괴되는 중요한 요인이 되었다.

1920–2008년 기간 동안 당시 주요 강대국들인 미국, 소련 및 영국의 1인당 실질 GDP의 추이를 보면 소련의 생산성 악화가 얼마나 심각하게 나타났는지 알 수 있다([그림 2–1] 참조).[4] 중앙계획체제의 소련이 시장체제를 기반으로 하는 미국과 영국 등 선진 자본주의 국가들과의 소득격차가 더욱 커진 것은 1980년대 후반 이후 소련체제가 본격적으로 붕괴되는 중요한 원인이 되었다.

실질적인 1인당 GDP수준을 매디슨 자료에서 보면 1946년을 기준으로 볼 때 미국의 1인당 실질 GDP는 9,197달러, 영국과 소련은 각각 6,745달러와 1,913달러였다.[5] 1970년에는 미국, 영국과 소련이 각각 15,030달러, 10,767달러 그리고 5,575달러였다. 소련이 붕괴되기 직전인 1990년에는 미국이 23,201달러로 1946년에 비해 2배가 넘는 1만 4천 달러 이상이 증가하였다. 영국도 같은 해에 16,430달러로 1946년에 비해 1만 달러 이상으로 증가하여 거의 2.5배가 되었다. 소련은 6,894달러로 1945년에 비해 3배 이상 증가하였지만 미국이나 영국과의 격차가 훨씬 더 커지게 되었다.

---

4 1인당 GDP는 1990년 기준 미국 달러(1990 International Geary–Khamis dollars)로 계산된 값이다(The Maddison–Project, http://www.ggdc.net/maddison/maddison–project/home.htm, 2013 version. 검색일: 2016.5.20.).

5 각주 4의 자료에서 인용.

2.3 경제체제전환 정의 및 주요 정책

체제전환이란 중앙계획체제에서 시장체제로의 전환을 의미하는데, 이는 단순히 경제구조나 정치체제의 전환을 넘어서 사회·문화를 포함하여 전반적인 국가의 구조가 바뀌어야 한다는 것을 의미한다. 그러나 실질적인 체제전환의 과정과 성과를 분석하기 위하여 많이 사용되는 접근방법은 크게 정치적 차원에서의 정치체제전환과 경제적 차원에서의 경제체제전환으로 나눌 수 있다.

먼저 정치체제전환이란 일당독재체제에서 다수정당 민주주의로의 변화라고 할 수 있다. 소련이 붕괴되면서 사회주의를 채택하던 동유럽 국가들 중 상당수가 정치적으로 다당제를 채택하였다. 체코, 에스토니아, 슬로베니아, 폴란드 등과 같은 국가들이 여기에 해당되는데 이들 국가는 정치적 차원에서 볼 때 체제전환 국가라고 할 수 있다. 그리고 경제체제전환이란 사회주의체제라는 중앙계획경제에서 자본주의라는 시장경제체제로 변화하는 것을 의미한다.[6]

모든 국가가 정치적 체제전환과 경제적 체제전환을 동시에 추구한 것은 아니었다. 다당제로의 전환을 통하여 정치적 체제전환을 추구하지 않았지만 경제적 체제전환을 추구하는 국가로는 중국, 라오스, 베트남과 같은 국가들도 있다.

학자들이나 국제기구는 정치적인 혹은 경제적인 체제전환이라는 분

6 이론적으로 시장경제체제에서 계획경제로 이행하는 것도 경제체제전환이라고 할 수 있으나 이러한 방향으로의 전환은 아직 일어나지 않고 있다.

표 2-3 경제체제전환 주요 정의

기관(연도)	정의
EBRD(1994)	계획경제체제에서 시장경제체제로 전환하는 것을 뜻하며 자원의 분배 및 생산에 새로운 시스템을 도입하는 것
Havrylyshyn and Wolf(1999)	자유화, 거시 경제 안정화, 민영화, 경성예산제약, 투명한 제도적·법적 체계 수립하는 것
IMF(2000)	체제전환의 주요 결정요소는 자유화, 거시경제 안정화, 구조조정 및 민영화, 그리고 법·제도의 개혁 등
Falke(2002)	중앙계획경제에서 시장기반경제로 나아가는 모든 국가들의 전환 과정 및 행태
World Bank(2002)	전환 초기에는 신·구 경제부문(혹은 기업) 간에 노동생산성과 자본에 격차가 존재하나 이러한 차이가 사라지는 경우에 전환이 종료된다고 볼 수 있음

자료: EBRD(1994), p.3; Falke(2002), p.2; Havrylyshyn and Wolf(1999); IMF(2000); World Bank(2002), p.xix.

류를 이용하고 있지만 정책 효과를 판단하는 데는 정치적보다는 경제적 체제전환을 많이 이용하고 있다. 이 책에서도 경제적 체제전환을 중심으로 어떻게 체제전환을 정의하는지를 살펴본다. 경제적 체제전환에 대한 구체적인 정의는 국제기구나 연구자에 따라 다양하게 이루어졌는데 이는 [표 2-3]에 정리되었다.

체제전환국의 성공적 체제전환을 도와주기 위해 1991년에 설립된 유럽부흥개발은행(EBRD)[7]에 의하면 체제전환은 계획경제체제에서 시장경제체제로 전환하는 것이고 자원의 분배 및 생산에 새로운 시스템

7 EBRD(European Bank for Reconstruction and Development)의 설립 목적은 다수정당 민주주의와 다원주의, 시장경제를 적용하고자 하는 중앙 및 동부 유럽 국가들의 1) 자유 시장경제로의 전환을 조성하는 것과 2) 민간기업의 이니셔티브를 촉진하는 것이다(EBRD, 1994, pp.3-4).

을 도입하는 것으로 정의하고 있다(EBRD, 1994, pp.3-4).[8]

Falke(2002, p.2)는 체제전환을 중앙계획경제에서 시장기반경제로 나아가는 모든 국가들의 전환 과정 및 행태를 의미한다고 정의하였다. 그는 체제전환정책은 구체적으로 민간 기업과 같은 제도의 창출이나 변화, 국가의 역할 변화를 통한 근본적으로 다른 정부의 창출, 그리고 민간 기업, 시장 및 독립적인 금융기관의 촉진 등과 같은 변화를 포함한다고 말했다.

Havrylyshyn and Wolf(1999, p.1)는 체제전환의 핵심적인 요소로 다음과 같은 요소들을 포함하였다. 가격 및 시장기능의 자유화, 거시경제의 안정화, 민영화를 통한 효율적인 기업경영 및 경제 효율성 달성, 효율 증대를 유도하는 경성예산제약(hard budget constraints) 규정 및 재산권, 법치주의(rule of law) 그리고 투명한 시장진입 규정을 확보하는 제도적·법적 체계를 수립하는 것 등이다.

IMF(2000, p.2)는 체제전환의 주요 요소로서 자유화, 거시경제 안정화, 구조조정과 민영화, 법적·제도적 개혁을 제시하고 있다. 본 절의 뒷부분에서 이 정책들에 대한 자세한 설명이 이루어진다.

8 전환(transition)은 개발(development) 및 안정(stabilization)과 유기적으로 연결되어 있는 개념이지만 그 역할은 확실하게 구분되어야 한다. 일반적으로 전환은 이 세 가지 개념의 관계 속에서 경제개발에 기여하기 위한 중간 목표로 정의된다. 그러나 시장경제 체제로의 전환은 새로운 체제의 사회·경제 원칙을 실현한다는 점에서 전환 자체가 목표가 될 수 있다. 즉, 전환은 개인에게 기본 선택권(직업, 주거, 소비 등 개인의 삶과 관련된 부분에서)을 준다는 점에서 국가 및 개인에게 새로운 현상을 실현하는 것이어야 한다(EBRD, 2014, pp.3-4).

World Bank(2002, pp.xix)도 체제전환이 완료되는 조건으로 전환 초기에 존재했던 경제부문(혹은 기업) 간의 노동생산성과 자본에 차이가 사라지게 되는 것이라고 하였다. World Bank는 전형적으로 체제전환 국가는 새로운, 구조 조정된, 혹은 오래된 기업이 함께 존재하는데 이들은 서로 상이한 생산성으로도 구분이 가능하다는 특징이 있다고 하였다. 그러나 전환된 경제체제에서는 시장이 발달하고 자본이 더욱 효율적으로 배분되므로 산업 간 그리고 기업 간에 생산성 차이가 줄어들게 된다. 이러한 차이가 크게 나타나지 않거나 없어지는 경우에 체제전환과정은 완료되었다고 볼 수 있다.

또한, World Bank(2008, p.42)는 새로운 기업이 성장할 수 있는 정책을 마련하고 투자가 용이한 기업환경이 존재하는 것은 경제체제전환의 중요한 요소라고 보았다. 이에 근거하여 World Bank는 유럽연합(EU)에 가입한 10개 국가에 대해 체제전환을 완료하였다고 판단하였다.[9]

경제체제전환 정책의 정의에서 알 수 있는 공통적인 특징은 정부 통제하에 있던 모든 경제 기능이 시장에 의해 움직이도록 전환되는 것이다(EBRD, 1994, 2014; IMF, 2000; World Bank, 2002).

EBRD는 1994년 이후 매년 전환보고서(transition report)를 발표하고 있다. 이 보고서는 체제전환정책의 성과를 반영하는 지표를 포함하고 있는데 이 지표들에 대한 정의는 [표 2-4]에 정리되어 있다. 지표

9 2004년과 2007년에 EU에 가입한 12개 국가 중 World Bank 보고서의 분석 대상 10개 국가는 키프로스와 몰타를 제외한 체코, 에스토니아, 헝가리, 라트비아, 리투아니아, 폴란드, 슬로바키아, 슬로베니아, 불가리아, 루마니아이다.

표 2-4 경제체제전환정책의 주요 내용

부문	정책	주요 내용
기업	대규모 민영화	– 대규모 기업의 다양한 민영화 형태로 민간부문으로 자산 소유를 이전
	소규모 민영화	– 소규모 기업의 다양한 민영화 형태로 민간부문으로 자산 소유를 이전
	기업 구조조정	– 민영화의 진행으로 기업에 대한 정부 지원 감축, 기업에 대한 금융기관 대출 억제
시장 및 무역	가격자유화 및 경쟁	– 대규모 기업의 가격자유화만으로는 시장경쟁을 강화시킬 수 없어 수입자유화 정책과 기업 구조조정 정책이 동시에 실시됨 – 이자율 및 노동시장이 자유화 됨
	무역 및 외환제도	– 무역자유화 정도를 반영하는 주요 지표로 자국통화와 외국통화의 통화태환성(currency convertibility)의 정도
금융 기관	은행개혁	– 은행부문의 기능 강화 및 신중한 감독을 통하여 이윤을 최대로 하는 개인이나 기업에 대한 대출을 할 수 있도록 하는 정책

자료: EBRD(1994), pp.10–15.

들은 기업부문, 시장 및 무역 부문 그리고 금융기관 부문으로 나누어 발표된다. 기업부문은 대규모 기업 민영화(large scale privatization), 소규모 기업 민영화(small scale privatization), 기업 구조조정(enterprise restructuring) 등 총 3개 지표로 구성되어 있다. 시장 및 무역부문에서는 가격자유화 및 경쟁(price liberalization and competition)과 무역 및 외환제도(trade and exchange rate system) 등 두 부문이 있다. 그리고 금융기관에서 은행개혁의 정도를 반영하는 지표가 포함되어 있다(EBRD, 1994). 그 이후 매년 발표되는 연차 보고서에서는 변수들을 수정하고 발표하고 있다.[10]

10 연도에 따라서는 금융기관 부문에서 은행부문 개혁 및 이자율자유화, 증권시장 및 비은행 금융기관이나 법률적 개혁부문에 대한 지표를 발표하기도 하였다. 지표 설정의

IMF(2000, p.2)는 체제전환국들의 사유화 정도, 자본 흐름, 인플레이션, 소득불평등 등과 같은 거시경제적인 성과를 진단하면서 체제전환에 필수적인 경제적 전환 요소를 제시하였다. 체제전환의 주요 결정요소는 자유화, 거시경제 안정화, 구조조정 및 민영화, 그리고 법·제도의 개혁 등이다.

첫째는 자유화정책이다. 이는 대부분의 가격을 자유경쟁시장에서 결정될 수 있도록 하고, 세계시장의 가격구조와 경쟁될 수 있도록 무역장벽을 낮추는 정책이다.

둘째는 거시적 안정화 정책이다. 자유화 과정에서 억눌렸던 수요가 증가하면서 나타난 높은 인플레이션을 조정하고 점진적으로 하락하도록 하는 정책들을 포함한다. 이 정책들은 정부 재정, 통화 및 신용 공급에 관한 적절한 조정 그리고 지속가능한 국제수지 균형 정책 등을 포함한다.

셋째는 구조조정과 민영화 정책이다. 경쟁력 있는 금융부문을 만들고, 기업들로 하여금 자유경쟁시장에서 판매를 할 수 있을 정도로 경쟁력 있게 하고, 민간부문에 의해 기업 소유가 이루어지도록 하는 정책이다.

넷째는 법률적 및 제도적 개혁정책이다. 국가의 역할을 재조명하는 것으로 법에 의한 지배체제를 확립하고 적절한 경쟁정책을 도입한다.

변화에 대한 자세한 논의는 EBRD 홈페이지(http://tr.ebrd.com/tr14/country-level-transition-indicators/, 검색일 2016.2.20) 참조.

2.4 워싱턴 컨센서스

1980년대는 아르헨티나를 비롯하여 멕시코 등 많은 국가들이 경제위기에 직면한 시기였다. 아르헨티나가 대표적인데 영국과의 포클랜드 군도를 둘러싼 전쟁에서 패하고 누적된 외채로 인하여 극심한 경제위기에 직면하게 되었다. 1983년에 국제통화기금(IMF)의 지원과 1989년 메넴(Menem) 대통령의 강력한 구조조정 정책 및 공기업 민영화 등의 정책으로 회복기미를 보였다. 그러나 1994년 멕시코 경제위기 및 1997–98년 세계금융위기로 다시 위기에 빠져 2001년 12월 23일 디폴트 선언을 하게 되었다.

남미 국가들 중에 아르헨티나는 1인당 실질 GDP(2005년 기준)가 1980년에 5,313달러였으나 10년 후인 1990년에는 오히려 하락하여 3,919달러였다. 브라질도 1980년 4,145달러에서 1990년에는 오히려 하락하여 3,974달러였다. 반면에 한국의 경우 같은 기간에 3,926달러에서 8,829달러로 증가하고 1990년에는 오히려 아르헨티나를 앞지르게 되면서 한국에 비해 남미 국가들이 얼마나 경제적 어려움을 겪었는가를 알 수 있다.[11]

남미 국가들이 경제위기에 직면하면서 미국정부, World Bank, IMF와 같이 워싱턴에 본부를 둔 국제기구들은 위기 극복을 위한 다양한 개혁정책 방안들을 제시하였다. 국제경제연구소의 Williamson(1990)은 이 정책들을 10개 항으로 정리하였는데 그 이후 많은 학자들과 정

11 World Development Indicator online database(http://databank.worldbank.org/data/reports.aspx?source=world-development-indicators#, 검색일: 2016.05.16).

책입안자들은 이를 통칭하여 워싱턴 컨센서스(Washington Consensus)로 명명하였다.

Williamson이 발표한 10개 항의 주요 내용은 신중한 거시경제정책(prudent macroeconomic policies), 대외지향형(outward orientation) 그리고 자유시장 자본주의(free-market capitalism)를 반영하는 정책들로 구성되어 있다. 10개 항의 주요 내용을 정리하면 다음과 같다.

첫째, 재정적자를 적절하게 조정하여 재정건전성을 유지하라는 정책 권고이다. 재정적으로 폭이 크고 지속적인 재정적자를 유지하는 것은 인플레이션, 지불능력 부족 및 자본 도피와 같은 문제를 일으킬 수 있다.

둘째, 정부지출을 국영기업 손실에 대한 보조금처럼 무차별적으로 보조하는 것보다는 교육 및 보건 그리고 공공 인프라 확충과 같은 부문에 대한 지출을 우선순위로 세우라는 정책 권고이다.

셋째, 세제개혁인데 이는 세원(tax base)을 확대하고 적절한 한계 조세율을 유지하라는 권고이다. 이 정책은 조세수입 증대를 통한 재정적자 해소방안이긴 하지만 재정지출을 축소하는 것을 우선적으로 고려하라고 하고 있다.

넷째, 시장균형에 근거하고 양(+)의 실질이자율 수준을 유지하라는 이자율 정책에 대한 권고이다. 시장균형에 근거하라는 권고는 임의적인 신용할당(credit rationing)을 통한 자원배분의 비효율성을 억제하기 위한 것이다. 그리고 양의 실질이자율을 유지하는 것은 자본도피(capital flight)를 억제하고 국내저축을 증대시키는 효과를 기대하기 위한 것이다.

다섯째, 시장균형에 의한 환율을 유지하고 환율수준의 적절성은 거시경제적 목표들과 일관성 있게 유지되는가에 의하여 판단되어야 한다는 환율정책 권고이다. 여기서 중요한 것은 환율 수준이 어떻게 결정되었는가라는 문제보다는 거시 경제적 목표와 부합하는 경쟁적 환율(competitive exchange rate) 수준인가가 더욱 중요하다. 개발도상국의 경우 자신들이 최고 수준의 경제성장이 가능하도록 하는 수출증대를 할 수 있도록 충분히 경쟁적인 실질환율을 유지하는 것이 적절하다.

여섯째, 대외지향형 무역정책으로 수입자유화 정책을 권고하였다. 예를 들어 중간재를 경쟁적인 가격으로 수입할 수 있도록 하는 정책이다. 이 정책을 통하여 수출기업이나 수입기업 사이에 국내 생산요소 조달비용이 동일할 수 있다면 적절한 정책이다.

일곱째, 외국인직접투자의 자유화를 통하여 자본, 기술, 노하우(know-how)를 취득하고 이를 통하여 국내수요를 위한 재화를 생산하거나 수출에 기여할 수 있게 한다. 물론 이 정책은 외국자본 유입을 전면적으로 자유화하는 것을 권고하는 것은 아니다.

여덟째, 민영화를 통하여 국영기업보다 더욱 효율적인 민간 기업을 증가하도록 하라는 권고이다. 물론 이 정책은 민영화를 통하여 정부의 재정적자 문제를 부분적으로 해소시킬 수도 있다.

아홉째, 규제완화를 통한 경쟁시장 확대를 권고하였다. 당시 남미국가들은 새로운 기업 설립, 외국자본 유입, 국내이윤의 외국으로의 송금 등에 대한 규제가 강하였다. 그리고 가격통제, 수입규제, 무차별적 신용 할당, 높은 법인세 그리고 해고에 대한 제한 등 다양한 형태의 규제 정책이 실시되고 있었다.

열째, 재산권 확보 장치가 잘 갖추어지도록 해야 한다는 정책권고이다.

하지만 Williamson이 제시한 워싱턴 컨센서스는 모든 국가들에게 공통적으로 적용할 수 없다거나 너무 신자유주의적 정책이라는 비판을 받았다. 그는 이러한 정책 권고들은 그렇지 않다고 주장하였지만 국가적 특성을 무시한 채 모든 국가들에게 동일하게 적용되어야 한다는 시장근본주의(market fundamentalism) 혹은 신자유주의(neoliberalism) 정책으로 해석된 것은 사실이다. 그는 자신이 제시한 내용들은 모든 국가들에게 공통적으로 적용되는 보편적 목적이 아니라 당시 남미국가들로 하여금 경제위기를 극복할 수 있도록 하기 위하여 IMF나 World Bank와 같은 국제기구들이 제시한 정책 권고들을 정리한 것이라고 주장하였다.[12]

Williamson의 의도와는 달리 워싱턴 컨센서스의 정책 권고들은 남미나 아시아 등 자본주의체제의 국가들만 적용된 것은 아니다. 앞에서 논의한 것처럼 IMF나 World Bank 등과 같은 국제기구들이 권고한 다

12 이에 대한 다양한 의견과 그 의견에 대한 반박에 대한 상세한 내용은 Williamson (2004) 참조.

양한 체제전환정책들도 구체적인 정책 방향은 다르겠지만 크게 보면 상당히 유사한 방향을 갖고 있다. 따라서 워싱턴 컨센서스의 정책 방향이 체제전환국들에 대한 정책 권고로 제시된 것도 사실이라고 하겠다.[13]

Rodrik(2006)은 원래의 워싱턴 컨센서스에 10개 항을 추가하여 추가된 워싱턴 컨센서스(augmented Washington Consensus)를 발표하였다. 총 20개 항으로 구성되었는데 추가적인 정책제안들은 [표 2-5]의 둘째 열에 정리되어 있다.[14] 그는 워싱턴 컨센서스를 부정하기보다는 국가 상황에 맞추어 실시되어야 하고 적절한 제도적 장치가 수립되어 있어야 한다고 주장하였다.

그의 주장은 워싱턴 컨센서스에 기초하여 경제개혁 정책을 실시한 국가들 중에 어떤 국가들은 기대한 만큼의 성과를 내지 못하였다는 결과에 근거한 것이었다. 그는 자유화와 개방화 정책을 실시하였음에도 원하는 수준의 경제성과를 달성하지 못한 탄자니아나 모잠비크를 예로 들고 있다. 그리고 중국, 인도와 한국처럼 워싱턴 컨센서스가 주장하는 정책과 다르게 강력한 보호무역정책 및 자국 산업을 보호하기 위한 산업정책을 실시하였지만 괄목할 만한 경제성과를 거둔 국가들

---

13 당시 IMF는 당시 재정 및 대외채무에 어려움에 처한 러시아나 폴란드 등의 국가들에게 재정적 지원을 해 주는 대신 직접적으로 자문관을 파견하여 정책 집행에 관여하였다. 자문을 담당한 대표적인 학자가 Jeffry Sachs이다(Lipton et al., 1990; Lipton and Sachs, 1992). 제7장에서 러시아의 개혁정책과 이들 자문관의 정책제안에 대하여 자세하게 논의한다.

14 개방화, 민영화, 규제완화 등의 워싱턴 컨센서스에 기초한 경제정책 방향은 남미 국가들에만 그치지 않고 1994년 멕시코 금융위기 및 1997-98년에 경제위기에 직면한 태국, 인도네시아 및 한국에도 적용되어졌다.

표 2-5 워싱턴 컨센서스의 주요 내용

워싱턴 컨센서스	추가된 워싱턴 컨센서스
1. 재정건전성	11. 기업의 지배구조 개선
2. 우선 순위 결정에 의한 공공지출	12. 부패 척결
3. 세제개혁	13. 유연한 노동시장
4. 이자율 자유화	14. WTO 합의 준수
5. 통합적이고 경쟁적인 외환시장	15. 국제금융 규범 및 기준 준수
6. 무역자유화	16. 신중한 자본시장 개방
7. 외국인직접투자에 대한 개방	17. 자율적 환율 체제
8. 민영화	18. 중앙은행의 독립성과 인플레이션 관리
9. 규제완화	19. 사회안전망
10. 재산권보호	20. 빈곤완화

자료: Rodrik(2006), p.978.

도 있다고 주장하였다. 따라서 그는 워싱턴 컨센서스의 정책 권고가 높은 경제성과를 거두기 위한 유일한 정책 권고는 아니라고 주장하였다.

Rodrik(2006)은 자신이 예를 들어 설명한 국가들의 경험을 고려한다면 기존의 워싱턴 컨센서스가 국가적 특성을 반영하지 않고 모든 국가에 보편적으로 적용되는 것으로 해석되어서는 안 된다고 주장하였다. 예를 들어 민영화 정책을 실시하더라도 기득권층에게 기업이 저렴하게 넘어가고 오히려 비효율적으로 경영이 이루어진다면 오히려 민영화 이전보다 비효율적일 수가 있다.[15]

15 제6장과 제7장에서 자세히 논의하지만 러시아의 바우처 민영화(voucher privatization)는 이러한 문제점에 대한 논쟁을 일으킨 정책 중의 하나이다.

2.5 워싱턴 컨센서스와 체제전환정책

사회주의체제가 붕괴한 가장 중요한 원인은 생산체제의 경제적 비효율성이 누적되면서 국가 부채와 정부의 재정적자가 심각한 지경에 이르렀기 때문이다. 이러한 문제점을 극복하기 위해서는 IMF나 World Bank와 같은 국제기구들의 차관이나 기술원조와 같은 형태의 도움이 필수적이었다.[16] 특히 IMF로부터 자금을 공급받아야 했는데 공여조건(conditionality)으로 재정긴축, 인플레이션 억제, 환율의 시장에 의해 결정 등과 같은 경제안정화 정책이 제시되었다.[17] 따라서 1990년대의 체제전환정책은 1980년대 이후 라틴아메리카를 비롯하여 경제위기를 경험하고 있던 국가들에 대한 개혁정책의 기반이 되었던 워싱턴 컨센서스와 유사하다고 할 수 있다.

EBRD(1994) 및 IMF(2000) 등이 분류한 체제전환정책과 워싱턴 컨센서스의 내용들을 종합해 보면 경제 안정화(stabilization), 자유화(liberalization), 개방화(globalization) 그리고 민영화(privatization)로 분류할 수 있다. 체제전환정책을 워싱턴 컨센서스의 정책들과 연결해 본다면 다음과 같이 요약할 수 있다.

첫째, 경제안정화 정책은 경제위기에 직면하여 국내경제 상황의 안정을 유지하기 위한 정책 방향으로 재정정책의 건전성과 재정지출 우선순위의 전환 그리고 세제개혁이다. 재정정책의 건전성은 시장가격의

16 체제전환국들에 대한 IMF의 역할과 체제전환정책 실시 이후의 경제적 성과에 대한 자세한 논의는 Roaf et al.(2014) 참조.

17 IMF가 체제전환국들에 제공한 자금은 약 303억 SDR에 이르렀다(윤성학, 1997, p.231).

안정화를 유지하기 위하여 정부재정 적자의 확대를 신중하게 고려하라는 정책 방향이다. 재정지출 방향의 전환은 정부의 재정지출의 방향을 경제성장과 빈곤완화에 도움이 되도록 우선적으로 지출하라는 것이다. 즉, 정부는 경제성장, 기초교육이나 기초보건 분야에 대한 지출을 우선적으로 고려하라는 권고였다. 세제개혁은 적절한 세율을 유지하면서 세원을 확대하도록 하는 정책 권고이다.

둘째, 자유화정책은 시장기능을 활성화하여 자원배분을 효율적으로 하는 것을 목적으로 하고 있다. 여기에는 시장에 의하여 이자율이 결정되도록 하라는 이자율 자유화를 통하여 금융자유화를 권고하고 있다. 그리고 환율도 수출에 대하여 도움이 되도록 경쟁적 환율을 택하도록 권고하고 있는데 이는 자국화폐가 고평가되지 않도록 하는 수준의 환율 제도를 의미한다.

셋째, 개방화를 추진하라는 권고이다. 여기에는 무역자유화, 외국인직접투자 유입 정책이 있다. 무역자유화는 수량제한 정책보다는 관세정책을 실시하고 관세율은 낮추라고 권고하였다. 외국인직접투자 유입을 위하여 유입에 저해되는 장벽을 제거하도록 권고하였다. 외국인직접투자는 일반적으로 외국인자산투자나 차입과 같은 다른 형태의 자본유입에 비해 상대적으로 안정적으로 투자자금을 도입할 수 있다. 그리고 선진 다국적 기업의 기술, 인력양성, 경영기법 등이 자금 유입과 함께 유입되어 국내 기업에 대하여 긍정적인 영향을 미칠 수 있다.

넷째, 경쟁시장을 장려하여 시장경제의 효율성을 추구하기 위한 민영화 정책을 추진하라는 권고이다. 여기에는 국영기업들의 민영화, 규제완화 및 재산권의 보장을 강화하라는 권고가 포함되어 있다. 특히 더욱 광범위한 의미의 재산권 강화를 위한 정책 권고는 비공식 기업(informal enterprises)의 재산을 안전하게 보호해 주는 장치를 강화하라는 권고이다. 재산권 보호가 강화되면 기업들이 담보확보가 쉬워지고 금융시장에 대한 접근이 용이하여 투자자금을 조달할 수 있다. 투자를 통한 경제성장이 달성된다면 국가적으로 정부의 세원을 증대하는 효과를 거둘 수 있다.

2.6 자본주의 4.0과 체제전환정책 방향

민영화, 자유화, 개방화 및 안정화로 대표되는 체제전환정책이나 남미국가들에 대한 개혁정책 처방은 2008년 글로벌 금융위기에 직면하면서 변화하기 시작한다. Kaletsky(2010)는 저서 《자본주의 4.0》을 통하여 자본주의체제가 시대별 변화와 이에 따른 정부 정책의 변화를 정리하였다. 그는 세계경제가 금융위기에 직면하자 재정적자 억제와 같은 전통적인 경제정책 수단들이 더 이상 지지를 받지 못하였다고 주장하였다. 특히 중국, 영국 및 독일 등은 과거 미국이 채택하였던 수준 이상의 재정적자 정책과 거의 제로 수준의 이자율 정책들을 실시하였다고 보았다.

이 국가들의 정책은 과거 시장 근본주의자(market fundamentalist)들이 매우 회의적인 정책 수단들이라고 주장하던 내용이었다. 또한 그는 정부의 재정지출도 부문에 따라 증가하거나 감소하는 현상이 동시에 나타났다고 주장하였다. 예를 들어 정부는 과거 중요한 공공기능을 하는 부문에 대한 재정지출은 감소시켰지만, 연금, 교육, 보건 등의

표 2-6 자본주의 단계별 주요 정책 내용

자본주의 4단계	시기 및 주요 정책
1. 자본주의 1.0	– 1779–1920년대 – 아담 스미스, 해밀턴, 레닌, 히틀러에 이르는 시기
2. 자본주의 2.0	– 1930년대–1980년 – 금본위제 폐지, 뉴딜정책, 에너지 위기, 스태그플레이션 – 루스벨트, 케인즈, 닉슨, 카터에 이르는 시기
3. 자본주의 3.0	– 1980년대–2008년 – 대처리즘, 일본의 경제호황과 위기, 선진국 주요 금융기관 파산 – 대처, 레이건, 밀턴 프리드먼, 부시, 폴슨, 그린스펀에 이르는 시기
4. 자본주의 4.0	– 2008년 이후–현재 – 시장과 정부는 모두 불완전함을 인정하지만 장점도 이용하는 유연성 필요 – 유능하고 적극적인 정부가 필요 – 정부와 중앙은행이 적극적인 수요 관리가 필요 – 재정 및 통화정책은 경기침체의 극복을 위해 매우 효과적인 도구임 – 회의주의, 실험정신 그리고 유연성이 필요

자료: Kaletsky(2010)에서 저자가 정리.

분야에 대한 재정지출은 증가하였다. 이러한 정책은 일자리 창출에 대한 요구가 강해지면서 과거와 달리 정부가 중요한 역할을 강조하면서 나타난 현상이다(Kaletsky, 2010, pp.xii–xiii).

Kaletsky는 산업혁명 이후 시장과 정부의 역할간의 관계를 정리하면서 지금까지 자본주의체제의 변화를 모두 4개 단계로 정의하였다. 그리고 앞으로 자본주의체제가 나아가야 할 길은 자본주의 4.0이라고 주장하였다. 그가 정의한 자본주의 4단계의 주요 인물 및 기간을 [표 2–6]에 정리하였다.

자본주의 1.0시대는 산업혁명으로 자본주의체제가 본격적으로 발전하기 시작하는 시기(1779-1920년대)를 의미한다. 이 시기에는 정부는 시장에 거의 간섭을 하지 못하도록 하여 정치와 경제가 상호 독립적인 관계를 갖는 시기이다. 경제체제에서 자유방임주의 사상이 주류를 이루어 시장에서의 균형이 사회적으로 바람직한 효율적 생산을 달성한다. 따라서 정부는 시장에 개입할 필요가 없다는 시기였다.

1920년대 세계가 대공황에 직면하면서 정부가 시장에 개입해서는 안 된다고 하는 자유방임주의적인 정책 권고는 더 이상 설득력을 갖지 못하게 된다. 오히려 정부의 적극적인 시장개입이 정당화 되면서 경제가 정치의 일부분이 되는 자본주의 2.0시대가 열린다.

생산물의 초과공급이 시장에서 나타나는 현상인 대공황은 시장의 보이지 않는 손이라는 가격기능에 의하여 시장기구 내에서 해결되기 어렵다는 것을 의미하는 것이었다. 이는 곧 자유방임주의에 의하여 정부는 시장에 개입하지 말라는 권고가 효율적인 자원배분을 달성하는 시장균형을 유지하는 데 더 이상 효과적이지 못하다는 것을 의미하였다. 더욱 심각한 것은 시장경제 내에서 경쟁시장에 대한 지나친 의존은 소득불균등 악화와 절대빈곤층 증가라는 부작용이 나타날 수도 있다는 점이었다.

케인즈주의자들은 정부의 강력한 시장개입을 통하여 자본주의체제를 변화시킨다면 이러한 문제점들을 극복할 수 있다고 주장하였다.[18] 케

18 반면에 사회주의자들은 자본주의체제의 이러한 문제점들을 극복하기 위해서는 시장에 의존하는 것을 포기하여 중앙계획에 의한 경제정책을 실시해야 한다고 주장하였다. 이러한 주장이 실현된 것이 소련을 시작으로 하여 중국 등 중앙계획체제를 기반으로 한 사회주의 국가들의 등장이다. 이 책의 연구목적은 소련 등 주요 국가들이 사회주

인즈주의에 기반을 둔 정부의 강력한 시장개입은 자본주의체제가 대공황에 의해 나타난 시장기능의 문제점을 극복하고 1960년대까지 경제적 호황을 누릴 수 있게 하였다. 그러나 1970년대의 석유파동을 겪으면서 나타난 에너지 위기를 경험하면서 세계경제는 스태그플레이션(stagflation)에 직면하게 된다.[19] 당시 경제정책의 주요 역할을 하던 정부 주도의 케인즈 경제학은 이러한 경제 문제의 해결에 한계를 보이기 시작하였다. 1970년대 다시 자본주의체제는 경기침체에 직면하게 되는데 이 시기까지를 자본주의 2.0시대라고 부른다.

1980년대에는 미국의 레이건 대통령, 영국의 대처 수상 그리고 미국 연방은행 총재인 그린스펀과 같이 당시 시장근본주의라고 불릴 정도로 시장에 대한 강한 신뢰를 갖게 된 시기였다. 시장에 비해 정부가 오히려 상대적으로 비효율적이라고 강하게 믿던 시기로 이를 자본주의 3.0시대라고 부른다. 영국의 대처 수상은 1979년에 영국 최초의 여성 총리에 취임한 이후 작은 정부, 소득세 감면, 소비세 및 간접세 증가, 국영기업의 민영화, 긴축 재정 등의 정책을 실시하였다. 이 정책들은 마이너스이던 경제성장률을 플러스로 전환시켰다. 이러한 정책을 통하여 영국의 경제 부흥을 다시 일으켜 소위 영국병이 치유된 것으로 유명하며 이를 대처리즘(Thatcherism)이라고 불린다. 대처리즘은 미국의 레이건 대통령의 정책인 레이거노믹스(Reaganomics)와 유사한

의체제로 전환하는 과정을 살펴보고 이들이 다시 자본주의체제로 어떻게 체제전환을 하고 전환하는 과정에서의 정책성과를 살펴보는 데 있다.

19 경기침체(staganation)와 인플레이션(inflation)의 조합어로 경기침체가 이루어지고 있는 상황인데도 인플레이션이 같이 수반하는 경우를 의미한다. 이러한 현상은 1960년대 말 미국에서 경기침체가 지속되고 있었음에도 물가는 지속적으로 상승하면서 나타난 현상이며 이는 다른 국가들에게도 나타나게 된다.

것으로 당시 시장 중심의 정책을 대변하는 것으로 알려졌다.

2007-08년 글로벌 금융위기에 직면하면서 시장근본주의를 근거로 한 정부와 시장 간의 관계에 새로운 관계 정립이 필요하게 되었다. Kaletsky는 이 시기를 자본주의 4.0이라고 부르고 있는데 시장과 정부 어느 한쪽에만 의존하는 것이 아니라 둘 다 잘 될 수도 있고 잘못될 수도 있다는 견해이다. 글로벌 금융위기에 직면하면서 선진국들의 주요 은행들이 파산하고 효율적 시장경제체제에 대한 불신이 증가하게 되면서 정부에 비해 시장에 대한 편향된 기대를 갖는 자본주의 3.0은 종말을 고하게 된다.[20] 시장과 정부 모두가 불완전하므로 이들을 적절한 수준에서 실험하고 적절하게 분산된 방식에서 정책의 의사결정을 내리는 것이 현대 기술이나 사회의 변화 추이와 부합한다고 주장한다.

선진국의 주요 금융기관이 파산하면서 나타나기 시작한 2007-08년 기간의 금융위기는 시장근본주의적 접근에 대한 회의를 가져오기에 충분하였다. 그렇다고 시장에 대한 불신을 가져온 것이 아니라 시장과 정부 모두가 불완전한 존재라는 것을 인식하게 되는 계기가 되었다. 결국 서로의 존재가 불필요한 것이라는 것이 아니라 서로의 장점을 잘 이용하여 변화에 유연하게 적응하도록 시장과 정부의 역할을 잘 조합하는 것이 중요하다는 것이었다. 예를 들어 시장에서의 경쟁은 투자자들의 집단적 움직임에 본능적으로 빠진다면 문제를 확대시

20 2008년 글로벌 금융위기는 과거 개발도상국 중심으로 누적된 외채 및 정부 채무 증가로 나타난 경제위기와 달리 자본주의체제가 발달한 선진국들에 의하여 시작되었다는 점에서 과거 다른 경제위기와 다르다고 할 수 있다.

킬 수 있으나 시행착오를 통하여 판단착오를 수정해 주는 역할을 할 수도 있다. 정부의 역할도 민주주의 발달에 의한 민주적 경쟁은 시장에서와 마찬가지로 시행착오에 의한 오류를 수정해 주는 긍정적인 역할을 한다. 그렇지만 특정 이념(ideology)이 너무 주도하여 논쟁을 억압하게 되는 경우에는 민주주의 자체에도 문제가 나타날 수 있다.

그는 자본주의 4.0에서는 빠르게 움직이고 상호 의존적이며 본질적으로 예측 불가능한 세계에서 회의주의(skepticism), 실험정신(experimentation) 그리고 유연성(flexibility)을 갖는 것이 핵심적이 될 것이라고 주장하였다. 그는 결국은 적응력(adaptibility)과 오류를 인정하려는 의지는 정치인, 중앙은행, 사업가, 금융인들에게 있어서 핵심적인 덕목이 될 것이라는 것이 자본주의 4.0의 세계라고 주장하였다(Kaletsky, 2010, p.189).

자본주의 4.0에 의한 시장과 정부의 유연한 역할 분담에 대한 평가는 최근 Ostry et al.(2016)이 발표한 〈신자유주의: 과대평가?〉 논문에 잘 나타나 있다. 이들은 대표적인 신자유주의 정책으로 경쟁력 강화와 작은 정부 정책을 제시하였다. 경쟁력 강화정책은 자본계정(capital account)의 자유화를 통하여 외국인직접투자, 외국인간접투자 및 단기 투기자본까지 포함하는 자본시장에 대한 개방을 의미한다. 그 외에 규제완화 및 금융시장을 포함하여 국내시장의 대외개방을 포함한다.[21] 작은 정부 정책은 민영화를 진행시키고 재정적자나 정부부채 누

21 Ostry et al.(2016)이 제시하는 신자유주의적 정책이 워싱턴 컨센서스의 정책들과 동일하다고는 할 수는 없다. 경쟁정책으로 제시된 자본계정의 자유화는 워싱턴 컨센서스의 외국인직접투자 개방이라는 좁은 의미의 시장개방이 아니라 외국인자산투자, 금융자본 및 투기자본까지 포함하는 포괄적인 자본이동의 자유화를 의미하는 것이다.

적을 예방하기 위한 재정건전성을 강조한다.

이들 저자들은 신자유주의적 정책들을 강력히 주장한 IMF 소속이라는 점에서 더욱더 큰 관심을 끄는 것이다. 이들은 신자유주의적 정책 시행으로 나타난 3개의 문제점을 지적하였다. 첫째, 많은 국가들을 대상으로 볼 때 모든 국가들에 경제성장 효과가 있었다고 보기 어렵다. 둘째, 소득 불평등이 더욱 확대되었다. 셋째, 소득 불평등 확대는 경제성장의 지속성을 해치게 된다.

지금까지의 시장경제체제에 대한 논의를 종합해 보면 단순히 시장과 정부 중에 어느 것이 더 좋고 나쁜가의 문제가 아니라는 점이 명확해졌다. 이 두 주체가 모두 잘 할 수도 있고 못 할 수도 있다는 것은 어느 주체의 역할만으로는 우리가 바라는 사회적 편익을 극대화하는 효과를 보기 어렵다는 것을 의미한다.

Kaletsky가 주장하였듯이 시장과 정부는 유연성과 실험정신을 가지고 상황에 따라서 적절하게 역할을 조정하면서 정책을 실시하는 것이 앞으로 경제체제를 성공적으로 이끌어 가는 것이라고 할 수 있다. 이는 Ostry et al.(2016, p.41)에서 다음과 같은 결론을 내린 내용과 같다. "정책결정자나 이들에게 자문을 하는 IMF와 같은 기구들은 신념(faith)에 의해서가 아니라 실시된 정책의 결과에 대한 증거에 의해서 주도되어야 한다."

결론적으로 1990년대 국제기구나 선진 자본주의 국가들이 제시하였던 체제전환정책이 워싱턴 컨센서스적 시각을 기반으로 한 것이라고 할 수 있다. 이는 칼레츠키가 구분한 자본주의 3.0시대의 시장과 정부에 대한 시각을 반영한 것이다. 그러나 글로벌 금융위기를 경험하고 난 이후의 자본주의 4.0시대에는 과거 체제전환국들에 제시되었던 정책들도 과거 자본주의 3.0시대와 다르게 시장과 정부에 대한 변화된 시각을 반영하는 정책으로 전환되어야 할 것이다. 즉, 미얀마, 쿠바와 같이 체제전환을 시도하는 국가들뿐만 아니라, 앞으로 북한이 체제전환정책을 실시하게 된다면 변화된 시장과 정부의 역할에 대한 시각을 기반으로 하여 체제전환정책이 제안되어야 할 것이다.

3장

체제전환 정책과 국가 그룹화

체제전환국에서 전환정책이 실시되면서 각국의 경제성장률, 인플레이션, 소득분배, 환경상태 등과 같은 정책성과에 변화가 일어났다. 그러나 그 성과는 국가별로 상이하게 나타났다. 특히 소련이 붕괴하면서 체제전환을 본격적으로 시작한 중부 및 동부 유럽 국가들은 거의 유사한 시기에 체제전환을 시작하였음에도 불구하고 정책성과에는 차이가 있다.

정책성과에 영향을 미치는 변수들의 국가 간 유사성과 차별성을 파악한다면 새로이 체제전환을 하려는 국가들에게 정책적 시사점을 제시할 수 있다. 기존 연구에서는 체제전환국의 분류 기준으로 체제전환국이 처한 초기조건, 체제전환정책의 경과 그리고 정책성과 등을 고려하고 있다.

본 장에서는 체제전환을 경제변수 중심으로 분석한 기존 연구에서 더 나아가 지속가능발전 차원의 체제전환정책의 경과와 성과에 대한 논의를 하고 정책적 시사점을 도출하고자 한다.

3.1 경제체제전환 국가 분류

제2장에서는 체제전환국의 정의를 정치적 차원이 아닌 경제적 체제전환을 하는 국가로 정의하였다. 체제전환국의 범위에 대한 분류는 EBRD(1994)에 의하여 시작된 이후 IMF(2000) 및 World Bank(2002) 등 다른 국제기구에서도 이루어졌다. [표 3-1]은 최근까지 다양한 국제기구들이 분류한 체제전환국들을 정리한 것이다.

EBRD(1994)의 체제전환국의 범위에 관한 초기의 정의에는 총 25개국이 체제전환국으로 분류되었는데 주로 소련의 붕괴 이후 시장경제체제로 전환하기 시작한 유럽지역의 국가가 속하였다. 이들 국가는 중부유럽 6개국, 발트 3개국, 남동부유럽 4개국, 동부유럽과 코카서스 7개국, 그리고 중앙아시아 5개국이다.

사회주의체제의 대표적인 구소련 국가들과 소위 소비에트 블록이라고 불렸던 동부 및 중앙 유럽의 사회주의 국가들은 1949년에 창설된 경제상호원조위원회(CMEA)를 중심으로 한 중앙집권적 계획경제를 통해 경제계획이 이루어지고 국가 간 거래가 이루어졌다.[1] 그러나 베를린 장벽이 무너지고(1989년) 소련이 해체(1991년)되면서 CMEA도 해체(1991년)되었다. 이를 계기로 소련체제에서 분리·독립한 국가들은 중앙계획경제에서 시장경제체제로 전환하는 체제전환을 시작하였다. 그 외에 소비에트 연방의 국가는 아니었지만 체제전환을 시도한 중부와 동부지역의 유럽 국가들도 포함되었다.

EBRD는 1994년에 체제전환국의 범위를 정의한 이후 그 범위를 지속적으로 확대하였다. 2000년에는 남동부유럽의 3개국(코소보, 몬테네그로, 세르비아)과 중앙아시아의 몽골, 지중해 남동부지역의 2개국(요르단, 튀니지)이 체제전환국으로 새로이 추가되었다. 그리고 2014년 현재 EBRD 보고서에서는 체제전환국으로 총 35개국을 분류하고 있다. 이들 국가에는 중부유럽의 5개국, 발트 3국, 남동부유럽의 10개국, 동부유럽과 코카서스의 7개국, 중앙아시아 6개국, 지중해 남동부지역의 4개국이 포함되어 있다.[2]

EBRD는 매년 발표하는 보고서에서 지역을 중심으로 체제전환국을 정의한다. 반면에 World Bank, IMF, UNCTAD 등 국제기구들은 더욱 폭넓게 분류하고 있다. 이 기구들은 국가 분류를 위해 경제적·정치적 요소, 체제전환의 특징, 체제전환의 기본 필요 요소, 체제전환

1 소련의 주도하에 형성된 공산권 경제 국가 간의 경제협력 조직이다. CMEA: Council for Mutual Economic Assistance.

2 체코는 전환 과정에서 국유기업과 금융권을 성공적으로 사유화하고 기업의 투명한 운영이 보장되는 등 현재 시장경제의 모습을 띤다는 근거하에 2008년 EBRD 체제전환 지원 대상 목록에서 제외되었고 현재는 공여국의 위치에 있다(EBRD, 2007, p.4; http://www.ebrd.com/who-we-are/structure-and-management/shareholders/czech-republic.html, 검색일: 2016.01.20.).

표 3-1 체제전환국 범위와 전환연도

지역	전환 연도	국가	비고
동아시아	1978	중국	
	1986	라오스, 베트남	
	1990	캄보디아	
중부유럽	1990	크로아티아, 헝가리, 폴란드, 슬로바키아, 슬로베니아	- 크로아티아 및 슬로베니아는 구 유고슬라비아 - 슬로바키아는 1993년 체코슬로바키아에서 분리
	1991	체코	1993년 체코슬로바키아에서 분리
발트3국	1992	에스토니아, 라트비아, 리투아니아	소련에서 독립
남동부유럽	1990	마케도니아	구 유고슬라비아
	1991	알바니아, 불가리아, 터키, 키프로스, 루마니아	
	2012	코소보	구 유고슬라비아 2008년 세르비아에서 독립
	1996	보스니아 헤르체고비나	구 유고슬라비아
	2002	세르비아, 몬테네그로	구 유고슬라비아
동부유럽	1992	아르메니아, 아제르바이잔, 벨라루스, 조지아, 몰도바, 우크라이나, 러시아	소련에서 독립
중앙아시아	1990	몽골	
	1992	카자흐스탄, 키르기즈공화국, 타지키스탄, 우즈베키스탄, 투르크메니스탄	소련에서 독립
지중해 남동부	1991	이집트, 요르단, 모로코, 튀니지	

주: 코카서스 3국이라고 불리는 아르메니아, 아제르바이잔, 조지아는 지역적으로 동부유럽으로 분류됨.

자료: IMF(http://www.imf.org/external/np/exr/ib/2000/110300.htm, 검색일: 2016.07.20)를 참고하여 작성.

의 완료 등의 요소를 고려하고 있다.

IMF(2000)는 EBRD(1994)가 정의한 25개 국가 분류에 동아시아 지역 4개국(캄보디아, 중국, 라오스, 베트남)을 추가한 29개국을 체제전환국으로 분류하였다. 그러나 IMF는 동아시아 4개 체제전환국이 다른 동구권의 체제전환국과는 구별되는 특징이 있었다고 하였다.

먼저 아시아 지역은 전면적인 체제붕괴에서 체제전환을 시작한 동유럽 국가들과는 다르게 기존 정치체제를 유지하면서 체제전환을 실시하였다. 그리고 개혁 초기에 아시아의 정치적 상황은 유럽경제에 비해 조금 더 안정적이었다. 그리고 이들 국가는 CMEA 제도에 덜 통합된 상태였으며 이보다는 시장경제 중심에 더 가까운 시스템을 가지고 있었다. 이러한 측면에서 볼 때 아시아의 초기 상황은 체제전환을 시작하는 데 비교적 우호적인 환경이었다. 그런데 다른 한편으로는 비우호적인 측면이 있었다. 동아시아 4개국은 농업이 국가경제의 기간산업이었으므로 기본적인 사회기반구조가 취약하고 행정능력도 약하다는 문제가 있었다. 그리고 이들 국가는 전환 초기에 국제사회와 고립된 성향을 보이고 있었다.

World Bank는 2002년에 다른 기관이 정의한 체제전환국 범위에 보스니아 헤르체고비나와 신유고연방(세르비아와 몬테네그로)을 2009년에는 코소보와 몽골을 체제전환국의 범위에 추가하였다. 이들 국가는 EBRD(2014)에도 포함되어있다. UNCTAD(2014)는 체제전환국의 범위를 남동부 유럽의 5개국과 독립국가연합의 11개국을 포함하는 총 16개국으로 정의하고 있다.[3]

[표 3-1]에 제시된 체제전환국의 전환연도는 각 국제기구가 제시한 연도를 참고하여 작성하였다. 그러나 보스니아 헤르체고비나, 키프로스, 코소보, 몬테네그로, 터키, 이집트는 전환연도에 대한 명확한 언급이 부재하였다. 따라서 본 연구는 각국의 상황을 검토하여 전환연도를 지정하였다.

보스니아 헤르체고비나는 1993년에 EU의 잠재적인 가입 후보국이 되었으나 1993-95년에 내전을 겪었다는 점을 감안하여 체제전환 초기연도를 1993년이 아닌 1996년으로 정하였다. 키프로스와 코소보, 몬테네그로는 EBRD에 가입한 해를 전환연도로 정하였는데 각각 1991년, 2012년, 2006년이다.[4] 터키와 이집트는 본격적인 경제개혁을 실시한 해를 전환연도로 정하였다. 터키는 1991년에 EBRD에 가입하였으나 본격적인 경제개혁은 2001년부터 하였다.[5] 이집트의 경제개혁은 1991년부터 이루어졌다.[6]

3.2 국가 그룹화에 대한 기존 연구

각 국가의 다양한 특성을 조합하여 국가를 그룹화하는 데 많이 사용되는 통계적인 방법이 클러스터 분석(cluster analysis)이다. 클러스터 분석은 공통적인 특성을 갖고 있는 국가들을 같은 그룹으로 분류하는

3 남동부 유럽 5개국은 알바니아, 보스니아 헤르체고비나, 세르비아, 몬테네그로, 마케도니아를 의미한다.

4 http://www.ebrd.com/ebrd-in-cyprus.html, 검색일: 2016.08.10.

5 http://www.mfa.gov.tr/prospects-and-recent-developments-in-the-turkish-economy.en.mfa, 검색일: 2016.08.10.

6 Arab Republic of Egypt, Ministry of Petroleum, http://www.petroleum.gov.eg/en/AboutEgypt/Pages/Economics.aspx, 검색일: 2016.08.10.

방법이다. 이 분류는 국가들의 정책 내용이나 정책성과가 시기별로 어떻게 변화해 왔는지에 대한 유익한 정보를 제공해 준다.

클러스터 분석을 이용하여 국가를 분류한 연구는 많이 있다(Tang and Salvador, 1986; Berlage and Terweduwe, 1988; Kronthaler, 2005; Vázquez and Sumner, 2012). 이들 연구는 개발도상국의 공통적 특성을 가지고 그룹화를 하거나 전 세계 국가들을 특정 지표를 가지고 그룹화하는 방식으로 하였다.

Tang and Salvador(1986)는 클러스터 분석을 사용하여 아시아태평양경제사회위원회(ESCAP)의 44개 회원국을 대상으로 1981년 경제, 보건, 교육, 사회 관련 지표를 이용하여 국가를 그룹화하였다.[7] 분석 결과에 의하면 각 국은 선진국(그룹1), 개발도상국(그룹2-그룹4), 저개발국(그룹5)으로 분류되었다. 개발도상국 그룹은 선진국과 유사성이 높은 그룹(그룹2: 싱가포르, 홍콩), 저개발국과 유사한 국가 그룹(그룹4: 미얀마, 중국, 인도, 파키스탄, 파푸아뉴기니), 그룹2와 그룹4의 중간에 위치한 국가 그룹(그룹3: 인도네시아, 말레이시아, 필리핀, 한국, 태국)으로 분류된다.

Berlage and Terweduwe(1988)는 102개국을 대상으로 1981년 기준 총 18개의 지표를 이용하여 9개 그룹으로 분류하였다. 여기에 사용된 지표는 소득, 생산구조, 수출, 자본흐름과 관련된 경제지표뿐만 아니라 보건, 교육 관련 지표도 포함되어 있다.

---

7 ESCAP: Economic and Social Commission for Asia and the Pacific.

Vázquez and Sumner(2012)는 기존의 경제지표 중심의 분류에서 더 나아가 환경지표(1인당 CO_2)를 추가적으로 사용하여 5개의 국가그룹으로 분류하였다.[8] 단순히 1인당 소득만으로 분류를 하지 않고 네 가지의 발전 개념에 따라 분류에 사용할 변수를 선정하였다. 동 연구에서 이용한 네 가지 발전개념은 인간개발(human development)로서의 발전, 구조적 전환(structural transformation) 및 경제적 주권(economic autonomy)으로서의 발전, 민주적 참여(democratic participation) 및 좋은 거버넌스(good governance)로서의 발전, 그리고 지속가능성(sustainability)으로서의 발전이다.[9]

위의 연구들은 전 세계 국가를 대상으로 한 것으로 체제전환국을 명시적으로 다루지는 못하였다. 체제전환국에 관한 연구의 핵심내용은 체제전환이 과연 성공적으로 이루어져 왔는가에 대한 것이었다.

체제전환이 이루어지면서 정책의 성과가 어떻게 달성되었는가를 파악하는 것은 정책의 성공여부를 파악하는 데 매우 중요하다. 1990년대 많은 국가에서 체제전환이 이루어지면서 체제전환국들을 다양한

---

8 5개의 그룹은 전통적 경제구조에서 높은 빈곤율 국가(그룹1), 정치적 자유가 적고 자연자원 의존형 국가(그룹2), 불평등이 높고 대외 의존형 국가(그룹3), 정치적 자유가 낮고 환경지속가능성이 심각한 도전에 직면해 있지만 경제적으로는 평등한 신흥국가(그룹4), 그리고 외부금융에 의존도가 낮고 불평등한 신흥국가(그룹5)이다.

9 인간개발로서의 발전에 관한 지표로는 빈곤인구수, GINI 계수, 5세 이하 아동 중 영양실조 비율, 구매력평가기준 1인당 GDP를 사용하였다. 구조적 전환으로서의 발전에 관한 지표로는 GDP 대비 비농업부문의 비율, GDP 대비 자원수출비중, 근로자 1인당 GDP, 과학 분야 연구논문 수, GDP 대비 외국자본의 비중을 사용하였다. 민주적 참여 및 좋은 거버넌스로서의 발전은 세계 거버넌스 지수와 Marshall and Jaggers(2011)의 정치지수를 사용하였고, 지속가능발전에 관한 지표로는 1인당 CO_2 배출량을 사용하였다.

기준에 의하여 그룹화하는 연구가 활발하게 이루어졌다(Dabrowski, 1996; de Melo et al., 1996; Sachs et al., 2000). 이들은 체제전환국의 초기 조건, 체제전환정책의 속도 및 정책성과를 중심으로 하여 체제전환국들을 그룹화하였다.

3.3 초기조건에 의한 국가 분류

소련의 붕괴 이후 1990년대 초부터 체제전환을 시작한 동구권 국가들은 체제전환 시점은 거의 동일하지만 출발하는 시점에서 각 국가가 처한 상황은 매우 다양하였다. 전통적 경제성장이론에서 중요하게 고려하는 초기 경제발전 단계를 반영하는 1인당 GDP만이 아니라 경제·사회·정치 등 각 국가들이 처한 상황이 다양하기 때문에 동일한 체제전환정책을 사용하더라도 정책성과는 다르게 나타날 수 있다.

Sachs et al.(2000)은 25개 동유럽 체제전환국을 대상으로 국가 분류를 하였다. 체제전환국이 처한 다양한 초기조건을 고려하여 클러스터 분석을 함으로써 유사한 초기조건을 가지고 있는 체제전환국을 7개 그룹으로 분류하였다. 초기조건으로는 단순히 경제변수만을 고려한 것이 아니라 12개의 다양한 변수들로 정의하였다. 이들은 지리적 조건, 거시경제, 보건·인구, 국제무역, 사회간접자본, 산업화, 부(wealth)의 정도, 인적자본, 시장경험 정도, 물적 자본, 문화, 정치상황이다.[10]

Sachs et al.이 다양한 초기조건을 결합하여 분류한 체제전환국 그룹은 결국 지리적 위치에 의해 결정되고 있음을 알 수 있다([표 3-2] 참조).

10 포함된 변수에 대한 자세한 설명은 Sachs et al.(2000, p.6)의 [표 1] 참조.

표 3-2 초기조건에 의한 분류

분류 기준	해당 국가	지역
EU 경계 국가	크로아티아, 체코, 헝가리, 폴란드, 슬로바키아, 슬로베니아	중부유럽
발칸 국가	불가리아, 마케도니아, 루마니아	남동부유럽
발트 국가	에스토니아, 라트비아, 리투아니아	발트 3국
알바니아	알바니아	남동부유럽
서부지역 구소련국가	벨라루스, 몰도바, 러시아, 우크라이나	동부유럽
코카서스	아르메니아, 아제르바이잔, 조지아	동부유럽
중앙아시아	카자흐스탄, 키르기즈공화국, 타지키스탄, 투르크메니스탄, 우즈베키스탄	중앙아시아

자료: Sachs et al.(2000), p.13의 [표 4].

중부유럽은 EU 경계국가로 모두 그룹화되었고, 남동부 유럽 국가들은 발칸국가 그룹과 알바니아로 분류되었다.[11] 동부유럽 국가들은 서부지역 구소련국가 그룹과 코카서스 3국으로 분류되었는데 이들 또한 동부유럽 지역 내에서 지역별로 구분된 것과 동일하다. 마지막으로 중앙아시아 5개국이 같은 그룹으로 분류되었다.

이 분류에 의하면 EU 경계국가 6개국은 발전정도, 지역적 위치, 사회간접자본, 인구, 인적자본, 경제자유도 등 거의 대부분의 변수에서 유사점을 공유하고 있는 국가들이다. 이 변수들을 보면 이들 6개국이 다른 지역 국가들에 비하여 높은 값을 갖는 것으로 나타났다. 알바

11 발칸지역 국가는 남동부 유럽, 즉 유럽의 남쪽, 지중해 동쪽의 반도에 위치한 국가를 지칭한다. 그리스를 제외하고는 대부분 체제전환국으로 구성되어 있는데 알바니아, 불가리아, 루마니아, 세르비아, 몬테네그로, 슬로베니아, 크로아티아, 보스니아 헤르체고비나, 마케도니아 등이 속한다. 크로아티아와 슬로베니아는 중부유럽으로 분류된다.

니아를 제외한 발칸 3개국은 역사적·정치적인 측면에서 많은 차이점을 보여 주지만, 인구, 물적 자본, 초기 부 그리고 거시적 변수에서 유사점을 보인다. 특히 불가리아가 이들 국가 중에 가장 높은 값을 보여주어 가장 EU에 가깝다고 보고 있다. 루마니아는 가장 많은 자연자원을 보유하고 있고, 마케도니아는 육지에 둘러싸인 농업 중심 국가이다.

발트 3개국은 서로 유사한 국가들이며 소련 체제하의 국가들과도 유사하다고 보고 있다. 다만 리투아니아는 상대적으로 농업부문 비중이 크고 소득이 낮은 국가이다. 알바니아는 정치적 경험이나 경제적 출발점이 독특하여 전환국가로 분류된 국가들 중에서 가장 낮은 부, 낮은 발전 정도 그리고 가장 사회간접자본이 잘 갖추어지지 않은 국가이다. 이 국가는 지리적으로 볼 때는 발전된 유럽 국가들과 가까우나 체제전환 이전의 특이한 정치적 상황은 오히려 바다가 없는 중앙아시아와 초기조건이 유사한 것으로 분류된다. 이처럼 3개국이 처한 지역적·정치적 상황을 분리해서 고려하기 위하여 독립된 국가로 분류하고 있다.

서부지역 구소련 국가는 유사점과 이질성을 동시에 가지고 있다. 유사점은 발전정도(몰도바 제외), 인구, 초기 부, 그리고 사회간접자본이다. 반면에 국가별로 독특한 특성을 가지고 있는데 러시아는 다른 국가들에 비해 큰 국가이고 정치적 상황도 서로 다르다. 몰도바는 발전단계, 인적자본, 초기 부에서 다른 국가보다 낮고 오히려 문화, 인구 및 다른 복지 지표에서 발칸 국가들과 유사하다.

코카서스 3개국은 지역적·정치적 측면의 유사성에 의해 결정된 그룹으로 그 외 국가들은 상당히 이질적인 요소를 가지고 있는 국가들이라고 보고 있다. 마지막으로 중앙아시아 그룹으로 분류된 국가들은 자연자원을 제외하고는 모든 면에서 상당히 유사한 점을 보여 주는 국가들이다.

이 책에 포함되어 있는 다른 체제전환국의 초기 조건과 비교하기 위하여 [표 3-3]은 체제전환을 시작하였다고 판단되는 연도를 체제전환 초기 시점으로 가정하고 그 시기에 대하여 주요 지표들의 값을 정리한 것이다.

1인당 실질 GDP는 대부분의 국가들이 체제전환 초기에 개발도상국 수준을 벗어나지 못하였음을 알 수 있다. 상대적으로 높은 1인당 GDP 수준을 나타내는 국가는 슬로베니아와 체코인데 각각 1인당 GDP가 12,423달러와 9,154달러였다. 그 외에 타지키스탄(455달러), 우즈베키스탄(462달러), 아르메니아(605달러), 몰도바(957달러) 등으로 낮은 1인당 GDP 수준이었다. 유럽 지역 국가들보다 일찍 체제전환을 시작한 아시아 국가들의 1인당 GDP는 더 낮았는데 중국(195달러), 캄보디아(242달러), 라오스(249달러), 그리고 베트남(269달러)이었다.

인구는 중국이 약 9억 5천만 명으로 가장 많고 러시아가 약 1억 5천만 명이었다. 그 다음으로 이집트가 약 5천7백만 명이고 터키가 약 5천5백만 명이었다. 국가 면적으로 보면 러시아와 중국이 각각 약 1천6백만 km^2와 9백만 km^2로 면적이 매우 넓다.

표 3-3 체제전환국가의 주요 초기 조건

국가	연도	소득 (달러)	인구 (만명)	면적 (천km^2)	빈곤율 (%)	실업률 (%)	교육 (%)
중국	1978	195	95,617	9,388	97.9	4.9	54.0
캄보디아	1990	242	906	177	–	0.5	28.2
라오스	1986	249	378	231	–	2.2	21.2
베트남	1986	269	6,025	325	–	2.5	34.4
크로아티아	1990	6,604	478	56	0.1	11.1	78.8
체코	1991	9,154	1,031	77	0.0	2.3	89.7
에스토니아	1992	4,995	153	42	2.8	3.7	101.7
헝가리	1990	7,516	1,037	90	0.2	11.6	87.4
라트비아	1992	3,267	261	62	0.2	13.0	90.3
리투아니아	1992	4,993	370	63	16.9	9.8	88.8
폴란드	1990	4,761	3,811	306	0.2	11.4	87.4
슬로바키아	1991	6,781	530	48	0.0	10.9	87.3
슬로베니아	1990	12,423	200	20	0.1	5.5	87.4
알바니아	1991	1,211	327	27	6.5	11.2	81.5
보스니아 헤르체고비나	1996	571	366	51	–	25.3	48.5
불가리아	1991	2,644	863	111	0.0	18.3	98.0
키프로스	1991	16,321	78	9	–	8.2	65.6
마케도니아	1990	3,021	201	25	–	30.1	73.7
코소보	2012	2,733	181	11	0.0	–	–
몬테네그로	2006	3,973	62	13	–	–	–
루마니아	1991	3,356	2,300	229	1.2	7.8	90.7
세르비아	2001	2,718	750	87	–	–	–
터키	1991	4,965	5,491	770	–	8.2	52.0
아르메니아	1992	605	345	28	38.9	19.1	91.3
아제르바이잔	1992	1,244	738	83	53.9	8.1	88.5
벨라루스	1992	2,075	1,022	203	0.1	6.1	92.3
조지아	1992	1,071	487	69	14.0	12.9	89.2
몰도바	1992	957	371	33	30.7	6.9	87.1
우크라이나	1992	2,173	5,215	579	0.0	7.5	90.9
러시아	1992	4,601	14,869	16,390	8.3	5.2	93.2
카자흐스탄	1992	2,576	1,644	2,700	17.6	11.4	98.3
키르기즈공화국	1992	539	452	192	30.1	8.3	98.6
몽골	1990	846	218	1,554	–	5.9	88.7
타지키스탄	1992	455	552	140	–	11.2	101.7
우즈베키스탄	1992	462	2,145	425	–	10.7	95.7
투르크메니스탄	1992	1,680	388	470	85.7	10.7	–
이집트	1991	872	5,739	995	27.6	9.6	73.6
요르단	1991	1,609	355	88	14.8	15.4	78.5
모로코	1991	1,496	2,513	446	15.9	12.5	35.2
튀니지	1991	2,072	832	155	19.0	15.6	45.6

주: 1) 본 표의 연도는 체제전환국의 자료가 제공되는 가장 이른 시점으로 [표 3-1]과 차이가 있음; 2) 소득은 2005년 실질 미국 달러 기준 1인당 GDP임; 3) 빈곤은 하루에 2달러 미만으로 생활하는 인구의 비율임; 4) 실업률은 전체 노동인구 중 실업자의 비율임; 5) 교육은 2차 교육기관 등록률임.

자료: World Bank, World Development Indicator(http://data.worldbank.org, 검색일: 2016.01.15.).

사회발전을 반영하는 지표에서 하루 2달러 미만의 소득을 가진 계층의 비율인 절대빈곤율도 국가별로 차이를 보이고 있다. 가장 절대빈곤율이 높았던 국가는 투르크메니스탄으로 85.7%이었고, 그 다음으로 아제르바이잔과 아르메니아가 각각 53.9%와 38.9%였다. 실업률은 보스니아 헤르체코비나(25.3%)가 가장 높았고, 그 다음으로 아르메니아(19.1%)가 높았다. 2차 교육기관에 대한 등록률은 대부분의 국가가 80%를 넘고 있는데 이는 당시 사회주의 국가에서 정부가 교육을 의무적으로 지원하였음을 알 수 있다. 그러나 같은 사회주의 국가이지만 동아시아 지역의 라오스(21.2%)와 베트남(34.4%)은 상대적으로 낮은 비율을 나타내고 있다.

3.4 체제전환정책에 의한 국가 분류

체제전환국을 유사 그룹으로 분류하는 두 번째 기준은 체제전환 초기에 각 국가들이 채택한 체제전환 개혁정책의 내용에 의한 것이다(de Melo et al., 1996; Dabrowski, 1996; Sachs et al., 2000).

De Melo et al.(1996)은 EBRD(1994)의 체제전환국 정의에 몽골, 중국 및 베트남을 추가하여 총 28개국을 체제전환국으로 정의하였고 1989-94년 기간 동안에 실시된 체제전환정책을 다음의 3개 지표로 정의하였다.

첫째, 국내경제 자유화(domestic liberalization) 정책이다. 이는 국내 가격 자유화 및 정부의 독점거래 철폐를 의미한다. 둘째, 대외경제 자유화(external transaction liberalization) 정책이다. 수출 통제와 세금의 철폐 등 해외거래 제도의 자유화/수입 쿼터 및 높은 수입 관세를 적절한 (moderate) 수준의 관세 체제로 개편, 화폐 호환성(currency convertibility) 등을 포함한다. 셋째, 민간부문 진입 강화(private sector entry) 정책이다. 소규모 및 대규모 기업의 민영화 등 민간분야의 개방을 반영하는 대표적 지표들을 포함한다. 이 지표들을 이용하여 누적자유화 지수 (cumulative liberalization index: CLI)를 계산하였다.[12]

De Melo et al.는 각 국가의 지표를 이용하여 6개 그룹으로 구분하였다. 제1그룹은 가장 빠른 개혁국가로 지표를 합산한 값이 3 이상, 상위 중간 개혁 국가는 2에서 3 사이, 하위 중간 개혁국가는 1.3에서 2 사이이고, 1.3 이하이면 느린 개혁국가로 구분하였다. 그리고 내분을 겪고 있던 국가 그룹인 그룹 5는 과거 유고슬라비아와 소련에 포함되었던 국가들을 의미하고, 동아시아 국가는 유럽 체제전환 국가와 비교하기 위하여 중국과 베트남을 포함시켰다. [표 3-4]는 1989-94 기간 동안의 누적자유화지수를 기준으로 분류한 국가 그룹을 나타낸 것이다.

체제전환정책 내용을 기준으로 한 분류도 초기조건에 의한 분류와 유사하게 국가들의 지역적 위치와 유사한 그룹 분류가 이루어졌다. 그룹 1은 주로 중부유럽 국가로 구성되고 그룹 2는 남동부 유럽으로 구성되었다. 반면에 그룹 3과 4는 중앙아시아와 동부유럽 국가들로 구성되어 있는데, 국가별로 그룹 3이거나 4로 나누어 분류되었다. 따라서

12 3가지 자유화에 대하여 각각 가중치를 국내경제자유화(0.3), 대외경제자유화(0.3) 그리고 민간부문 진입강화(0.4)로 두고 연도별 자유화 지수(liberalization index)를 계산하였다. 이를 이용하여 체제전환이 시작되기 직전인 1989년 이후 개혁정책의 지속성 (duration)과 강도(intensity)를 나타내는 누적자유화지수(CLI)를 정의하였다.

표 3-4 체제전환정책 속도에 의한 국가 분류 I

그룹	분류 기준	국가	지역
1	빠른 개혁 국가	슬로베니아(4.16), 폴란드(4.14), 헝가리(4.11), 크로아티아(4.02), 마케도니아(3.92), 체코(3.61), 베트남(3.42), 슬로바키아(3.47), 중국(3.08)	마케도니아(남동부), 중국·베트남(중앙아시아) 이외 중부유럽
2	상위 중간 개혁 국가	에스토니아(2.93), 불가리아(2.9), 리투아니아(2.72), 라트비아(2.45), 알바니아(2.3), 루마니아(2.29), 몽골(2.27)	몽골(중앙아시아) 이외의 남동부 유럽 및 발트 3국
3	하위 중간 개혁 국가	러시아(1.92), 키르기즈공화국(1.81), 몰도바(1.62), 아르메니아(1.44), 조지아(1.32), 카자흐스탄(1.31)	카자흐스탄 · 키르기즈공화국(중앙아시아) 이외 동부유럽
4	느린 개혁 국가	우즈베키스탄(1.11), 벨라루스(1.07), 아제르바이잔(1.03), 타지키스탄(0.95), 우크라이나(0.80), 투르크메니스탄(0.63)	동부유럽과 중앙아시아 국가로 구성됨

주: 동아시아국가(중국, 베트남)와 크로아티아, 마케도니아, 아르메니아, 조지아, 아제르바이잔, 타지키스탄은 De Melo et al.(1996)에는 전쟁에 의해 영향을 받는 국가를 별도 국가 그룹으로 구분하였으나 본 표에서는 정책의 정도를 반영하는 지표를 기준으로 하여 4개의 그룹에 포함시켰다.

자료: De Melo et al.(1996)를 저자가 수정·보완한 것임.

앞에서 초기조건에 의한 분류와 체제전환정책에 의한 분류를 같이 본다면 중부유럽에 위치하고 있는 국가들은 유사한 초기조건을 가지며 상대적으로 빠른 체제전환정책을 실시한 국가들로 분류될 수 있다.

Dabrowski(1996)는 체제전환국을 3개의 체제전환정책을 기준으로 분류하였다. 그 기준은 정책 속도, 정책의 포괄성과 일관성, 그리고 누적적인 체제전환 진전 정도이다. 이 분류에 마케도니아를 추가해서 Sachs et al.(2000)은 국가 분류를 재구성하였다([표 3-5] 참조).

표 3-5 체제전환정책 속도에 의한 국가 분류 II

<table>
<tr><th>그룹</th><th>분류 기준</th><th>국가</th><th>지역</th></tr>
<tr><td>A</td><td>즉각적인 실시</td><td>동독</td><td></td></tr>
<tr><td rowspan="3">B</td><td rowspan="3">빠른 실시</td><td>알바니아</td><td>남동부</td></tr>
<tr><td>체코, 폴란드, 슬로바키아</td><td>중부</td></tr>
<tr><td>에스토니아, 라트비아</td><td>발트3국</td></tr>
<tr><td>C</td><td>느리지만 통합적</td><td>헝가리, 슬로베니아</td><td>중부유럽</td></tr>
<tr><td rowspan="7">D</td><td>빠르지만 불완전</td><td></td><td></td></tr>
<tr><td rowspan="3">a. 비급진적</td><td>리투아니아</td><td>발트3국</td></tr>
<tr><td>몰도바</td><td>동부유럽</td></tr>
<tr><td>키르기즈공화국</td><td>중앙아시아</td></tr>
<tr><td rowspan="2">b. 비통합적</td><td>루마니아</td><td>남동부유럽</td></tr>
<tr><td>러시아</td><td>동부유럽</td></tr>
<tr><td>c. 급진적이나 큰 혼란은 없음</td><td>불가리아, 마케도니아</td><td>남동부유럽</td></tr>
<tr><td rowspan="2">E</td><td rowspan="2">체계적 변화 없음</td><td>벨라루스, 우크라이나</td><td>동부유럽</td></tr>
<tr><td>카자흐스탄, 투르크메니스탄, 우즈베키스탄</td><td>중앙아시아</td></tr>
<tr><td rowspan="3">F</td><td rowspan="3">분쟁국가</td><td>보스니아, 세르비아</td><td>남동부</td></tr>
<tr><td>아르메니아, 조지아, 아제르바이잔</td><td>동부유럽</td></tr>
<tr><td>타지키스탄</td><td>중앙아시아</td></tr>
</table>

자료: Sachs et al.(2000), p.12의 [표 2]를 수정·보완한 것임.

국가 분류를 보면 동독의 경우 통일과 동시에 즉각적으로 전환정책이 실시된 경우로 다른 체제전환국들과는 차별화될 수 있다. 개혁정책을 빠르게 실시한 국가로는 알바니아 등 6개국을 분류하고 있고, 느리지만 통합적인 정책을 실시한 국가는 헝가리와 슬로베니아를 포함시키고 있다. 그 외에 빠르지만 불완전한 정책을 실시했다고 보는 국가들이 리투아니아 등 7개국이었고, 체계적 변화가 없는 국가로는 벨라루스 등 5개국을 포함시키고 있다. 다양한 분쟁이나 갈등 중이어서 분류가 어려운 국가그룹으로 아르메니아 등 6개국을 분류하고 있다.

[표 3-6]은 EBRD가 매년 발표하는 기업과 시장 부문의 3개 지표의 합을 연도별로 나타낸 것이다. 체제전환 초기라고 할 수 있는 1994년이 시장이나 기업부문에서 3개 지표의 합이 10을 넘는 국가는 크로아티아, 체코, 에스토니아, 헝가리, 라트비아, 폴란드, 슬로바키아, 슬로베니아 등 8개국이었다. 이들은 이미 다른 구소련국가들에 비해 체제전환을 시작하는 시점에서 체제전환을 위한 개혁정책이 상당한 수준에서 준비되고 있었음을 의미한다.

2014년 기준으로 각 지표의 최대값인 12를 달성하고 있는 국가들은 키프로스, 에스토니아, 헝가리, 라트비아, 리투아니아, 폴란드, 슬로바키아인데 1994년 당시 포함되지 않았던 키프로스를 제외하면 6개국이다. 1994년과 2014년 기간 동안의 개혁정책의 변화를 보면 1994년에 높은 수준의 개혁정책을 실시하고 있었던 슬로베니아가 2014년에는 다른 국가들에 비해 체제전환이 덜 진전되었다. 반면에 리투아니아는 1994년에 시장과 기업부문에서 9점을 받았으나 2014년에는 각각 11과 12점을 받아 상대적으로 빠르게 개혁정책을 실시하고 있음을 알 수 있다.

Dabrowski(1996)가 1990년대 자료를 가지고 분류한 것과 비교하면 당시 상대적으로 즉각적이고 빠른 개혁정책을 실시한 국가들이 상대적으로 높은 점수를 보여 준다는 사실을 알 수 있다. EBRD가 포함하지 않은 동독을 제외한다면 빠른 개혁정책을 실시한 국가는 알바니아,

표 3-6 체제전환 지표의 변화

지역	국가	1994		2000		2005		2010		2014	
		기업	시장	기업	시장	기업	시장	기업	시장	기업	시장
중부 유럽	크로아티아	9	10	10	9	10	10	10	11	11	11
	헝가리	10	8	11	10	12	11	12	11	12	11
	폴란드	10	10	10	10	11	11	12	11	12	12
	슬로바키아	10	10	11	10	12	11	12	11	12	11
	슬로베니아	9	10	10	10	10	11	10	11	10	11
	체코	11	10	11	10	11	11	–	–	–	
발트 3국	에스토니아	10	10	11	10	12	11	12	12	12	12
	라트비아	7	10	10	9	11	11	11	11	11	12
	리투아니아	9	9	10	10	11	11	11	11	11	12
남동부 유럽	알바니아	6	9	8	9	9	10	10	10	10	10
	불가리아	6	9	10	9	11	11	11	11	11	11
	마케도니아	8	9	9	9	9	10	10	10	10	11
	루마니아	7	9	9	9	10	10	11	11	11	11
	세르비아	–	–	–	–	8	9	9	10	9	10
	몬테네그로	–	–	–	–	–	–	9	10	9	10
	코소보	–	–	–	–	–	–	–	–	7	10
	키프로스	–	–	–	–	–	–	–	–	11	12
	보스니아 헤르체고비나	–	–	6	7	8	9	8	10	8	10
동부 유럽, 코카서스	아르메니아	5	6	8	8	10	10	10	10	10	10
	아제르바이잔	3	5	7	8	8	10	8	10	8	10
	벨라루스	6	4	4	6	4	7	6	7	6	7
	조지아	4	4	9	9	10	10	10	10	10	10
	몰도바	6	7	8	9	8	10	9	10	9	10
	우크라이나	4	4	8	8	9	9	9	10	9	10
	러시아	8	8	9	7	9	9	9	9	9	11
중앙 아시아	카자흐스탄	5	5	9	8	9	9	9	10	9	10
	키르기즈공화국	9	8	9	9	10	10	10	10	10	10
	타지키스탄	5	5	7	8	8	9	8	9	8	10
	우즈베키스탄	6	6	8	5	8	7	8	7	8	7
	투르크메니스탄	3	4	5	4	4	5	4	6	4	6
	몽골	–	–	–	–	–	–	9	10	9	11
지중해 동남부	이집트	–	–	–	–	–	–	–	–	9	9
	요르단	–	–	–	–	–	–	–	–	9	10
	모로코	–	–	–	–	–	–	–	–	9	10
	튀니지	–	–	–	–	–	–	–	–	9	11

주: 1) 연도별로 기업과 시장으로 구분하고 각 그룹에 해당하는 세 지표의 값을 단순 합산한 것이며 +, –는 무시함; 2) 아시아 국가의 지표는 발표하지 않음.

자료: EBRD Transition Report의 각 연도판을 참고하여 작성.

체코, 폴란드, 슬로바키아, 에스토니아 그리고 라트비아이다.

기업부문에서 보면 2014년 기준으로 알바니아(10), 폴란드(12), 슬로바키아(12), 에스토니아(12) 그리고 라트비아(11)가 높은 점수를 받고 있다.[13] 시장부문에서도 같은 연도에 알바니아(10), 폴란드(12), 슬로바키아(11), 에스토니아(12) 그리고 라트비아(12)가 높은 점수를 받고 있다. 반면에 체계적 변화가 없는 국가들이나 분쟁 국가들은 2014년에 와서도 다른 국가들에 비해 기업과 시장부문에서 상대적으로 낮은 점수를 받아 개혁정책의 정도가 다른 체제전환 국가들에 비해 낮음을 알 수 있다.

EBRD가 발표하는 시장 및 기업부문 지표값들을 종합하여 보면 체제전환을 시작한 초기에 개혁정책이 빠르게 실시된 국가들의 값이 높게 나타나고 있다. 따라서 이들 국가의 체제전환이 상대적으로 잘 진행되었음을 알 수 있다.

[표 3-7]은 체제전환국들의 경제와 정치체제의 발전 정도를 지수화한 것이다. 경제자유도는 헤리티지 재단(Heritage Foundation)이 발표하는 경제자유지수 지표 중에서 총점수를 사용하였다.[14] 지표는 가장 낮은 자유도인 0(가장 낮은 자유도)부터 100(가장 높은 자유도) 사이의 값으로 제시된다. 정치체제를 나타내는 정치자유도는 프리덤하우스(Freedom House)에서 발표하는 정치권리 부문의 점수이며, 1(Free)부터

13 체코는 2008년부터 EBRD 체계적 지원 대상 국가에서 제외되었다.

14 Heritage Foundation(http://www.heritage.org/index, 검색일: 2015.7.31), Freedom House (http://freedomhouse.org/report-types/freedom-world#.VT-GLtGJimQ, 검색일: 2015.7.31)

표 3-7 체제전환 국가의 경제·정치자유도 변화

지역	국가	경제자유도				정치자유도			
		1995	2000	2005	2014	1991	2000	2005	2014
동아시아	캄보디아	52.8	59.3	60.0	57.4	6	6	6	6
	중국	52.0	56.4	53.7	52.5	7	7	7	7
	라오스	38.5	36.8	44.4	51.2	6	7	7	7
	베트남	41.7	43.7	48.1	50.8	7	7	7	7
중부유럽	크로아티아	48.0	53.6	51.9	60.4	3	2	2	1
	헝가리	55.2	64.4	63.5	67.0	2	1	1	1
	폴란드	50.7	60.0	59.6	67.0	2	1	1	1
	슬로바키아	60.4	53.8	66.8	66.4	3	1	1	1
	슬로베니아	50.4	58.3	59.6	62.7	2	1	1	1
	체코	67.8	68.6	64.6	72.2	1	1	1	1
발트3국	에스토니아	65.2	69.9	75.2	75.9	2	1	1	1
	라트비아	55.0	63.4	66.3	68.7	2	1	1	2
	리투아니아	49.7	61.9	70.5	73.0	2	1	1	1
남동부 유럽	알바니아	–	–	–	–	4	4	3	3
	불가리아	50.0	47.3	62.3	65.7	2	2	1	2
	마케도니아	58.0	58.0	56.1	68.6	3	4	3	3
	루마니아	42.9	52.1	52.1	65.5	5	2	2	2
	세르비아	46.6	46.6	43.5	59.4	3	3	3	2
	몬테네그로	46.6	46.6	43.5	63.6	3	3	3	3
	코소보	61.7	61.7	61.7	61.4	5	5	5	5
	터키	58.4	63.4	50.6	64.9	2	4	3	3
	키프로스	67.7	67.2	71.9	67.6	1	1	1	1
	보스니아 헤르체고비나	29.4	45.1	48.8	58.4	6	5	4	3
동부유럽, 코카서스	아르메니아	42.2	63.0	69.8	68.9	5	4	5	5
	아제르바이잔	30.0	49.8	54.4	61.3	5	6	6	6
	벨라루스	40.4	41.3	46.7	50.1	4	6	7	7
	조지아	44.1	54.3	57.1	72.6	6	4	3	3
	몰도바	33.0	59.6	57.4	57.3	5	2	3	3
	우크라이나	39.9	47.8	55.8	49.3	3	4	3	4
	러시아	51.1	51.8	51.3	51.9	3	5	6	6
중앙 아시아	카자흐스탄	41.7	50.4	53.9	63.7	5	6	6	6
	키르기즈공화국	51.8	55.7	56.6	61.1	5	6	5	5
	타지키스탄	41.1	44.8	50.4	52.0	5	6	6	6
	우즈베키스탄	31.5	38.1	45.8	46.5	6	7	7	7
	투르크메니스탄	35.0	37.6	47.6	42.2	6	7	7	7
	몽골	47.8	58.5	59.7	58.9	2	2	2	1
지중해 남동부	이집트	45.7	51.7	55.8	52.9	5	6	6	6
	요르단	62.7	67.5	66.7	69.2	4	4	5	6
	모로코	62.8	63.2	52.2	58.3	5	5	5	5
	튀니지	63.4	61.3	55.4	57.3	5	6	6	3

주: 1) 알바니아는 경제자유도가 발표되지 않음; 2) 코소보의 경우 헤리티지 재단에서 발표한 경제자유도에 종합 점수는 제시되어 있지 않아 세부지표의 평균값으로 대체함.

자료: World Bank, World Development Indicator(http://data.worldbank.org, 검색일: 2016.01.15.).

7(Not Free) 사이의 값으로 제시된다.

경제자유도를 보면 동아시아 국가들의 값이 1995년 이후 지속적으로 상승하고 있으나 중부유럽이나 발트 3국에 비해서는 낮은 것으로 나타났다. 2014년 기준으로 동아시아에서 캄보디아의 경제자유도가 가장 높아서 57.4를 나타내고 있다. 이 값은 전체 체제전환국 중에서 가장 높은 값을 보여 주는 에스토니아(75.9)와 리투아니아(73.0)보다 15점 정도 낮은 값이다. 그 외에 중앙아시아 지역의 국가들의 경제자유도 값이 1995년만이 아니라 2014년에도 다른 국가들에 비해서 낮은 편이다. 우즈베키스탄의 경우 1995년에 31.5로 매우 낮은 수준이었고, 2014년에도 46.5로 같은 지역의 투르크메니스탄(42.2)과 함께 매우 낮은 수준의 값을 보여 주었다.

정치적 자유도는 국가별로 상당한 차이를 보인다. 동아시아 국가들의 경우 1990년 이전에 체제전환을 시작하였음에도 불구하고 2014년의 정치자유도를 보면 캄보디아(6)를 제외하고는 모두 7의 값을 가져 아직도 매우 낮은 정치자유 수준을 유지함을 알 수 있다. 이처럼 낮은 정치적 자유도를 갖는 국가는 중앙아시아 지역의 국가들로 6 또는 7 값을 보이고 있다. 높은 정치적 자유도를 보이는 국가들은 중부유럽 지역의 국가들로 가장 자유스러운 상태인 1의 값을 보이고 있다.

3.5 체제전환정책의 성과에 의한 분류

Szyrmer(1998)는 체제전환정책의 성과를 기준으로 체제전환국을 분류하였다([표 3-8] 참조). 성공한 국가는 크로아티아 등 9개국이고, 실

표 3-8 전환정책 성과에 의한 분류

그룹	분류기준	분류 내 국가
I	성공	크로아티아, 폴란드, 슬로바키아, 슬로베니아, 불가리아, 헝가리, 에스토니아, 라트비아, 리투아니아
II	판단유보	체코, 몰도바, 루마니아
III	실패	러시아, 우크라이나
IV	미분류	코카서스(아르메니아, 아제르바이잔, 조지아), 발칸(알바니아, 마케도니아), 미개혁(벨라루스), 중앙아시아(카자흐스탄, 키르기즈공화국, 타지키스탄, 투르크메니스탄, 우즈베키스탄)

자료: Sachs et al.(2000), p.11의 [Table 2].

패한 국가는 러시아와 우크라이나이다. 그 사이에는 체코, 몰도바 및 루마니아가 포함되어 있다. 나머지 국가들은 미분류에 포함되었다. 이 분류는 전환과정의 내용을 충분히 반영하지 못하였다. 따라서 장기적인 성과를 평가하는 것에 이 결과를 적용하는 것에는 어려움이 있다. 그리고 성공이라는 기준에 대하여 타당한 근거(예: 실증분석)가 부족하다(Sachs et al., 2000, p.11).

체제전환정책의 성과에 의해 분류한 Szyrmer(1998)의 결과는 1990년대 초 체제전환을 시작 한 이후 각 국가들의 경제성과를 보고 그룹화한 것이다. 이 연구는 정책성과를 반영하는 지표에 대한 주관적 판단을 하고 있다. 또한 정책성과를 명확하게 논의하기에는 시기적으로 너무 짧은 기간을 기준으로 분류했다. 예를 들어 소득분배, 환경, 빈곤 등의 지표는 시장경제가 도입되면서 단기적으로는 악화될 수도 있지만 장기적으로는 그 효과가 개선되는 방향으로 나타날 수도 있다.

정책성과를 판단하는 데 단순히 경제지표를 이용하여 판단하기보다는 경제 이외에 사회 및 환경을 동시에 고려하는 지속가능발전을 반영하는 주요 지표들을 가지고 분석할 필요가 있다. 제4장에서 구체적인 실증분석을 하기 이전에 지속가능발전을 반영하는 주요 지표들이 체제전환 초기와 최근 사이에 어떻게 변화해 왔는지를 살펴볼 필요가 있다. [표 3-9]-[표 3-11]은 체제전환정책이 실시된 이후 기간별로 지속가능발전을 반영하는 주요 지표가 어떻게 변화해 왔는가를 나타낸다.

[표 3-9]의 경제변수를 보면 중국을 비롯한 동아시아 국가들의 1인당 GDP가 다른 동구권 국가들에 비해서 1990년에 아직도 낮은 수준에 있음을 알 수 있다.[15] 중국이 1978년 그리고 라오스와 베트남이 1986년에 체제전환을 시작하였다고 볼 때 체제전환 초기의 1인당 GDP가 매우 낮은 수준이었다. 1990년대에도 여전히 1인당 GDP가 낮은 것으로 볼 때 체제전환 초기에 이미 너무 낮은 수준의 1인당 GDP에서 출발하였기 때문이라고도 할 수 있다.

제2장에서도 논의하였지만 1990년 기준으로 1만 달러 이상의 1인당 소득을 보여 준 국가는 키프로스(17,500), 슬로베니아(12,400), 체코(10,300)였다. 2012년 기준으로 가장 높은 1인당 GDP를 보여 준 국가는 키프로스(23,400), 슬로베니아(18,800), 체코(14,700)로 체제전환 초기 1인당 국민소득 순위와 동일하다. 동아시아 국가들은 같은 기간에 고도성장을 달성하여 중국은 465달러에서 3,380달러로 증가하였다.

15 World Bank, World Development Indicators(http://databank.worldbank.org/data/views/variableSelection/selectvariables.aspx?source=world-development-indicators, 검색일: 2016.01.25).

표 3-9 체제전환 국가의 경제성과

지역	국가	1인당 GDP			인플레이션(%)		
		1990	2000	2012	1990	2000	2012
동아시아	캄보디아	243	330	673	−0.8	−0.8	2.9
	중국	465	1,130	3,380	−	−	2.6
	라오스	261	378	725	35.6	25.1	4.3
	베트남	301	532	986	5.7	−1.7	9.1
중부유럽	크로아티아	6,600	8,240	10,600	500	4.6	3.4
	헝가리	7,530	8,930	11,200	29	9.8	5.7
	폴란드	4,760	6,870	10,700	555	10.1	3.6
	슬로바키아	6,780	9,100	15,200	13.4	12.0	3.6
	슬로베니아	12,400	15,300	18,800	32.9	8.9	2.6
	체코	10,300	10,900	14,700	10.0	3.9	3.3
발트3국	에스토니아	5,150	7,120	11,800	89.8	4.0	3.9
	라트비아	3,570	4,810	8,970	243	2.7	2.2
	리투아니아	3,970	5,170	10,200	410	1.0	3.1
남동부 유럽	알바니아	1,650	1,990	3,760	226	0.1	2.0
	불가리아	2,850	2,750	4,840	23.8	10.3	3.0
	마케도니아	3,120	2,820	3,750	127	6.6	3.3
	루마니아	3,660	3,360	5,840	211	45.7	3.3
	세르비아	2,390	2,580	4,170	82.7	71.1	7.3
	몬테네그로	3,310	3,250	4,530	2.9	2.9	4.2
	코소보	−	1,514	2,733	−	−	1.6
	터키	5,010	6,110	8,470	60.3	54.9	8.9
	키프로스	17,500	22,100	23,400	4.5	4.1	2.4
	보스니아 헤르체고비나	523	2,260	3,320	−	6.1	2.0
동부유럽과 코카서스	아르메니아	1,150	896	2,230	3,370	−0.8	2.6
	아제르바이잔	1,670	874	3,110	−	−	−
	벨라루스	2,330	2,100	4,870	−	−	−
	조지아	2,500	1,020	2,090	163	4.1	−0.9
	몰도바	1,610	583	1,040	29.8	31.1	4.6
	우크라이나	2,640	1,210	2,090	4,730	28.2	0.6
	러시아	5,690	3,870	6,850	875	20.8	5.1
중앙아시아	카자흐스탄	3,070	2,340	5,190	1,880	13.2	5.1
	키르기즈공화국	699	417	577	31.9	18.7	2.7
	타지키스탄	719	234	463	−	−	−
	우즈베키스탄	547	446	849	−	−	−
	투르크메니스탄	2,190	1,400	3,270	−	−	−
	몽골	846	769	1,620	268	11.6	15.0
지중해 남동부	이집트	878	1,100	1,470	16.8	2.7	7.1
	요르단	1,770	1,930	2,840	16.2	0.7	4.8
	모로코	1,400	1,600	2,440	6.8	1.9	1.3
	튀니지	2,060	2,790	3,820	6.6	3.0	5.1

주: 1) 해당 연도의 자료가 없는 경우 가장 가까운 연도 값으로 대체된 것임; 2) 1인당 GDP는 2005년 기준 실질 미국 달러임; 3) 인플레이션은 소비자물가지수를 바탕으로 산정한 것임.
자료: World Bank, World Development Indicator(http://data.worldbank.org, 검색일: 2016.01.15.).

그러나 캄보디아는 243달러에서 673달러로 여전히 최빈국 수준에서 벗어나지 못하였다.

체제전환과정에서 가장 심각한 문제점으로 대두되는 것이 인플레이션 문제이다. 체제전환정책의 실시는 시장가격의 자유화를 의미하는데 이는 그동안 잠재되었던 수요가 표출되면서 물가를 상승하게 한다. 1990년을 기준으로 가장 높은 인플레이션을 보여 준 국가는 우크라이나(4,700), 아르메니아(3,370), 카자흐스탄(1,880) 그리고 크로아티아(500) 등이었다. 그렇지만 2012년에 이르러서는 대부분의 국가에서 인플레이션이 안정된 것으로 나타나 체제전환정책에 의한 물가 상승 압력이 일정 기간이 지나면서 상당 부분 해소되었음을 알 수 있다.

[표 3-10]은 체제전환국들의 사회발전의 정도를 반영하는 소득분배와 빈곤율의 변화를 보여 주고 있다.[16]

소득분배를 나타내는 지니계수를 1990년과 비교해 보면 심각하게 악화된 국가들은 없고 오히려 개선된 국가들이 더 많다. 1990년 높은 지니계수 값을 보인 소득분배 상태가 나쁜 국가들은 키르기즈공화국(53.7), 러시아(48.4), 아르메니아(44.4)이다. 이들 국가들의 지니계수는 2012년에 각각 27.4, 41.6과 30.5로 모두 개선된 결과를 보여 주었다. 그 외에 1990년과 2012년 사이에 소득분배가 악화된 국가는 중부유럽 지역의 국가들(크로아티아, 헝가리, 폴란드, 슬로바키아)이 많다. 이 결

16 World Bank, World Development Indicators(http://databank.worldbank.org/data/views/variableSelection/selectvariables.aspx?source=world-development-indicators, 검색일: 2016.01.25.), Freedom House(http://freedomhouse.org/report-types/freedom-world#.VT-GLtGJimQ, 검색일: 2016.01.25).

표 3-10 체제전환 국가의 소득분배 및 빈곤

지역	국가	소득분배			빈곤율(%)		
		1990	2000	2012	1990	2000	2012
동아시아	캄보디아	38.2	35.5	30.8	32.8	24.5	8.8
	중국	32.4	39.2	42.1	45.9	29.6	9.1
	라오스	34.3	34.7	37.9	30.0	31.0	23.3
	베트남	35.7	37.3	38.7	34.7	28.2	3.5
중부유럽	크로아티아	28.8	31.3	32.0	0.1	0.1	0.0
	헝가리	27.9	27.2	30.6	0.1	0.0	0.0
	폴란드	26.7	33.0	32.4	0.1	0.2	0.0
	슬로바키아	19.5	28.9	26.1	0.0	0.5	0.2
	슬로베니아	29.2	29.1	25.6	0.0	0.0	0.0
	체코	26.6	27.5	26.1	0.0	0.0	0.0
발트3국	에스토니아	39.5	35.8	33.2	0.1	1.4	0.0
	라트비아	27.0	35.1	35.5	0.0	0.8	0.0
	리투아니아	33.6	31.7	35.2	0.1	0.7	0.0
남동부유럽	알바니아	27.0	32.5	29.0	2.4	3.3	1.4
	불가리아	30.7	32.7	36.0	0.1	2.1	1.7
	마케도니아	28.1	34.3	44.1	1.6	5.3	2.0
	루마니아	25.5	29.3	27.3	0.4	7.6	0.7
	세르비아	–	32.7	29.7	–	0.4	0.3
	몬테네그로	–	30.1	32.2	–	0.2	1.0
	코소보	–	–	–	–	–	0.0
	터키	41.3	41.4	40.2	2.2	2.3	0.6
	키프로스	–	30.1	34.3	–	–	–
	보스니아 헤르체고비나	–	29.3	33.0	–	0.3	0.1
동부유럽과 코카서스	아르메니아	44.4	35.4	30.5	14.4	16.8	3.5
	아제르바이잔	34.7	36.5	16.6	7.4	3.7	0.0
	벨라루스	21.6	29.7	26.0	0.2	2.3	0.0
	조지아	37.1	40.5	41.4	4.7	16.4	12.8
	몰도바	34.3	36.4	29.2	11.1	27.4	0.5
	우크라이나	29.7	29.1	24.7	1.2	9.1	0.1
	러시아	48.4	37.1	41.6	2.4	2.4	0.1
중앙아시아	카자흐스탄	32.7	35.3	27.4	0.0	9.2	0.1
	키르기즈공화국	53.7	31.0	27.4	9.5	30.8	4.2
	타지키스탄	29.5	32.7	30.8	–	39.1	5.5
	우즈베키스탄	44.7	36.1	35.3	0.1	47.8	46.4
	투르크메니스탄	35.4	40.8	–	28.9	31.0	–
	몽골	33.2	32.9	33.8	11.5	9.9	0.7
지중해 남동부	이집트	–	30.8	–	–	–	–
	요르단	43.4	37.0	33.7	4.8	1.5	0.3
	모로코	39.2	40.6	40.7	4.0	6.7	3.7
	튀니지	40.2	40.8	35.8	8.7	5.5	2.1

주: 1) 해당 연도의 자료가 없는 경우 가장 가까운 연도 값으로 대체된 것임; 2) 소득분배는 지니계수임; 3) 빈곤율은 하루에 3.10달러 미만으로 생활하는 인구의 비율임.

자료: World Bank, World Development Indicator(http://data.worldbank.org, 검색일: 2016.01.15.).

과를 보면 체제전환으로 소득분배가 악화되었다는 결론을 내릴 수는 없다고 하겠다.

하루 3.1달러 이하의 소득을 갖는 사람들의 비중인 빈곤율은 체제전환이 진행되면서 오히려 악화되는 현상을 볼 수 있다. 특히 중앙아시아 국가들이 상대적으로 높은 편이었다. 1990년 기준으로 투르크메니스탄(28.9%)은 높은 편이었으나 전환정책이 실시되면서 오히려 악화되어 2000년에는 31.0%로 높아졌다. 그리고 우즈베키스탄(47.8%)과 타지키스탄(39.1%)은 빈곤율이 급격히 증가하였지만 2012년에는 우즈베키스탄(46.4%)을 제외하고는 빈곤율은 감소하는 추이를 보여주었다. 다른 국가들도 2012년에는 빈곤율이 매우 낮은 수준을 유지하고 있다. 반면에 동아시아 국가들의 빈곤율은 여전히 다른 동유럽 국가들에 비해 높은 편이어서 여전히 빈곤국가 수준을 탈출하지 못하고 있다. 특히 라오스는 2012년 빈곤율이 23.3%로 다른 동아시아 국가들에 비해 여전히 높다.

[표 3-11]은 주요 환경지표를 나타낸 것이다.

이산화탄소(CO_2) 배출량을 비교해 보면 체제전환국들이 체제전환 이후 경제성장을 하는 과정에서 얼마나 에너지를 효율적으로 사용하였는지를 알 수 있다. 앞의 [표 3-9]가 보여 주듯이 대부분의 국가들은 1인당 실질 GDP가 증가하고 있다. 따라서 에너지 사용량 그리고 이산화탄소 배출량이 증가해야 할 것으로 보인다. 그러나 1990-2012년 기간을 보면 중국을 제외한 대부분의 체제전환국에서 이산화탄소 배출량이 감소하는 경향을 보여 주고 있음을 알 수 있다.

표 3-11 체제전환 국가의 주요 환경지표

지역	국가	CO_2 배출량 (백만톤)			1인당 CO_2 배출량 (톤)		
		1990	2000	2012	1990	2000	2011
동아시아	캄보디아	0.5	2.0	4.5	0.1	0.2	0.3
	중국	2,460.0	3,410.0	9,020.0	2.2	2.7	6.7
	라오스	0.2	1.0	1.2	0.1	0.2	0.2
	베트남	21.4	53.6	173.0	0.3	0.7	2.0
중부유럽	크로아티아	16.8	19.6	20.6	3.8	4.4	4.8
	헝가리	69.6	55.8	48.5	6.7	5.5	4.9
	폴란드	368.0	299.0	317.0	9.7	7.8	8.3
	슬로바키아	44.2	35.9	34.4	8.3	6.7	6.4
	슬로베니아	12.5	14.4	15.4	6.3	7.2	7.5
	체코	139.0	124.0	109.0	13.4	12.1	10.4
발트 3국	에스토니아	23.0	15.2	18.7	15.0	10.9	14.0
	라트비아	13.5	6.2	7.8	5.2	2.6	3.8
	리투아니아	22.1	12.2	13.7	6.0	3.5	4.5
남동부 유럽	알바니아	7.5	3.0	4.7	2.3	1.0	1.6
	불가리아	75.8	43.5	49.3	8.7	5.3	6.7
	마케도니아	10.8	12.1	9.3	5.5	6.0	4.5
	루마니아	159.0	90.0	84.8	6.9	4.0	4.2
	세르비아	–	53.8	49.2	–	7.3	6.8
	몬테네그로	–	2.1	2.6	–	3.4	4.2
	코소보	–	–	–	–	–	–
	터키	146.0	216.0	321.0	2.7	3.4	4.4
	키프로스	4.7	6.8	7.5	6.1	7.3	6.7
	보스니아 헤르체고비나	4.1	13.8	23.7	1.0	3.6	6.2
동부유럽과 코카서스	아르메니아	4.1	3.5	5.0	1.2	1.1	1.7
	아제르바이잔	57.7	29.5	33.5	7.8	3.7	3.7
	벨라루스	87.5	53.5	63.3	8.6	5.3	6.7
	조지아	15.3	4.5	7.9	3.2	1.0	1.8
	몰도바	21.0	3.5	5.0	5.7	1.0	1.4
	우크라이나	642.0	321.0	286.0	12.3	6.5	6.3
	러시아	2,080.0	1,560.0	1,810.0	14.0	10.6	12.6
중앙아시아	카자흐스탄	261.0	128.0	262.0	15.9	8.6	15.8
	키르기즈공화국	10.9	4.5	6.6	2.4	0.9	1.2
	타지키스탄	7.2	2.2	2.8	1.3	0.4	0.4
	우즈베키스탄	116.0	121.0	115.0	5.4	4.9	3.9
	투르크메니스탄	29.0	35.4	62.2	7.5	7.9	12.2
	몽골	10.0	7.5	19.1	4.6	3.1	6.9
지중해 남동부	이집트	75.9	141.0	221.0	1.4	2.1	2.6
	요르단	10.4	15.5	22.3	3.3	3.2	3.6
	모로코	23.5	33.9	56.5	0.9	1.2	1.7
	튀니지	13.3	19.9	25.6	1.6	2.1	2.4

주: 해당 연도의 자료가 없는 경우 가장 가까운 연도 값으로 대체된 것임.
자료: World Bank, World Development Indicator(http://data.worldbank.org, 검색일: 2016.01.15.).

중국을 보면 1990년 총 이산화탄소 배출량이 약 24.6억 톤에서 급속히 증가하여 2012년에는 90.2억 톤이 배출되었다. 이러한 증가 추이는 중국의 고도성장을 반영한 것이라고 하겠다. 종합하면, 비유럽 대부분의 국가들의 이산화탄소 배출량은 증가추이를 보여 준다. 반면에 유럽의 대부분 국가들의 이산화탄소 배출량이 감소하는 추이를 보여 주고 있다.

얼마나 자원을 효율적으로 사용하고 있는지를 보여 주는 지표 중 하나인 1인당 이산화탄소 배출량을 보면 감소하는 국가들이 많다. 이는 오히려 에너지가 효율적으로 사용되고 있거나 저탄소의 에너지원으로 대체가 일어나고 있음을 알 수 있다. 에너지가 비효율적으로 사용되는 국가는 2011년 기준으로 카자흐스탄(15.8), 에스토니아(14.0) 그리고 러시아(12.6)이다. 동아시아 국가 중에는 중국이 2011년에 6.7로 가장 높은 값을 보여 준다. 중국은 고도성장과 더불어 에너지 수요가 급격히 증가한 것에 따른 결과라고 할 수 있다.

4장

클러스터 분석을 통한 국가 분류

제4장에서는 지속가능발전을 반영하는 지표를 이용하여 체제전환국을 포함한 전 세계 국가를 유사성을 바탕으로 하여 몇 개의 그룹으로 분류한다. 체제전환 또는 발전 초기 시점에서의 국가분류와 가장 최근 시점에서 각 국가들이 속한 국가그룹을 비교함으로써 국가의 정책성과가 어떻게 변화하고 있는지를 파악하고자 한다.

본 연구에서는 국가를 그룹화하는 데 있어서 기존 연구들이 고려하는 변수들만 아니라 지속가능발전을 반영하는 경제, 사회, 환경 및 에너지 변수를 다양하게 사용한다. 분석방법은 기존 연구에서 국가 분류의 방법으로 주로 사용하는 클러스터 분석법을 사용한다. 분석 결과를 해석함에 있어서 서로 다른 초기조건과 전환정책이 어떻게 정책성과에 영향을 미치고 있는지를 국가별로 비교·분석한다.

4.1 기존 연구 평가와 연구 방향

본 장에서는 지금까지 살펴본 체제전환국에 대한 연구를 평가하고 제4장 이후의 연구방향에 대하여 논의한다.

첫째, 제3장에서 이미 설명하였듯이 이 책에서의 분석대상인 체제전환국의 범위를 기존 연구보다 확대한다. 지금까지의 논의를 종합해 보면 체제전환의 정의와 국가 분류는 연구자나 연구기관에 따라 다양하게 이루어지고 있다. 이 책에서는 정치적 체제전환과는 독립적으로 경제적 체제전환을 하는 국가 모두를 체제전환국으로 정의하였다. 즉, 중앙계획 경제체제에서 시장경제체제로 전환하는 국가들을 체제전환국으로 정의한다. 기존 연구에서 체제전환국의 범위는 주로 소련이 붕괴된 이후 체제전환을 시작한 동구권 국가들을 중심으로 이루어져 있다. 따라서 소련이 붕괴하기 이전에 체제전환을 시작한 중국, 베트남 등 동아시아 국가와 최근 체제전환을 시작하고 있는 미얀마와 쿠바와 같은 국가들을 포함하지 못하는 한계점을 지니고 있다. 따라서 이 책에서는 다양한 연구자들과 국제기구들의 체제전환국 정의를 참고하여 체제전환국을 정의하였고 이에 포함된 체제전환국은 동구권 국가, 동아시아 4개국 및 미얀마와 쿠바를 포함한 41개국이다.

둘째, 연구 대상 국가 범위를 체제전환국에만 국한하지 않고 전체 국가를 대상으로 분석한다. 기존 연구들은 체제전환국만을 대상으로 분석하고 있다. 따라서 같은 분석 기간 동안에 체제전환국이 아닌 다른 국가들의 정책성과가 어떻게 되고 있는지는 알 수 없다. 또한 이들 국가와 체제전환국 간의 유사점과 차이점을 비교·분석하기가 어려운 한계점이 있다.

이 책에서는 기존 연구에서의 한계점을 극복하기 위하여 자료 취합이 가능한 국가들을 분석대상으로 포함하였으며 국가 수는 분석마다 상이하나 154개국−167개국이다. 그리고 기존 연구자들이 많이 사용한 클러스터 분석(cluster analysis) 방법을 사용하여 전 세계 국가들이 어떻게 그룹화되어 나타나는지를 분석한다. 특히 체제전환국들이 각 국가 그룹 중 어디에 속하고 있는지를 검토해 본다. 이 책에서는 국가 그룹을 분류하는 데 있어서도 단순히 경제적 성과를 보여 주는 지표만을 사용하기보다는 더 넓은 의미의 지속가능발전을 반영하는 지표, 즉 경제, 환경 및 사회발전을 포괄하는 지표를 이용한다.

셋째, 체제전환정책을 실행하는 속도를 급진주의(big bang)와 점진주의(gradualism)로 구분하여 정책적 시사점을 제시한다.[1] 제3장에서 논의하였듯이 기존 연구에서는 정책 속도를 4단계([표 3−4]) 혹은 6단계([표 3−5])로 분류하고 있다. 급진주의형은 개혁정책의 속도가 매우 빠

1 급진주의를 충격요법(shock therapy)형이라고도 한다.

르게 진행되는 것을 의미하는데, 이는 성과가 빠르게 나타난다는 장점이 있지만 물가상승이나 실업률 증가와 같은 부작용도 나타날 수 있는 단점이 있다. 반면에 개혁정책이 경제주체나 시장이 적응할 수 있는 시간적인 여유를 가지고 천천히 실시되는 것을 점진주의라고 한다. 물가상승이나 실업과 같은 문제는 적게 나타나지만 기존 기득권 세력의 개혁정책에 대한 반발에 부딪칠 수 있고 미래의 불확실성이 커서 기업 투자가 활발하게 일어나지 않을 수 있다.

넷째, 체제전환의 초기조건에 대하여 기존 연구보다 더 많은 지표를 가지고 논의한다. 이를 통하여 초기조건과 정책성과에 대한 보다 더 포괄적인 관계를 고려할 수 있다. 예를 들어, 기존 연구에서 많이 다루는 경제적 지표에 의한 초기조건 이외에 사회간접자본, 인구, 1인당 소득, 인적자본, 시장경제의 경험 및 정치·경제적 자유도 등 추가적으로 더 많은 요소를 고려한다.

다섯째, 이 책에서는 체제전환정책의 경과와 정책성과를 장기적인 관점에서 분석하고자 한다. 기존 연구를 보면 1990년 체제전환이 시작된 지 10년 정도가 지난 2000년도까지의 정책성과를 알아보는 것이 대부분이어서 단기간의 정책성과를 중심으로 국가 분류가 이루어지는 한계가 있었다. 체제전환정책이 실시된 이후 약 25년이 경과한 시점인 최근의 동향을 파악함으로써 비록 단기적으로는 불안정한 경향을 보이지만 장기적으로 안정적이고 개선되는 지표가 무엇인가를 파악해 보고자 한다. 이를 통하여 비록 단기적으로는 정책이 실패했다고 평가되는 지표라도 장기적으로 개선된다면 그 정책효과가 오히려 성공적이라고 판단할 수도 있다.

그림 4-1 체제전환국가의 국가 분류

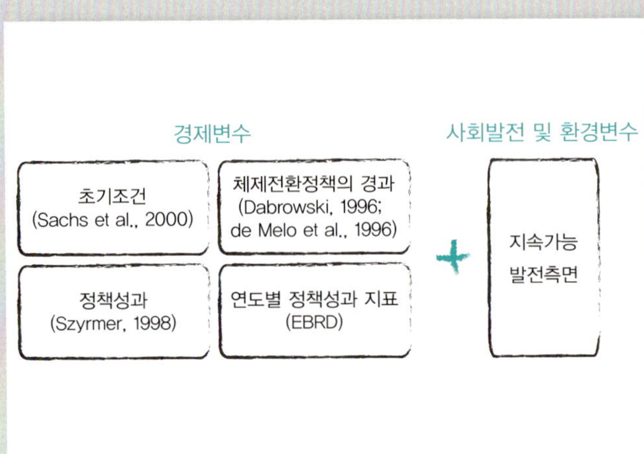

여섯째, 정책성과는 경제적 성과만 아니라 더 포괄적인 지속가능발전을 반영하는 지표를 고려한다. 기존의 많은 연구들은 정책성과의 달성 여부를 경제적 지표들을 중심으로 평가하고 있다. 예를 들어 1인당 GDP, 경제성장, 인플레이션, 소득분배 등의 주된 대상 변수들에 대한 변화에 집중함으로써 최종적인 발전의 목표라고 할 수 있는 지속가능발전과 유기적인 연계가 이루어지지 못하는 한계가 있다. 이 책에서는 단순히 경제적 차원의 성과에 그치지 않고 사회 및 환경적 변화를 포함하는 지속가능발전을 달성하는 것이 체제전환정책의 최종적인 목표임을 전제하고 있다.[2]

2 지속가능발전(Sustainable Development)의 개념은 1987년 유엔 총회에서 채택된 공식 보고서(이는 브룬트란트 보고서라고 부르고 있음)에 잘 정리되어 있다. "인류는 다음 세대가 필요로 하는 것과 타협하지 않으면서 현 세대가 필요한 것을 충족할 수 있음을 확실하게 하는 지속가능발전을 이룰 수 있는 능력이 있다"(Our Common Future, 제27조, UN, 1987). 즉, 지속가능발전이란 각 세대가 처한 문제를 각 세대가 해결하면서

[그림 4-1]은 기존 연구에서의 경제변수를 주로 이용한 국가그룹과 이 책에서 추가적으로 사회 및 환경을 포함함으로써 지속가능발전 측면을 추가하여 분석한 국가 그룹화를 비교하여 도식화한 것이다.

4.2. 클러스터 분석 모형

클러스터 분석은 분석 대상을 특정 지표의 유사성이 높은 그룹으로 묶는 것으로 크게 계층적 방식(hierarchical method)과 비계층적 방식(non-hierarchical method)으로 나누어진다. 계층적 방식은 순차적으로 가장 가까운 거리를 보여 주는 대상을 유사한 특성을 갖는 그룹으로 묶는 방법이다. 이때 그룹의 개수는 각 단계가 지날 때마다 점차 감소하여 마지막 단계에서는 하나의 그룹으로 통합된다. 비계층적 방식은 계층적 방식과는 달리 순차적인 방식을 따르지 않고 분석을 시작할 때 최종 그룹의 개수 및 시작점을 정하고 출발한다. 각 그룹의 중심과의 거리가 가까운 대상을 그룹에 포함시킨다(Tryfos, 1997, p.1).

클러스터 분석은 각 방식마다 장단점이 있으나 비계층적 방식은 세부 접근방식에 따라 그룹 분류가 다르게 이루어질 수 있기 때문에 일반적으로 계층적 방식이 더 많이 사용되고 있다. 계층적 방식을 사용할 경우에는 분석 대상의 유사성을 기준으로 그룹이 형성되어 간다는 장점은 있으나 적절한 그룹의 수를 선택하여 결과를 이용해야 한다는 어려움도 있다. 이 책에서는 가장 널리 사용되고 있는 Ward(1963)의

필요한 것을 충족하고, 다음 세대에게 그 문제를 넘기지 않게 하면 그 사회는 지속가능한 발전을 할 수 있음을 의미한다. 지속가능발전을 달성하기 위해서는 경제적인 측면, 사회적인 측면 그리고 환경적인 측면에서 한 사회의 지속가능성을 고려해야 한다. 지속가능발전의 정의와 최근 논의에 대한 내용은 강성진(2014) 참조.

계층적 클러스터 방식을 사용한다. Ward 방식은 분석 대상이 구 형태의 구조(spherical structure)를 가지고 있다는 가정하에 이루어진다. 이 방식은 비교적 다른 결합방식에 비해 안정적이라고 평가되고 있어 많이 사용되고 있다(Everitt et al., 2011, pp.83-84; Tan et al., 2006, p.526).

Ward 방식은 같은 그룹 내 변수들의 분산의 평균을 최소화하고 각 그룹의 평균 간의 거리를 극대화하는 분류이다. 동 방식에서 거리는 유클리디안 제곱거리(squared euclidean distance)를 사용한다.[3] 그룹의 평균과 각 대상과의 오차 제곱의 합(error sum of squares)을 최소화하는 방식으로 그룹을 묶는다. 먼저 오차 제곱의 합이 최소화되는, 즉 가장 가까운 두 대상을 하나의 그룹으로 분류하고, 다음 단계에서도 가장 가까운 두 대상을 하나의 그룹으로 형성해 가면서 각 단계별로 그룹의 수를 하나씩 줄여 나간다. 각 대상을 단계별로 합쳐 나가면 마지막 단계에서는 하나의 클러스터만이 존재하게 된다(Everitt et al., 2011, pp.77-78; Tan et al., 2006, pp.515, 517, 523).

본 연구에서 사용한 Ward 방식을 수식으로 설명하기 위하여 그룹 $m(m=1,2,3,\cdots,g)$에 속한 국가 $l(l=1,2,3,...n_m)$이 갖는 변수 $x_{ml,k}(k=1,2,3,\cdots,p)$의 분산의 합을 구하면 식 (4-1)의 E_m이 된다.

$$E_m = \sum_{l=1}^{n_m}\sum_{k=1}^{p_k}(x_{ml,k} - \overline{x_{mk}})^2 \quad \text{where } \overline{x_{m,k}} = (\frac{1}{n_m})\sum_{l=1}^{n_m} x_{ml,k} \quad (4-1)$$

3 Ward 방식은 계층적 방식의 클러스터 분석에서 평균기준 결합방식(average linkage method)과 함께 가장 많이 사용되는 방식이다. 단일기준 결합방법(single linkage method)과 완전기준 결합방법(complete linkage method)을 비교할 때 중간적인 결합방식이라고 할 수 있다(Tan et al., 2006, pp.519-523).

식 (4-1)에서 $\overline{x_{m,k}}$는 그룹 m에 속한 국가들의 k번째 변수의 평균이며, $x_{ml,k}$는 그룹 m에서 국가 l이 가진 k번째 변수값을 의미한다. 따라서 $x_{ml,k}$에서 $\overline{x_{m,k}}$를 뺀 값을 제곱한 $(x_{ml,k}-\overline{x_{mk}})^2$는 유클리디안 거리의 제곱이다. 식 (4-1)에서 E_m은 특정 그룹 m에 속한 국가들을 대상으로 하여 모든 변수 $x_{ml,k}(k=1,2,3,\cdots,p)$에 대하여 유클리디안 거리의 제곱을 계산한 것이다.

Ward 방식은 그룹 내 분산의 평균을 의미하는 유클리디안 거리의 제곱을 최소화하는 방식으로 식 (4-1)을 모든 그룹에 대하여 합산하여 이를 최소화하는 단계가 필요하다. 이것을 나타내는 것이 식 (4-2)이다.[4]

$$E=\sum_{m=1}^{g} E_m = E_1 + E_2 + \cdots + E_g \qquad (4\text{-}2)$$

이제 식 (4-2)를 이용하여 국가를 몇 개의 그룹으로 분류하는데 분류방식을 간략히 설명하면 다음과 같다. 예를 들어 n개의 국가를 2개의 그룹으로 분류한다고 하자. 이때 여러 가지 시나리오가 만들어질 수 있는데 총 q개의 시나리오가 있다고 하면 각 시나리오별로 식 (4-1)의 E_m과 식 (4-2)의 E를 계산할 수 있다. 그 다음 각 시나리오별로 구한 E, 즉 E^1부터 E^q를 비교하여 가장 작은 E값을 보인 시나리오에 따라 국가를 분류한다.

4 Ward 방식은 그룹을 분류할 때 국가 간 거리를 최소화시키면서 그룹을 결합하는 것이 아니라 그룹 결합이 완료된 상황을 가정하고 E가 최소화되는 그룹 분류를 한다는 특징이 있다. 따라서 유클리디안 거리의 제곱을 모든 변수에서 모든 국가, 모든 그룹으로 확장하며 합산을 하는 것이다.

$$\text{국가분류 시나리오 1: } E^1 = \left(\sum_{m=1}^{2} E_m \right)^1 = E_1^1 + E_2^1$$

$$\text{국가분류 시나리오 2: } E^2 = \left(\sum_{m=1}^{2} E_m \right)^2 = E_1^2 + E_2^2$$

…

$$\text{국가분류 시나리오 q: } E^q = \left(\sum_{m=1}^{2} E_m \right)^q = E_1^q + E_2^q$$

$\Rightarrow E^1$이 $E^1, E^2, \cdots, E^q$ 중에서 가장 작은 값을 갖는다면, 시나리오 1에 따라 국가를 분류함

본 연구의 클러스터 분석에 사용한 지표는 지속가능발전을 반영하는 지표로 구성된다. 전환정책을 실시한 초기시점은 1990년으로 가정한다. 그리고 정책성과를 반영하는 연도는 자료를 얻을 수 있는 가장 최근 연도인 2013년으로 가정하여 두 개 연도 간에 정책성과의 변화를 비교하였다. 분석에 포함된 국가는 154−167개국이다. 분석에 사용되는 지표들의 대부분이 Sachs et al.(2000)에 사용된 것들이지만 본 연구에서는 추가적으로 지속가능발전을 반영하는 지표를 포함시켰다.[5]

분석에 포함된 지표는 총 12개로 경제부문 3개, 사회부문 5개 그리고 환경부문 4개로 구성되어 있고 자세한 설명과 자료 출처는 [표 4−1]에 정리되어 있다.

5 Sachs et al.(2000)은 초기 전환시점을 중심으로 국가를 분류하면서 지리, 역사·문화와 같은 시간 불변의 지표들을 상대적으로 많이 포함시켜 국가분류 결과가 지역적 중심으로 이루어지게 되는 한계점을 보여 주었다.

표 4-1 분석에 사용한 지표

구분	지표	출처
경제 (3개)	구매력 평가 기준 실질 1인당 GDP(천달러, 2010년 기준)	World Bank(WDI)
	GDP 대비 산업 부가가치 비중(%)	〃
	경제자유지수	헤리티지 재단
사회 (5개)	전체인구 대비 도시인구비중(%)	World Bank(WDI)
	전화 회선수(100명당)	〃
	기대수명	〃
	2차 교육기관 등록률(%)	〃
	프리덤하우스 자유(정치권리, 시민자유)지수	프리덤하우스
환경 (4개)	전기에 접근 가능한 인구비율(%)	World Bank(WDI)
	개선된 식수에 접근 가능한 인구비율(%)	〃
	국가 전체 생물군(biomes) 대비 보호종 비중(%)	예일대학교(EPI)
	CO_2 배출량 대비 인구비중(천명/kt)	World Bank(WDI)

자료: World Bank(http://data.worldbank.org/data-catalog/world-development-indicators, 자료검색일: 2015.12.30.); 헤리티지 재단(http://www.heritage.org/index/, 검색일: 2015.12.30); 프리덤하우스(https://freedomhouse.org/report/freedom-world/freedom-world-2015#.VvC7bE1JmUk, 검색일: 2015.12.30); 예일대학교(http://epi.yale.edu/, 검색일: 2015.12.30).

경제를 반영하는 지표로는 구매력 평가 기준 1인당 GDP, GDP 대비 산업 부가가치 비중, 그리고 경제자유지수를 사용하였다. 경제자유지수는 0부터 100까지 값을 가지며 점수가 높을수록 자유도가 높다. 사회발전을 반영하는 지표로 전체인구 대비 도시인구비중, 전화 회선수, 기대수명, 2차 교육기관 등록률 그리고 프리덤하우스가 발표하는 정치권리지수와 시민자유지수의 평균값을 이용하였다.[6]

6 프리덤하우스에서 발표하는 정치권리지수, 시민자유지수는 1(Most free)부터 7(Least free) 사이의 값을 갖는다. 그러나 본 연구의 클러스터 분석에서는 지수가 높은 값을 가질수록 자유도가 높아지도록 순서(1 Least free–7 Most free)로 전환하여 사용하

환경상태를 나타내는 변수로는 전기에 접근 가능한 인구 비율, 개선된 식수에 접근 가능한 인구비율, 국가 전체 생물군 대비 보호종 비중 그리고 CO_2 배출량 대비 인구비중으로 구성되어 있다.[7] 경제, 사회 지표에 비해 환경지표의 수가 상대적으로 적게 포함되었는데 1990년 기준으로 전 세계 국가에 대한 자료를 모두 얻을 수 없기 때문이다.

4.3 경제 지표에 의한 국가 분류

[표 4-2]는 1990년의 경제 지표를 이용하여 총 167개국에 대하여 실시한 클러스터 분석 결과이다. 분석 결과 11개로 분류하는 것이 가장 적정한 것으로 나타났으나, 경제변수에 의한 국가 분류와 비교하기 위하여 10개로 재분류를 실시하였다.[8] 그룹 10개에 대하여 구매력 평가 기준 1인당 GDP의 크기 순서로 그룹A-그룹J로 다시 배열하였다.

그룹A와 그룹B는 소득수준이 매우 낮은 저개발국가 그룹이라고 볼 수 있으며, 그룹C-그룹G는 저개발국, 개발도상국 및 대부분의 체제전환국이 속해 있는 그룹이다. 그룹H-그룹J는 소득수준이 높은 국가 그룹으로 선진국 및 중동의 산유국이 속해 있다. 한국의 경우 그룹F에 속해있는데 1990년의 구매력 평가 기준 1인당 GDP는 12,100달러로

였다. 분석에서는 기존의 값에서 10을 곱하여 10-70의 범위를 갖도록 단위를 조정하여 사용하였다.

7 환경지표는 UN의 지속가능발전목표에서 포함되고 있고 비교적 많은 국가 및 장기간의 자료가 있는 지표로 구성하였다. 많이 사용되는 지표는 1인당 CO_2 배출량이지만 본 연구에서는 증가방향이 다른 변수와 같이 개선되는 것을 보여 주기 위하여 CO_2 배출량 대비 인구비중(천명/kt)으로 전환하여 사용하였다.

8 Duda-Hart stopping rule에 따르면 Je(2)/Je(1)의 값이 크면서 pseudo T-squared 값이 작은 개수를 선택하는 것이 적절하다(Stata Corp(2015), p.173).

표 4-2 경제지표에 의한 국가 분류(1990년)

그룹		체제전환 국가	그 외 국가
10개	11개		
A	4	라오스, 몬테네그로, 베트남, 이집트	가이아나, 니제르, 니카라과, 르완다, 모리타니, 모잠비크, 방글라데시, 부룬디, 부르키나파소, 상투메프린시페, 세이셸, 솔로몬제도, 수단, 시에라리온, 에리트레아, 에티오피아, 인도, 차드, 코모로, 콩고민주공화국, 토고
B	5	요르단, 캄보디아	가나, 네팔, 도미니카, 동티모르, 레바논, 마다가스카르, 말리, 몰디브, 바누아투, 베냉, 벨리즈, 부탄, 세네갈, 세인트루시아, 세인트빈센트그레나딘, 스리랑카, 온두라스, 우간다, 잠비아, 중앙아프리카공화국, 지부티, 케냐, 탄자니아, 통가, 파나마, 파키스탄, 피지
C	6	라트비아, 리투아니아, 세르비아, 슬로베니아, 조지아, 크로아티아, 키르기즈공화국, 터키, 폴란드, 헝가리	기니, 도미니카공화국, 레소토, 말라위, 볼리비아, 브라질, 에콰도르, 예멘공화국, 짐바브웨, 카메룬, 카보베르데, 코트디부아르, 파푸아뉴기니, 페루, 필리핀
D	1	루마니아, 마케도니아, 몽골, 벨라루스, 불가리아, 아르메니아, 우크라이나, 중국, 카자흐스탄, 타지키스탄	나이지리아, 알제리, 인도네시아, 잠비아, 콩고공화국
E	3	몰도바, 보스니아헤르체고비나, 아제르바이잔, 우즈베키스탄, 쿠바, 투르크메니스탄	기니비사우, 수리남, 앙골라, 이란
F	7	모로코, 슬로바키아, 에스토니아, 체코, 튀니지	과테말라, 나미비아, 남아프리카공화국, 말레이시아, 멕시코, 모리셔스, 스와질란드, 엘살바도르, 우루과이, 자메이카, 칠레, 코스타리카, 콜롬비아, 태국, 트리니다드토바고, 파라과이, 한국
G	2	러시아	가봉, 리비아, 몰타, 베네수엘라, 보츠와나
H	8	키프로스	그리스, 네덜란드령 카리브, 노르웨이, 뉴질랜드, 덴마크, 독일, 룩셈부르크, 마카오, 미국, 바하마, 벨기에, 스웨덴, 스위스, 스페인, 싱가포르, 아이슬란드, 아일랜드, 영국, 오스트리아, 이탈리아, 일본, 캐나다, 포르투갈, 프랑스, 핀란드, 호주, 홍콩
I	9		바레인, 사우디아라비아, 오만
J	10		브루나이, 쿠웨이트
	11		UAE, 카타르

개발도상국 정도의 소득수준을 보였기 때문이다.

대부분의 체제전환국은 그룹C-그룹G에 속해 있다. 대표적인 체제전환국인 비셰그라드 4국(슬로바키아, 체코, 폴란드, 헝가리)은 그룹C(폴란드, 헝가리), 그룹F(슬로바키아, 체코)에 속해 있다. 그러나 동아시아의 체제전환국은 그룹A(라오스, 베트남), 그룹B(캄보디아), 그룹D(중국)에 속해있다. 유럽 및 중앙아시아의 체제전환국에 비해 동아시아의 체제전환국의 1990년의 소득수준이 다소 낮은 것을 알 수 있다. 키프로스의 경우 고소득그룹이라고 할 수 있는 그룹H에 속해 있는데, 실제로 1990년의 키프로스의 구매력 평가 기준 1인당 GDP는 23,800달러로 체제전환국 및 개발도상국의 소득수준보다 높았기 때문이다.

[표 4-3]은 2013년의 경제 지표를 이용하여 실시한 클러스터 분석 결과이다. 1990년의 국가 분류와의 비교를 위하여 동일한 지표를 사용하였으며 포함된 국가수는 1990년과 동일하게 167개국이다. 클러스터 분석 결과 그룹수를 14개로 하는 것이 적절한 것으로 나타났으나 1990년과의 국가 분류 비교를 위하여 10개(그룹A-그룹J)의 그룹으로 재조정하였다. 1990년의 국가분류에서와 같이 구매력 평가 기준 1인당 GDP의 크기 순으로 그룹을 다시 분류하였다.

그룹A와 그룹B는 소득수준이 매우 낮은 저개발국가 그룹이며, 그룹C-그룹D는 개발도상국 및 체제전환국 중에서 소득수준이 낮은 그룹, 그룹E-그룹F는 개발도상국 및 체제전환국 중에서 소득수준이 비교적 높은 그룹이다. 그룹G-그룹J는 소득수준이 높은 국가그룹으로 선진국 및 중동 산유국이 속해 있다. 한국은 1990년과 같이 그룹F에

표 4-3 경제지표에 의한 국가 분류(2013년)

그룹 10개	그룹 14개	체제전환 국가	그 외 국가
A	8	우크라이나	기니비사우, 네팔, 동티모르, 몰디브, 부룬디, 상투메프린시페, 솔로몬제도, 수단, 시에라리온, 에티오피아, 중앙아프리카공화국, 차드, 코모로, 토고
	9	쿠바	에리트레아, 짐바브웨
B	7	몰도바, 캄보디아, 타지키스탄	나이지리아, 니제르, 니카라과, 도미니카, 르완다, 마다가스카르, 말라위, 말리, 모잠비크, 바누아투, 방글라데시, 베냉, 벨리즈, 부르키나파소, 세네갈, 세인트루시아, 세인트빈센트그레나딘, 우간다, 자메이카, 잠비아, 지부티, 카메룬, 카보베르데, 케냐, 코트디부아르, 탄자니아, 통가, 파키스탄, 피지
C	1	라오스, 러시아, 베트남, 벨라루스, 우즈베키스탄, 이집트, 중국, 투르크메니스탄	가이아나, 기니, 레소토, 모리타니, 베네수엘라, 볼리비아, 부탄, 수리남, 스와질랜드, 알제리, 에콰도르, 예멘공화국, 이란, 인도네시아, 콩고민주공화국, 파푸아뉴기니
D	6	마케도니아, 모로코, 몽골, 보스니아헤르체고비나, 세르비아, 아르메니아, 요르단, 조지아, 키르기즈공화국, 튀니지	가나, 과테말라, 나미비아, 남아프리카공화국, 도미니카공화국, 멕시코, 보츠와나, 스리랑카, 엘살바도르, 온두라스, 인도, 잠비아, 코스타리카, 콜롬비아, 태국, 파라과이, 페루, 필리핀
E	2		리비아, 앙골라, 콩고공화국
	3	아제르바이잔	가봉, 사우디아라비아, 오만, 트리니다드토바고
F	4	라트비아, 루마니아, 몬테네그로, 불가리아, 크로아티아, 키프로스, 터키	그리스, 레바논, 바하마, 브라질, 세이셸, 스페인, 우루과이, 이탈리아, 파나마, 포르투갈, 프랑스
	5	리투아니아, 슬로바키아, 슬로베니아, 에스토니아, 체코, 카자흐스탄, 폴란드, 헝가리	말레이시아, 모리셔스, 몰타, 칠레, 한국
G	10		네덜란드령카리브, 뉴질랜드, 덴마크, 독일, 미국, 바레인, 벨기에, 스웨덴, 스위스, 아이슬란드, 아일랜드, 영국, 오스트리아, 일본, 캐나다, 핀란드, 호주, 홍콩
H	11		UAE, 노르웨이, 브루나이, 쿠웨이트
I	12		룩셈부르크, 싱가포르
	13		마카오
J	14		카타르

속해 있다. 개발도상국 및 체제전환국에 비해서는 높은 구매력 평가기준 1인당 GDP수준(32,700달러)을 보였으나 선진국 그룹의 평균수준에 미치지 못하였기 때문이다.

체제전환국은 그룹A–그룹F에 속해 있다. 대표적인 체제전환국인 비셰그라드 4국(슬로바키아, 체코, 폴란드, 헝가리)은 선진국 그룹의 바로 직전 그룹인 그룹F에 속해 있다. 동아시아의 체제전환국은 그룹B(캄보디아), 그룹C(라오스, 베트남, 중국)에 속해 있다. 2013년에도 1990년과 마찬가지로 유럽 및 중앙아시아의 체제전환국에 비해 동아시아의 체제전환국의 소득수준이 다소 낮은 것을 알 수 있다.

[표 4–4]는 1990년과 2013년의 경제지표에 의한 국가분류에서 각 국가의 그룹변화를 바탕으로 개선, 유지, 정체, 후퇴 현황을 정리한 것이다.

동일한 변수를 기준으로 하여 10개로 분류한 국가그룹을 이용하여 구성하였으나 정확히 일치하는 기준은 아니다. 따라서 이를 이용하여 국가의 경제 수준의 변화를 단정적으로 평가하기는 어렵다. 그러나 소속그룹의 이동이 2그룹 이상 일어난 경우, 그리고 그룹에 함께 포함된 국가 구성의 변화가 크게 일어난 경우에는 경제 지표에서의 국가의 상태가 변화를 보였다고는 할 수 있다.

그룹이동이 개선 방향으로 2그룹 이상 일어난 국가는 그룹A에서 그룹C로 이동한 국가(라오스, 베트남, 이집트), 그룹A에서 그룹F로 이동한 국가(몬테네그로), 그룹B에서 그룹D로 이동한 국가(요르단), 그룹C에

표 4-4 경제지표에 의한 국가분류 그룹이동 비교

그룹이동(1990→2013)		국가		
개선	A→C	라오스, 베트남, 이집트		
	A→F	몬테네그로		
	B→D	요르단		
	C→D	세르비아, 조지아, 키르기즈공화국		
	C→F	라트비아, 리투아니아, 슬로베니아, 크로아티아, 터키, 폴란드, 헝가리		
	D→F	루마니아, 불가리아, 카자흐스탄		
유지	F→F	슬로바키아, 에스토니아, 체코, 한국		
정체	B→B	캄보디아		
	D→D	마케도니아, 몽골, 아르메니아		
	E→E	아제르바이잔		
1그룹 후퇴	D→C	벨라루스, 중국		
	E→D	보스니아헤르체고비나		
2그룹 이상 후퇴	D→A	우크라이나	D→B	타지키스탄
	E→A	쿠바	E→B	몰도바
	E→C	우즈베키스탄, 투르크메니스탄	F→D	모로코, 튀니지
	G→C	러시아	H→F	키프로스

서 그룹F로 이동한 국가(라트비아, 리투아니아, 슬로베니아, 크로아티아, 터키, 폴란드, 헝가리), 그룹D에서 그룹F로 이동한 국가(루마니아, 불가리아, 카자흐스탄)가 있다. 동아시아의 체제전환국인 라오스와 베트남은 2그룹 이동하였으나 여전히 소득수준은 매우 낮은 그룹인 그룹C에 속해 있다는 점에서 경제지표에 의한 개선이 일어났다고 보기 어렵다.

그룹이동이 후퇴 방향으로 2그룹 이상 일어난 국가는 우크라이나, 타지키스탄, 쿠바, 몰도바, 우즈베키스탄, 투르크메니스탄, 모로코, 튀니지, 러시아, 키프로스이다. 우크라이나와 쿠바는 최저수준인 그룹A로 후퇴했으며, 1990년에 소득수준이 비교적 높았던 러시아는 그룹G에서 그룹C로 네 그룹 이동하였다. 그 외 그룹C에서 그룹D로 이동한 국가(세르비아, 조지아, 키르기즈공화국), 그룹D에서 그룹C로 이동한 국가(벨라루스, 중국), 그룹E에서 그룹D로 이동한 국가(보스니아헤르체고비나)의 경우는 1그룹 이동이기 때문에 그룹변화에 의미를 부여하기는 어렵다.

경제지표에 의한 국가분류에서 선진국 그룹은(1990년의 그룹H-그룹J, 2013년의 그룹G-그룹J) 개발도상국 그룹과 분리되어 있는 모습을 보이고 있다. 한국의 경우 1990년에서 2013년의 구매력 평가 기준 1인당 GDP 수준에 큰 개선이 일어났지만 소득수준이 선진국 평균에 미치지 못하여 개발도상국 및 체제전환국이 속해 있는 그룹 중에서 가장 상위그룹에 머물러 있다.[9]

본 연구는 클러스터 분석에서 각 그룹을 분류해 낼 때 어떤 변수가 그룹분류에서 영향을 미쳤는지를 알아보기 위하여 Vázquez and Sumner (2012)와 같이 일원 분산분석(one-way analysis of variance, one-way ANOVA)을 실시하였다. 일원 분산분석은 그룹 간에 유의한 차이가 있는지를 검정하는 것으로, 그룹 내 변동과 그룹 간 변동 사이의 관계를

9 한국은 같은 그룹 내 다른 국가들에 비하여 구매력 평가 기준 1인당 GDP 수준(32,700달러)은 높은 수준이다. 그럼에도 불구하고 선진국 그룹에 속하지 못한 것은 경제자유지수(70.3)가 선진국 그룹에 비해 낮고, GDP 대비 산업비율(38.4%)은 선진국 그룹에 비해 높기 때문인 것으로 보인다. 한국과 같은 그룹의 경우 GDP 대비 산업비율의 평균은 33.1%, 경제자유지수의 평균은 69.6이다.

나타내는 F통계량의 값이 클수록 해당 변수의 평균의 차이가 뚜렷하다는 것을 의미한다.

1990년의 경제 지표를 이용한 클러스터 분석에 사용된 3개 지표에 대한 일원 분산분석 결과, 구매력 평가 기준 1인당 GDP(215.5), GDP대비 산업의 부가가치 비중(71.1), 경제자유지수(69.6)의 순서로 그룹 간 차이가 큰 것으로 나타났다. 또한 2013년의 분석에서는 구매력 평가 기준 1인당 GDP(199.0), GDP대비 산업의 부가가치 비중(74.3), 경제자유지수(55.1)의 순서로 그룹 간 차이가 큰 것으로 나타났다. 이들 지표의 순서를 클러스터 분석할 때 국가분류에 미친 영향력의 정도로 판단해도 무리가 없을 것이다. 일원 분산분석의 결과를 보면 경제지표에 의한 분류에서는 구매력 평가 기준 1인당 GDP가 분류에서 지배적인 역할을 했다고 볼 수 있다.[10]

4.4 지속가능발전 지표에 의한 국가 분류

[표 4-5]은 1990년의 지속가능발전 지표를 이용하여 154개국을 대상으로 클러스터 분석을 실시한 결과이다. 분석 결과에 따르면 클러스터의 개수를 19개로 하는 것이 가장 적절한 것으로 나타났으나 2013년의 국가 분류와의 비교를 위하여 10개로 재분류를 실시하였다. 그룹(그룹A-그룹J)의 배열순서는 클러스터 분석에서 그룹 간에 차이가 큰 것으로 나타난 지표인 전기에 접근 가능한 인구 비율, 2차 교육기관 등록률, 전화회선수의 크기를 이용하였다. 그룹 간에 순서 배열이

10 일원 분산분석방법과 그 분석결과에 대한 자세한 논의는 강성진 외(2016) 참조.

표 4-5 지속가능발전지표에 의한 국가 분류(1990년)

그룹		체제전환 국가	그 외 국가
10개	19개		
A	18		레소토, 르완다, 방글라데시, 부룬디
	19	캄보디아	니제르, 마다가스카르, 말라위, 말리, 모리타니, 모잠비크, 부르키나파소, 시에라리온, 에티오피아, 우간다, 차드, 케냐, 콩고민주공화국, 탄자니아, 토고, 파푸아뉴기니
B	14	라오스	기니비사우, 앙골라
	15		가나, 기니, 나이지리아, 베냉, 세네갈, 수단, 스와질란드, 잠비아, 중앙아프리카공화국, 짐바브웨, 카메룬, 코트디부아르, 콩고공화국
C	16		나미비아, 보츠와나
	17		바누아투, 솔로몬제도, 잠비아
D	6	베트남, 중국	네팔, 부탄, 인도네시아
	7	모로코	과테말라, 니카라과, 엘살바도르, 온두라스, 인도, 카보베르데, 파라과이, 파키스탄
E	3		남아프리카공화국, 볼리비아, 페루, 필리핀
	4		가이아나, 스리랑카, 통가, 트리니다드토바고, 피지
	5		도미니카, 도미니카공화국, 모리셔스, 벨리즈, 세인트루시아, 세인트빈센트그레나딘, 에콰도르, 자메이카, 코스타리카, 태국, 파나마, 포르투갈
F	8	루마니아, 몰도바, 몽골, 아르메니아, 아제르바이잔, 우즈베키스탄, 조지아, 카자흐스탄, 쿠바, 키르기즈공화국, 타지키스탄, 투르크메니스탄	리비아, 세이셸
G	1	마케도니아, 이집트, 터키, 튀니지	말레이시아, 멕시코, 수리남, 알제리, 이란, 콜롬비아
	2		가봉, 사우디아라비아, 오만
H	9	요르단	레바논, 바레인
	10		몰타, 베네수엘라, 우루과이, 칠레
	11	라트비아, 러시아, 리투아니아, 몬테네그로, 벨라루스, 불가리아, 세르비아, 슬로바키아, 슬로베니아, 에스토니아, 우크라이나, 체코, 크로아티아, 폴란드, 헝가리	한국
I	12	키프로스	그리스, 네덜란드령카리브, 노르웨이, 뉴질랜드, 덴마크, 독일, 룩셈부르크, 미국, 바하마, 벨기에, 스웨덴, 스위스, 스페인, 아이슬란드, 아일랜드, 영국, 오스트리아, 이탈리아, 일본, 캐나다, 프랑스, 핀란드, 호주
J (산유국)	13		UAE, 카타르, 쿠웨이트

어려운 경우에는 구매력 평가 기준 1인당 GDP의 크기를 추가적으로 고려하였다.

그룹A－그룹D는 경제, 사회, 환경 지표들에서 매우 낮은 성과를 보인 국가그룹으로 저개발국가가 주로 속해 있으며 체제전환국 중에서는 그룹A와 그룹B에는 캄보디아와 라오스, 그룹D에 베트남, 중국, 모로코가 속해 있다. 특히 그룹A－그룹C는 전기에 접근 가능한 인구비율이 전체 인구의 30% 미만이며, 그룹A－그룹D는 100명당 전화 회선수가 2회선 미만이고 구매력 평가 기준 1인당 GDP 수준도 4,000달러보다 낮은 수준이다. 그룹E－그룹F는 그룹A－그룹D에 비해서는 양호한 경제, 사회, 환경 지표의 수준을 보이고 있으나 상위그룹에 비해서는 낮은 수준의 국가그룹이다. 다수의 체제전환국 및 저개발, 개발도상국이 포함되어 있으며 이들 그룹은 특히 구매력 평가 기준 1인당 GDP와 전화 회선수 지표의 성과가 낮다.

그룹G－그룹H는 다수의 체제전환국 및 개발도상국이 속해 있는 그룹으로 구매력 평가 기준 1인당 GDP 수준, 전화 회선수, 기대수명, 2차 교육기관 등록률, 프리덤하우스 지수를 제외한 나머지 지표의 수준이 양호한 국가그룹이다. 앞의 그룹A－그룹F와 달리 전기 및 개선된 식수에 접근 가능한 인구비율이 높고, 소득수준도 상대적으로 높은 것으로 보아 이들 그룹은 개발도상국 중 상위그룹이라고 할 수 있다. 한국은 그룹H에 속해 있으며, 구매력 평가 기준 1인당 GDP, 프리덤하우스 지수 외 대부분의 지표의 수준은 선진국 그룹인 그룹I와 비슷한 수준이다. 또한 동 그룹에는 대표적인 동유럽의 체제전환국인 비셰그라드 4국(슬로바키아, 체코, 폴란드, 헝가리)이 모두 속해 있다.

그룹I는 선진국 그룹이라고 할 수 있으며 체제전환국으로서는 유일하게 키프로스가 속해 있다.[11] 동 그룹은 구매력 평가 기준 1인당 GDP 수준이 높을 뿐만 아니라 그 외 경제, 사회, 환경지표의 수준이 높다. 특히 다른 그룹과 구별되는 특징은 경제, 정치의 제도적 수준을 나타내고 있는 경제자유지수, 프리덤하우스 지수가 상당히 높다는 점이다. 마지막으로 그룹J는 중동의 산유국 그룹으로 UAE, 카타르, 쿠웨이트가 속해있다. 에너지가 풍부한 국가로 전기에 접근 가능한 인구 비율이 평균 87.2%로 매우 높으며, 구매력 평가 기준 1인당 GDP는 평균 101,200달러로 전체 그룹 중 가장 높다. 그러나 전화 회선수, 프리덤하우스 지수 등에서는 낮은 성과를 보였다. 소득 수준 이외에 사회, 환경지표를 함께 고려할 경우 그룹J를 지속가능발전 지표에 의한 성과가 높은 그룹이라고 보기는 어렵다. 따라서 2013년의 국가분류와의 비교 시 1990년의 그룹J는 별도로 고려하는 것이 바람직할 것으로 보인다.

[표 4-6]은 2013년의 지속가능발전 지표를 이용하여 실시한 클러스터 분석 결과이다. 분류에는 총 159개국이 포함되었다. 클러스터 분석 결과 클러스터의 개수를 16개로 하는 것이 가장 적절한 것으로 나타났으나, 2013년의 국가 분류와의 비교를 위하여 10개(그룹A-그룹J)의 그룹으로 재분류를 실시하였다. 재분류에는 클러스터 분석에서 그룹 간에 차이가 큰 것으로 나타난 전기에 접근 가능한 인구 비율, 2차 교육기관 등록률, 구매력 평가 기준 1인당 GDP, 전화 회선수의 크기

11 키프로스는 1990년 구매력 평가 기준 1인당 GDP가 23,800달러로 체제전환국 중에서는 매우 높은 수준이며 그룹I의 평균과 가깝다. 그 외 전화 회선수(32.1), 전기에 접근 가능한 인구비율(96.4%)이 그룹I와 유사한 수준이다.

표 4-6 지속가능발전지표에 의한 국가 분류(2013년)

그룹		체제전환 국가	그 외 국가
10개	16개		
A	15		동티모르, 레소토, 바누아투, 솔로몬제도, 시에라리온, 케냐, 토고
	16		니제르, 르완다, 마다가스카르, 말라위, 모잠비크, 부룬디, 부르키나파소, 수단, 에티오피아, 우간다, 잠비아, 중앙아프리카공화국, 차드, 탄자니아, 파푸아뉴기니
B	13	캄보디아	기니, 말리, 모리타니, 스와질란드, 앙골라, 예멘공화국, 짐바브웨, 콩고공화국, 콩고민주공화국
	14	라오스	기니비사우, 나이지리아, 잠비아, 지부티, 카메룬, 코트디부아르
C	5	베트남	네팔, 방글라데시, 부탄, 인도, 코모로, 파키스탄
	6		가나, 나미비아, 베냉, 보츠와나, 세네갈
D	2	모로코, 몽골, 요르단	가봉, 과테말라, 니카라과, 도미니카공화국, 레바논, 말레이시아, 멕시코, 몰디브, 볼리비아, 세이셸, 수리남, 엘살바도르, 온두라스, 인도네시아, 자메이카, 콜롬비아, 태국, 파나마, 파라과이, 페루, 피지, 필리핀
E	3		가이아나, 벨리즈, 세인트루시아, 통가, 트리니다드토바고
	4	우즈베키스탄, 이집트, 키르기즈공화국, 타지키스탄	스리랑카
F	1	러시아, 벨라루스, 아제르바이잔, 중국, 카자흐스탄, 쿠바, 투르크메니스탄	리비아, 베네수엘라, 알제리, 이란
G	9	라트비아, 리투아니아, 불가리아, 슬로베니아, 에스토니아, 체코, 키프로스, 폴란드, 헝가리	바하마, 아일랜드, 우루과이, 이탈리아, 칠레, 코스타리카, 포르투갈
	10	루마니아, 마케도니아, 몬테네그로, 몰도바, 세르비아, 슬로바키아, 아르메니아, 우크라이나, 조지아, 크로아티아, 터키, 튀니지	남아프리카공화국, 도미니카, 모리셔스, 세인트빈센트그레나딘, 에콰도르, 카보베르데
H	8		그리스, 노르웨이, 뉴질랜드, 독일, 룩셈부르크, 몰타, 미국, 스위스, 아이슬란드, 오스트리아, 일본, 캐나다, 프랑스, 한국
I	7		네덜란드령카리브, 덴마크, 벨기에, 스웨덴, 스페인, 영국, 핀란드, 호주
J (산유국)	11		UAE, 바레인, 사우디아라비아, 오만, 쿠웨이트
	12		카타르

를 이용하였으며, 그룹 간에 순서 배열이 어려운 경우에는 구매력 평가 기준 1인당 GDP의 크기를 따랐다.

그룹A-그룹C는 일원 분산분석에서 그룹 간 차이가 큰 것으로 나타난 전기에 접근 가능한 인구비율, 2차 교육기관 등록률, 전화 회선수, 구매력 평가 기준 1인당 GDP에서 모두 가장 낮은 수준을 보인 저개발국가 그룹이다. 체제전환국 중에서는 캄보디아와 라오스가 그룹B에, 베트남이 그룹C에 속해 있다.[12]

그룹D-그룹E는 이전 그룹에 비하여 각 지표에서 더 나은 수준을 보이는 국가그룹이나 상위의 개발도상국 및 선진국 그룹에 비하여 매우 낮은 지속가능발전 지표의 수준을 보이고 있다. 다만 그룹E의 경우는 2차 교육기관 등록률, 전기에 접근 가능한 인구비율이 모두 90% 이상으로 교육 및 환경 인프라는 좋은 수준이다. 체제전환국 중에서는 모로코, 몽골, 요르단이 그룹D에, 우즈베키스탄, 이집트, 키르기즈공화국, 타지키스탄이 그룹E에 속해 있다.

그룹F-그룹G는 대부분의 체제전환국이 속해 있는 그룹으로 구매력 평가 기준 1인당 GDP는 선진국보다 낮으나, 사회 및 환경지표의 수준이 이전 그룹(그룹A-그룹E)에 비해 더 나은 그룹이다. 그런데 그룹F와 그룹G는 대부분의 지표에서 유사한 수준이나 경제자유지수에서는 큰 차이를 보이고 있다. 러시아, 중국, 쿠바 등이 속해 있는 그룹F의 경제자유지수의 평균은 46.3으로 매우 낮으나 체코, 폴란드, 헝가

12 일원 분산분석결과에 대한 자세한 내용은 강성진 외(2016) 참조.

리가 속해 있는 그룹G의 경제자유지수의 평균은 65.5로 선진국 그룹 평균에 가까운 수준이다. 유사한 경제, 사회, 환경지표의 성과를 보이고 있음에도 불구하고 경제자유지수의 정도 차이가 크다는 것은 체제전환국의 성격을 구분할 때 경제자유지수를 중요하게 다뤄야 한다는 것을 의미한다.

그룹H-그룹I는 선진국 그룹이라고 할 수 있는데 다른 그룹과 달리 구매력 평가 기준 1인당 GDP 수준이 높을 뿐만 아니라 그 외 경제, 사회, 환경지표의 수준이 높다. 특히 다른 그룹과 구별되는 특징은 경제, 정치 제도적 수준을 나타내고 있는 경제자유지수(그룹H 72.0, 그룹I 73.9), 프리덤하우스 지수(그룹H 68.6, 그룹I 70.0)가 상당히 높다는 점이다. 한국은 미국, 일본 등의 국가와 함께 그룹H에 속해 있는데 2013년의 구매력 평가 기준 1인당 GDP는 32,700달러, 경제자유지수는 70.3, 프리덤하우스 지수는 60.0으로 그룹평균에는 미치지 못하지만 이를 제외한 전 지표에서 모두 높은 수준을 보여 선진국 그룹에 포함될 수 있었다.

마지막으로 그룹J는 중동의 산유국 그룹으로 UAE, 바레인, 사우디아라비아, 오만, 쿠웨이트, 카타르가 속해 있다. 이 그룹은 구매력 평가 기준 1인당 GDP 수준은 전체 그룹 중에서 가장 높으나 지속가능발전 수준이 높다고 보기는 어렵다. 그 이유는 사회, 환경 지표의 성과가 미흡하기 때문이다. 특히 전화 회선수는 100명당 17.5로 그룹F(22.5)보다 낮으며, 프리덤하우스 지수는 21.7로 전체 그룹 중에서 두 번째로 낮은 수준이다. 국가 전체 생물군 대비 보호종의 비중도 8.7%로 전체 그룹 중에서 가장 낮다. 따라서 1990년의 국가분류와의 비교하는 경우 2013년의 그룹J는 별도로 고려하는 것이 바람직할 것으로 보인다.

[표 4-7]은 1990년과 2013년의 지속가능발전 지표에 의한 국가분류에서 각 국가의 그룹변화를 바탕으로 개선, 유지, 정체, 후퇴 현황을 정리한 것이다. 동일한 변수를 기초로 하여 10개로 분류한 국가그룹을 이용하여 구성하였으나 정확히 일치하는 기준이 아니다. 따라서 이를 이용하여 국가의 지속가능발전 수준의 변화를 단정적으로 평가하기는 어렵다. 그러나 소속그룹의 이동이 2그룹 이상 일어난 경우, 그리고 그룹에 함께 포함된 국가구성의 변화가 크게 나타나는 경우에는 지속가능발전 지표에서의 국가의 상태 변화가 나타난다고 할 수 있다.

그룹이동이 개선 방향으로 2그룹 이상 일어난 국가는 그룹D→그룹F의 이동을 보인 중국이 유일하다. 루마니아, 몰도바, 아르메니아, 조지아는 1그룹 이동(그룹F→그룹G)하였으나, 국가분류에서 1그룹 이동은 큰 의미를 부여하기 어렵다.

그룹이동이 후퇴 방향으로 2그룹 이상 일어난 국가는 그룹F→그룹D의 이동을 보인 몽골, 그룹G→그룹E의 이동을 보인 이집트, 그룹H→그룹D의 이동을 보인 요르단, 그룹H→그룹F의 이동을 보인 러시아, 벨라루스, 그룹I→그룹G의 이동을 보인 키프로스가 있다. 베트남은 그룹D→그룹C로, 우즈베키스탄, 키르기즈공화국, 타지키스탄은 그룹F→그룹E로, 슬로바키아, 체코, 폴란드, 헝가리 등은 그룹H→그룹G로 1그룹 후퇴하였으나 이는 큰 의미를 부여하기 어렵다.

표 4-7 지속가능발전지표에 의한 국가분류 그룹이동 비교

그룹이동 (1990→2013)		국가	비고
개선	A→B	캄보디아	
	D→F	중국	
	F→G	루마니아, 몰도바, 아르메니아, 조지아	
유지	H→H	한국	
	H→G	라트비아, 리투아니아, 몬테네그로, 불가리아, 세르비아, 슬로바키아, 슬로베니아, 에스토니아, 우크라이나, 체코, 크로아티아, 폴란드, 헝가리	– De Melo et al.(1996)의 상위 개혁국가 – Szyrmer(1998)의 전환정책 성공 국가
정체	B→B	라오스	– De Melo et al.(1996)의 하위 중간 개혁국가: 키르기즈공화국, 카자흐스탄 – De Melo et al.(1996)의 느린 개혁국가: 우즈베키스탄, 투르크메니스탄
	D→D	모로코	
	F→F	아제르바이잔, 카자흐스탄, 쿠바, 투르크메니스탄	
	G→G	마케도니아, 터키, 튀니지	
	D→C	베트남	
	F→E	우즈베키스탄, 키르기즈공화국, 타지키스탄	
2그룹 이상 후퇴	F→D	몽골	
	G→E	이집트	
	H→D	요르단	
	H→F	러시아, 벨라루스	– De Melo et al.(1996)의 하위 중간 개혁국가, Szyrmer(1998)의 전환정책 실패 국가: 러시아 – De Melo et al.(1996)의 느린 개혁국가: 벨라루스
	I→G	키프로스	

1990년에는 그룹F와 그룹H, 2013년에는 그룹F와 그룹G에 다수의 체제전환국이 속해 있다. 그룹H에서 그룹G로 이동한 슬로바키아, 체

코, 폴란드, 헝가리 등의 국가는 지속가능발전 수준을 유지하고 있다고 볼 수 있다. 그러나 1990년에 체제전환국 그룹에 속하였으나 2013년에는 G그룹으로부터 이탈한 국가(이집트, 요르단, 러시아, 벨라루스)는 체제전환국 중에서 상대적으로 발전정도가 느린 국가인 것으로 볼 수 있다.

De Melo et al.(1996)과 Szyrmer(1998)는 전환정책의 내용, 전환정책의 성과에 따라 국가분류를 하였다. De Melo et al.(1996)는 상위 개혁국가(Group1)부터 느린 개혁국가(Group4)로 분류하였고, Szyrmer(1998)는 성공, 판단유보, 실패, 미분류 그룹으로 분류하였다. 본 연구에서 지속가능발전 지표에 의한 국가분류에서 그룹H에서 그룹G로 이동한 국가들은 모두 De Melo et al.(1996)의 상위 개혁국가와 Szyrmer(1998)의 전환정책 성공 국가로 분류되는 국가들이다.

반면에 정체 또는 2그룹 이상 후퇴한 국가들은 De Melo et al.(1996)에서 하위 중간 개혁국가 또는 느린 개혁국가 그리고 Szyrmer(1998)에서 전환정책 실패국가로 분류된 국가들이다. 이 책에서의 국가분류 결과는 기존 연구에서의 분류와 분류방식은 달리하였으나 분류결과는 전환정책의 내용 및 성과에 의한 분류와 어느 정도 유사한 결과를 보였다.

이 책은 체제전환국에 대한 연구에서 상대적으로 관심이 적었던 동아시아의 체제전환국(라오스, 베트남, 중국, 캄보디아)을 포함하였다. 그런데 국가분류 결과에 따르면 중국을 제외하고는 동아시아의 체제전환국 모두 지속가능발전 지표를 이용한 국가분류에서 1990년과 2013년 모두 여전히 가장 낮은 발전단계에 정체되어 있는 상황이다. 이는 동유럽의 체제전환국(대표적으로 비셰그라드 4국)이 발전된 위치에 있는 것과는 대조적인 모습이다.

한국의 경우 1990년에는 체제전환국 그룹(그룹H)에 속해 있었으나 2013년에는 선진국 그룹(그룹H)에 속해 있다. 여타 체제전환국들이 여전히 체제전환국 그룹에서 벗어나지 못하는 것과는 달리 한국만이 선진국 그룹으로 이동한 것은 중요한 의미를 갖는다. 각각의 지표를 볼 때 비셰그라드 4국을 비롯하여 일부 체제전환국은 경제, 사회, 환경지표에서 성과가 크게 개선되었다. 그러나 여전히 체제전환국 그룹에 머물러 있는데 이는 발전성과에도 불구하고 여전히 선진국 평균에 근접하지 못하였기 때문인 것이다.

한국은 구매력 평가 기준 1인당 GDP 수준이 선진국 그룹의 평균에 미치지 못하였음에도 사회, 환경지표의 수준은 선진국 그룹의 평균을 상회하는 높은 성과를 거둠으로써 선진국 그룹으로 진입할 수 있게 되었다. 이는 현재의 체제전환국은 지속가능발전 수준을 높이기 위해서 경제 지표의 성과개선뿐만 아니라 사회, 환경지표에서의 성과 개선도 함께 추구해야 한다는 것을 시사한다.

1990년의 지속가능발전 지표를 이용한 클러스터 분석에 사용된 12개 지표에 대한 일원 분산분석 결과, 전기에 접근 가능한 인구비율(240.3), 구매력 평가 기준 1인당 GDP(105.8), 2차 교육기관 등록률(95.4), 전화 회선수(87.0)의 순서로 그룹 간 차이가 큰 것으로 나타났다. 또한 2013년의 분석에서는 전기에 접근 가능한 인구비율(163.8),

2차 교육기관 등록률(95.1), 구매력 평가 기준 1인당 GDP(59.4), 전화회선수(42.6)의 순서로 그룹 간 차이가 큰 것으로 나타났다. 이들 지표의 순서를 클러스터 분석을 할 때 국가분류에 미친 영향력의 정도로 판단해도 무리가 없을 것이다. 일원 분산분석의 결과를 보면 지속가능발전 지표에 의한 분류에서는 사회, 환경지표가 지배적인 역할을 했다고 볼 수 있다.[13]

13 일원 분산분석에 대한 자세한 분석 결과는 강성진 외(2016) 참조.

5장

경제전환 정책의 성과에 대한 실증분석

제4장의 체제전환 국가들의 그룹화는 경제 및 지속가능발전을 반영하는 지표를 이용한 클러스터 분석을 통하여 이루어졌다. 이 분석방법은 변수의 조합이나 측정단위에 따라서 개별 국가가 속하는 그룹이 변할 수 있어서 안정적으로 국가를 분류하기 힘들다는 단점이 있다. 이러한 문제점을 보완하기 위하여 본 장에서는 경제성장이론의 조건부 수렴(conditional convergence) 추정방정식을 이용하여 경제성장의 결정요인을 실증 분석한다. 본 모형에서는 기존 경제성장에 대한 실증분석에 포함되는 주요 결정 변수에 지속가능발전을 반영하는 사회발전 및 환경관련 지표를 추가한다. 분석대상도 전체 국가를 대상으로 한 분석결과와 체제전환국만을 대상으로 한 분석결과를 비교·분석한다.

5.1 선행 연구

국가 간 자료를 이용하여 경제성장의 결정요인을 찾고자 한 연구가 1990년대 이후 많이 이루어졌다(Barro, 1991, 2003; Mankiw et al., 1992). 이들 연구는 주로 신고전파 경제성장모형의 조건부 수렴 가설을 검증하는 모형을 사용하였다. 실증분석의 핵심적인 결과는 경제성장률과 초기의 1인당 실질 GDP는 음(−)의 상관관계가 있다는 것이다. 이러한 결과는 가난한 국가일수록 부유한 국가에 비해 더 빠르게 성장한다는 것으로 조건부 수렴이 성립한다는 것을 의미한다.[1]

경제성장률의 중요한 결정요인으로는 물적 투자, 인적자본과 같은 생산요소와 시장의 개방정도, GDP대비 정부지출 등의 지표가 포함된다. 그리고 국가의 제도를 반영하는 지표로 법에 의한 지배(rule of law), 민주주의 정도, 정치적 안정성(political stability)이나 부패 등이 포

1 정확하게는 각 국가의 초기 조건이 자신의 정상상태(steady state)에서 멀어질수록 빠르게 성장한다는 것이 수렴이고, 저개발국의 경우 선진국과의 격차와 경제성장이 역관계를 갖는다는 개념은 추격(catching−up)이라고 한다(강성진, 2016).

함된다. 추가적으로 시장왜곡의 정도와 인플레이션과 같은 지표들이 사용된다.[2] 그 외에 국가의 지리적 위치, 언어, 종교 등의 비경제적 변수들도 경제성장의 중요한 결정요소 중의 하나로 포함된다.

체제전환국을 대상으로 한 대표적인 연구들은 Fischer et al.(1996), De Melo et al.(2001), Havrylyshyn and Rooden(2003), Falcetti et al.(2005), Hare(2013) 등이다. 이 연구들은 체제전환의 초기조건(initial condition) 또는 개혁정책의 속도 및 범위가 경제성장에 어떻게 영향을 미쳤는가를 분석하였다. 또한 경제성장에 관한 실증연구에서 사용하고 있는 일반적인 분석모형이 체제전환국에 대해서는 적합하지 않다고 지적하며 체제전환국 특성에 대한 고려가 필요함을 주장한 연구로 Campos(2001)가 있다. [표 5-1]은 전환국에 대한 실증 연구결과를 정리한 것이다.

Fischer et al.(1996)은 1992-1994년 기간 동안 체제전환국가 25개국의 경제성장의 결정요인에 관하여 실증분석을 하였다. 설명변수로 거시경제 정책, 구조개혁, 초기조건, CMEA에 대한 무역의존도, CMEA 및 소련 붕괴의 영향을 포함하였다. 특히 개혁의 정도를 반영하기 위한 지표로는 De Melo et al.(1996)가 사용한 누적 자유화 지수(CLI)를 사용하였다.

그들의 분석 결과를 보면 고정환율제도 및 엄격한 재정정책이 성장에 긍정적인 기여를 하는 것으로 나타났다. CMEA 및 소련의 붕괴

2 민주주의 변수로는 선거권(electoral rights), 시민자유(civil liberalization)를 평가한 Freedom House 지수를 사용하였다(Barro, 2003).

표 5-1 체제전환국의 경제성장에 관한 실증분석 연구

저자(연도)	분석대상국, 기간, 분석모형
Fischer et al.(1996)	- 체체전환국 15개국 - 1992-1994 - 고정효과 모형
Campos(2001)	- 체제전환국 25개국 - 1990-1998/횡단면분석 - 1990-1998년의 기간에 대한 평균값 이용
de Melo et al.(2001)	- 체제전환국 28개국 - 1979-1983(중국), 1987-1991(베트남), 1990-1994(동유럽 및 몽골), 1992-1996(구소련국가) - 2SLS
Havrylyshyn and Rooden(2003)	- 체제전환국 25개국 - 1991-1998 - 일반화 최소자승법(GLS)
Falcetti et al(2005)	- 체제전환국 27개국 - 1989-2003 - 다양한 분석방법 사용(OLS, 2SLS, 3SLS, 차분GMM, 시스템GMM)

자료: 저자가 직접 정리.

는 초기(1992년)의 경제성장의 악화를 가져왔으나, 시장 지향적 개혁(market-oriented reform)을 반영하는 CLI 지수가 증가하면 경제성장이 촉진된다는 사실을 보여 주었다. 그 외에 초기조건, 즉 체제전환 초기의 소득수준이 낮을수록 성장률이 빠르다는 것으로 나타났다.

Fischer et al.은 성장의 결정요인에 관한 실증분석의 결과를 통해 다음과 같이 두 가지 제안을 하였다. 첫째, 고정환율제 등을 통하여 거시경제의 안정화를 달성하는 것이 필요하다.[3] 둘째, 개혁을 보다 빠르게 진행하는 것이 필요하다.

3 고정환율제 및 낮은 재정적자는 인플레이션을 낮추고 성장률을 높이는 데 중요한 역할을 한다고 보았다.

Havrylyshyn and Rooden(2003)은 25개 체제전환국의 패널자료(1991-1998년)를 바탕으로 제도적 환경(institutional environment)의 경제성장에 대한 영향을 실증 분석하였다. 설명변수로는 인플레이션, 구조개혁지수[4] 그리고 초기조건 지표들의 주성분분석(principal component analysis: PCA) 결과를 포함하였다.[5]

분석결과에 의하면 높은 인플레이션은 실질 GDP 증가율에 부정적인 영향을 미쳤다. 구조개혁이 진행되는 해에는 일시적으로 경제성과에 혼란 또는 충격을 줄 수 있으나, 정책이 진전됨에 따라 부정적 효과가 극복되고 경제성장에 긍정적으로 기여하게 되었다.[6] 초기조건이 열악한 경우(경제의 왜곡이 심한 경우, 사회주의적 성향이 강한 경우) 경제성과에 부정적인 영향을 미치지만 그 영향의 정도는 시간이 지남에 따라 줄어든다.

Havrylyshyn and Rooden은 제도와 경제성장 간의 관계에 대한 다소 흥미로운 주장을 하였다. 실증분석 결과에 따르면 제도는 경제성장이 유의한 긍정적인 영향을 미치고 있으므로 경제성장에 있어서 제도적 요인이 중요하다. 그러나 정치적 자유에 대한 계수는 유의한 음(-)의 값으로 나타나 정치적 자유가 오히려 성장을 저해한다는 것으로 나타났는데 이러한 결과도 가능하다고 보았다. 자유선거로 선출되

---

4 구조개혁지수는 t기, t-1기, t-2기의 값을 동시에 포함하였다.

5 주성분분석을 사용한 것은 de Melo et al.(1997)이 착안한 것으로 초기조건에 관하여 다양한 지표가 존재하고 있는데 지표 선정 과정에서 주관의 개입을 줄이고 지표 간 다중공선성(multicollinearity)의 문제를 통제하기 위하여 사용했다고 밝히고 있다.

6 당해 연도의 구조개혁 지수의 계수는 음수이나, t-1기와 t-2기 구조개혁 지수의 계수는 양수이다. 그리고 구조개혁 지수의 계수를 합산하면 양(+)의 효과라는 사실을 이용하여 구조개혁이 경제성장에 미치는 영향을 해석하였다.

어 구성된 의회(freely elected parliament)와 개혁적 성향의 정부(reformist government)가 대립하는 과정에서 개혁의 실시 속도가 늦어지거나 중단될 경우 단기적으로 정치적 자유가 성장을 저해할 수 있다는 것이다.[7]

De Melo et al.(2001)은 중국, 베트남과 같은 동아시아 국가를 포함하여 28개의 체제전환국을 대상으로 초기조건, 정치적 변화, 개혁, 경제적 성과 간의 관계에 대한 실증분석을 실시하였다. 초기조건으로는 총 11개의 변수가 고려되었는데 초기연도의 구매력 평가 기준 1인당 GNP, 국가제도의 독립성과 발전 정도, 1985−1989년의 평균 성장률, 자원 보유 정도, 무역의존도, 암시장 프리미엄(black market premium), 산업비율, 도시 인구비율, 국가 지역 위치, 중앙계획체제 지속기간, 억압된 인플레이션(repressed inflation)이다. 이를 주성분분석을 이용하여 두 개의 주성분을 추출하여 회귀분석에서 초기조건을 반영하는 설명변수로 사용하였다.

분석결과에 의하면 자유화 지수는 경제성장률에 대하여 시간에 따라 비선형적 영향을 미치는 것으로 나타났다. 당기의 자유화 수준은 당기의 경제성장률에 부정적인 영향을 미치나 전기의 자유화 수준은 긍정적인 영향을 미친다. 이를 자유화의 누적효과로 설명하였는데 자유화가 진전되면 자유화의 누적이 경제성장을 촉진한다는 것이다. 또한 불리한 초기조건은 느린 경제적 자유화와 연관되어 있는 것을 확인하

7 이러한 사례로 러시아와 우크라이나의 경우 개혁정칙이 지연되고, 폴란드 의회는 연금개혁 속도를 늦추었고, 라트비아 의회는 농업에 대하여 정부보다도 더욱 보호주의적 시각을 가지도 있었다(Havrylyshyn and Rooden, 2003, p.19).

였는데 이는 구체제의 붕괴로 인한 손실이 크기 때문일 뿐만 아니라 비자발적으로 급격한 개혁을 초기에 시행하였기 때문이라고 평가하고 있다.

동 연구의 실증분석 결과를 정리하면 경제적 자유화 관련 정책은 성장률에 가장 큰 영향을 미치며, 정치적 개혁은 경제적 자유화의 속도 및 범위에, 국가의 발전정도는 정치적 자유화에 영향을 주고 있다고 정리할 수 있다.[8]

Falcetti et al.(2005)은 체제전환국에서 시장 지향적 개혁(market-oriented reform)의 진전과 경제성장 사이에 긍정적인 관계가 있음을 실증분석을 통해 보여 주었다. 초기조건, 체제전환의 지속기간, 개혁, 정부의 재정수지(fiscal balance) 등을 포함하여 회귀분석을 실시하였다. 초기조건 지표로는 요인분석(factor analysis)의 주성분 분석법을 사용하여 도출한 공통요인(common factor)을 사용하였다.

분석에는 EBRD가 정의하고 있는 27개 체제전환국 중에서 핵심 지표의 값이 불충분하게 제공되고 있는 보스니아-헤르체고비나, 세르비아-몬테네그로를 제외한 25개 국가가 반영되었다. 실증분석 결과에 의하면 체제전환의 진전(개혁수준의 상승)은 다음 기의 경제성장을 이끌고, 추가적인 성장(extra growth)은 개혁의 원동력으로 작용한다는 것이다. 한편 성장의 요인으로서 초기조건의 중요성은 시간이 지남에 따라 감소하는 경향을 보였으며, 재정흑자(fiscal surplus)는 빠른 성장

8 경제발전이 민주주의의 향상을 가져온다는 립셋가설(Lipset hypothesis)을 확인하는 결과라고 언급한다(de Melo et al., 2001, p.24).

에 기여하는 것으로 나타났다.

Hare(2013)는 체제전환 과정에서 바람직한 시장경제 제도에 관하여 정리하여 제시하였다. 이는 선행 연구에서 다루는 경제적 성과에 영향을 미치는 제도적 요인에 관한 실증분석이 아니라 전환에 요구되는 제도의 개념을 정의하고 분류한 연구이다.

동 연구에 따르면 제도란 한 사회 내에서 상대적으로 안정된 사회적 합의(social arrangements)이며, 제도의 형태로는 공식적(formal) 또는 비공식적(informal) 제도, 국가주도(state led) 또는 사적(private) 제도, 다양한 규칙 · 규범 · 관습이 체화된 형태로서의 제도가 있다. 일반적으로 공식적 제도의 중요성이 상대적으로 부각되고 있으나 공식적인 제도뿐만 아니라 시장경제에 적합한 문화(culture)를 형성해 나가는 것, 시장경제에 대한 이해를 형성하는 것, 정부의 리더십 등과 같은 비공식적 제도도 매우 중요하다고 밝혔다. 공식적 제도를 형성하는 것에서 중요한 것은 강하고 효과적인 정부를 수립하고 법에 의한 지배(rule of law)를 확립하는 것이라고 보았다.

이상의 연구와 달리 Campos(2001)는 체제전환국을 대상으로 분석할 때는 전체국가의 경제성장에 관한 분석모형에 많은 영향을 준 Barro(1991)와 Levine and Renelt(1992)의 모형(이하 BLR 접근법)이 적절하지 않다고 주장하였다. 동 연구에서는 25개의 체제전환국을 대상으로 1989년부터 1998년까지의 자료를 이용하여 BLR 접근법을 적용하였다. 분석결과를 보면 전체국가를 대상으로 한 기존연구의 결과와는 매우 다른 결과를 보였다. 전체국가를 대상으로 했을 때와 달리 변수

들이 유의성을 잃거나 계수의 부호가 반대로 나타났다.[9]

동 연구는 BLR 접근법이 기대한 계수값이 도출되지 않는 원인으로 두 가지를 들고 있다. 첫째, 체제전환국은 시장경제체제를 가진 국가와 1인당 GDP 수준은 비슷하더라도 중앙계획의 유산이 여전히 남아 있는 구조적인 차이가 있기 때문이다. 둘째, 계량경제학적 이슈로서 체제전환국을 대상으로 연구할 때는 표본수가 적고 통계 데이터의 질에 대한 신뢰성이 낮기 때문이다. 어떠한 원인이 더 크게 작용하는지에 대한 검증을 위하여 BLR 접근법에서 포함하고 있는 모든 변수에 체제전환국 더미를 곱한 상호작용 변수(interaction term)를 반영하여 다시 추정하였다. 추정결과는 체제전환국과 비체제전환국 사이에 구조적 차이가 존재하는 것으로 나타났다. 따라서 동 연구는 BLR 접근법은 체제전환국에서는 적절하지 않다고 결론내리며 제도의 역할에 대한 고려가 필요함을 제안하였다.

지금까지 살펴본 체제전환국 관련 연구들을 보면 대체로 체제전환국의 경제성장에 미친 초기조건, 제도, 개혁의 영향에 초점을 맞추어 왔다는 것을 알 수 있다. 또한 연구의 관심대상은 주로 중·동부유럽 및 구소련 국가로 동아시아 국가에 대한 관심이 적었다는 것을 알 수 있다. 1990년대까지는 사회주의체제가 붕괴되면서 중앙계획체제에서 시장체제로 전환하는 것을 보여 주는 경제개혁, 정치적 자유화가 범학문적으로 관심 대상이 되었다. 따라서 경제학 연구자들도 체제전환국의 경제성장을 회복 또는 촉진하기 위한 요인으로서 초기조건, 제

9 Barro(1991)가 사용한 형태의 실증모형에서는 1차 교육기관 등록률은 유의한 (+) 이나 나머지 모든 지표들은 유의하지 않음.

도, 개혁의 영향을 중시했다고 볼 수 있다.

그러나 이제는 정치적 및 경제적 자유화, 시장경제 체제의 확립을 위한 개혁 그 자체보다는 국가의 경제, 사회, 환경 전 부문에서 발전을 위한 정책형성이 국가적 과제가 되고 있다. 따라서 체제전환국에 대한 연구도 범위를 더 확장해야 할 필요가 있다. 전체국가를 대상으로 한 기존의 실증분석 모형을 참고하면서도 Campos(2001)의 주장과 같이 체제전환국의 특수성을 고려한 분석모형을 설정할 필요가 있다.

본 연구는 체제전환국에 대한 실증연구들에서 중요하게 다루고 있는 초기조건, 제도, 개혁 등을 포함하며 추가적으로 지속가능발전을 반영하는 다른 변수들도 함께 고려하여 실증분석을 하고자 한다.

5.2 실증분석 모형

제4장의 클러스터 분석에서는 1990년 이후 지속가능발전과 관련된 지표를 이용하여 전 세계 국가들이 어떻게 그룹화될 수 있는지를 분석하였다. 본 장에서는 클러스터 분석에서의 결과와 연계하여 1990년대 이후 체제전환국 및 전체 국가의 경제성장에 영향을 미친 주요 지표의 영향력을 전통적으로 많이 사용하는 경제성장이론의 조건부 수렴방정식을 이용하여 실증 분석하고자 한다.

신고전파 경제성장모형에서는 조건부 수렴 현상을 설명하기 위하여 초기 소득수준을 설명변수로 포함시켜 실증분석을 실시하는 데 추정 방정식은 식 (5-1)과 같다(Barro, 1991; Mankiw et al., 1992; Levine and

Renelt, 1992).

$$y_{it} - y_{it-1} = \alpha y_{i,t-1} + x_{it}^{'}\beta + \mu_i + \xi_t + \epsilon_{it}$$
$$i = 1,2,\cdots,N \ t = 1,2,\cdots,T, \qquad (5-1)$$
$$\mu_i = iid(0,\sigma_{\mu}^2), \xi_{i,t} = iid(0,\sigma_{\xi}^2), \epsilon_{i,t} = iid(0,\sigma_{\epsilon}^2)$$

y_{it}는 t시점에서 국가의 1인당 소득의 로그값으로 식 (5−1)의 종속변수는 경제성장률이 된다. x'_{it}는 경제성장률을 결정하는 변수들의 벡터이고 μ_i와 ξ_t는 각각 국가 고정효과와 시간 고정효과를 반영하는 오차항이다. ϵ_{it}은 일반적인 오차항이고 α와 β는 각각 추정 계수와 추정 계수 벡터를 나타낸다. 모형의 추정을 통하여 1인당 소득의 초기값 계수인 α가 음(−)으로 추정되면 경제성장률과 초기값은 역관계를 갖는다. 따라서 각 국가의 특성을 고려한 이후 소득수준이 낮은 국가일수록 경제성장률이 빠르다고 하는 조건부 수렴 이론이 성립한다는 결론을 내릴 수 있게 된다.

식 (5−1)과 같은 모형은 다음과 같은 추정과정의 문제가 있다.

첫째, 추정방정식에서 독립 변수로 사용되는 변수들의 내생성 문제 가능성이 있다. 둘째, 중요한 영향을 미칠 수 있지만 추정방정식에 포함되지 않을 누락변수(omitted variable) 문제가 나타날 수 있다. 이러한 문제점을 치유하지 않고 단순 회귀분석(OLS)을 사용하여 추정한다면 추정치가 편의(bias)를 갖게 된다. 이러한 문제점을 극복하기 위하여 단순 회귀분석에서 더 나아가 패널분석을 한 대표적인 연구가 Islam(1995)이다. 단순히 독립변수가 내생적일 가능성이나 생략된 변수의 문제가 있는 경우는 패널분석을 통하여 편의가 없는 추정치를 추정할 수 있다.

식 (5−1)의 조건부 수렴방정식의 근본적인 문제점은 종속변수와 독립변수에 초기 1인당 소득값이 동시에 포함된다는 사실이다. 종속변수의 시차변수(lagged variable)가 독립변수에 포함되는 동태적 패널모형(dynamic panel model)에서는 해당 시차변수가 갖게 되는 내생성의 문제로 인해 일반적인 회귀분석은 일치추정량을 얻을 수 없다.

식 (5−1)은 종속변수의 시차변수가 설명변수에 포함되어 있는 동태적 패널모형 방정식이다. 종속변수인 $y_{i,t}$는 μ_i와 상관관계가 있으며, 역시 종속변수의 시차변수인 $y_{i,t-1}$도 μ_i와 상관관계가 있다. 이 경우 ϵ_{it}가 계열상관(serial correlation)이 있다면 일반적인 회귀분석은 적절한 분석방법이 아니다. 이러한 문제점을 해결하기 위하여 식 (5−1)을 다음 식 (5−2)와 같이 쓸 수 있다.

$$y_{it} = (1+\alpha)y_{i\,t-1} + x'_{i\,t}\beta + \mu_i + \xi_t + \epsilon_{it} \qquad (5-2)$$

동태적 패널모형에서의 내생성 문제를 해결하기 위하여 Arellano and Bond(1991)는 설명변수의 수준시차 변수를 도구변수로 이용하는 차분 일반화적률법(first differenced GMM, 이하 '차분 GMM')을 제시하였다. 차분 GMM에서 이용하는 방정식은 식 (5−2)를 1차 차분한 식 (5−3)과 같다. 차분 GMM은 일반적인 패널분석을 하는 경우 나타날 수 있는 내생성의 문제를 야기한 μ_i가 제거된다. 그러나 개별 관측치의 고유 특성인 μ_i가 제거되며, 여전히 시차 종속변수와 도구변수에 약 상관문제(problem of weak instruments)가 존재한다. 식 (5−3)의 우변에 속한 $y_{i,t-2}$는 도구변수로 사용되는 $\Delta y_{i,t-2}(=y_{i,t-2}-y_{i,t-3})$와 약한 상관관계를 가질 수 있다는 것이다.

$$y_{it}-y_{it-1}=(1+\alpha)(y_{it-1}-y_{it-2})+(x'_{it}-x'_{it-1})\beta+(u_{it}-u_{it-1}),$$

$$u_{i,t}=\mu_i+\xi_t+\epsilon_{i,t} \tag{5-3}$$

위 모형에는 종속변수의 과거변수가 설명변수에 포함됨에 따라 내생성(endogeneity)의 문제가 발생한다. 그리고 μ_i가 관측 가능 여부에 상관없이 모두 삭제되어 비록 관측가능하면서 종속변수에 영향을 미칠 수 있는 변수도 같이 추정모형에서 삭제되는 문제가 나타난다. 차분 GMM이 갖는 문제를 해결하기 위해서는 Arellano and Bover(1995), Blundell and Bond(1998)가 제안한 시스템 일반화 적률법(system GMM, 이하 '시스템 GMM')을 이용하여 추정을 하면 효율적인 추정량을 얻을 수 있다. 시스템 GMM은 수준방정식(level equation)인 식 (5−2)와 차분방정식(difference equation)인 식 (5−3)을 하나의 시스템으로 결합하여 추정하는 방식이다. 차분 GMM이 가진 약한 도구변수의 문제를 해결하기 위하여 적률조건(moment condition)을 추가하였는데, 다시 말하면 오차항으로부터의 정보($E(u_{i,t}\Delta y_{i,t-1})=0$)에 기초하여 도구변수를 확장해서 추정하는 것이다.

시스템 GMM에서 차분방정식에는 내생적 설명변수인 $y_{i,t-1}$의 시차변수를, 수준방정식에는 $y_{i,t-1}$의 차분변수($\Delta y_{i,t-1}$)를 도구변수로 사용하여 추정한다. 이상과 같은 시스템 GMM의 적률조건을 수식으로 표현하면 식 (5-4) 및 식 (5-5)와 같다.

$$E[y_{i,t-s}\Delta u_{i,t}]=0,\ \text{for}\ t=3,\cdots,T\ \text{and}\ s\geq 2 \quad (5\text{-}4)$$

$$E[\Delta y_{i,t-s}u_{i,t})]=0,\ \text{for}\ t=3,\cdots,T\ \text{and}\ s\geq 2 \quad (5\text{-}5)$$

본 연구는 종속변수인 구매력평가 1인당 실질GDP 및 주요 설명변수를 자연로그 변환하여 사용하였다. 식 (5-2)와 식 (5-3)을 이용하여 시스템 GMM으로 추정할 경우에는 종속변수의 1차 시차변수의 계수가 $(1+\alpha)$이므로 식 (5-1)에서의 α는 추정된 계수값에서 1을 뺀 값으로 해석해야 한다. 또한 조건부 수렴(conditional convergence)이 존재한다면 α값은 0보다 작은 값을 가져야 한다.

시스템 GMM에는 도구변수의 수가 내생적 설명변수의 수보다 많아지는 과대 식별(overidentification) 문제가 발생할 수 있다. 따라서 도구변수의 사용이 적절한지에 대한 과대 식별 검정이 필요하다. 본 연구에서는 오차항의 이분산성을 고려하여 견고한 표준오차(robust standard error)를 적용하였기 때문에 이 경우에는 Hansen 검정결과를 적용해야 한다. 또한 종속변수의 과거변수가 도구변수로 사용되었는데 이 경우 1계 자기상관은 존재해야 하나 2계 자기상관이 존재하면 종속 시차변수의 사용은 적절하지 않게 된다. 따라서 Arellano and Bond(1991)의 AR검정(autocorrelation test)을 실시해야 한다.

[표 5-2]에 본 연구의 실증분석에 사용한 자료 및 출처가 정리되어 있다. 경제성장을 반영하는 종속변수는 구매력 평가 기준 1인당 실질

표 5-2 분석에 사용한 변수와 출처

<table>
<tr><th colspan="2">구분</th><th>지표</th><th>자료</th></tr>
<tr><td colspan="2">종속변수</td><td>1인당 구매력 평가 기준 실질GDP</td><td>세계은행(WDI)</td></tr>
<tr><td rowspan="12">독립변수</td><td rowspan="5">경제</td><td>인플레이션(%)</td><td>〃</td></tr>
<tr><td>총 고정자본 형성 비중(% of GDP)</td><td>〃</td></tr>
<tr><td>무역비중(% of GDP)</td><td>〃</td></tr>
<tr><td>산업 부가가치 비중(% of GDP)</td><td>〃</td></tr>
<tr><td>정부 최종소비지출 비중(% of GDP)</td><td>〃</td></tr>
<tr><td rowspan="3">사회</td><td>인구(명)</td><td>〃</td></tr>
<tr><td>전화 회선수(100명당)</td><td>〃</td></tr>
<tr><td>2차 교육기관 등록률(% of gross)</td><td>〃</td></tr>
<tr><td rowspan="2">제도</td><td>프리덤하우스 평균 지수</td><td>프리덤하우스</td></tr>
<tr><td>경제자유지수</td><td>헤리티지 재단</td></tr>
<tr><td>환경</td><td>1인당 에너지 사용량(kg of oil eq.)</td><td>세계은행(WDI)</td></tr>
<tr><td>체제전환국 더미</td><td>체제전환국=1, 그 외=0</td><td>–</td></tr>
</table>

GDP의 변화율이다. 물론 실질적인 추정에는 구매력 평가 기준 1인당 실질GDP 수준이 사용된다. 설명변수로는 1인당 실질GDP의 초기값이 조건부 수렴을 반영하기 위한 것이다. 그리고 지속가능발전의 경제·사회·환경지표와 국가그룹을 반영하는 체제전환국 더미가 포함되었다. 분석기간은 1990년부터 2013년까지이다.

경제부문을 대표하는 변수로는 인플레이션, 투자율을 의미하는 GDP 대비 총 고정자본 형성 비중, 대외개방의 정도를 의미하는 GDP 대비 무역(수출 및 수입) 비중, 산업화의 정도를 나타내는 산업 부가가치의 GDP 비중, 그리고 정부지출의 정도를 나타내는 GDP 대비 정부지출의 비중을 이용하였다. 이 변수들은 다른 경제성장에 대한 실증모형에서 많이 사용되는 것들이다.

사회부문을 나타내는 지표로는 총인구, 전화 회선수, 2차 교육기관 등록률을 이용하였다. Barro(2013)는 무역이 경제성장에 미치는 효과를 분석할 때 인구규모를 함께 고려하는 것이 필요하다고 언급한바 있다. 또한 국가마다 인구규모 및 인구증가율은 다른 양상을 보이고 있는데 이는 보건, 가족계획, 저출산, 고령화 등에 의해 발생하는 사회적 변화이다. 따라서 인구규모는 경제성장의 요인 분석에서 중요한 의미를 갖는 지표이기 때문에 본 연구에서도 이를 모형에 사용하였다. 그 이외에 전화 회선수, 2차 교육기관 등록률은 대표적인 사회간접자본 지표이다. 전화 회선수는 통신인프라, 2차 교육기관 등록률은 교육인프라를 반영하는 것으로서 지속가능발전목표에서도 중요하게 다뤄지고 있는 목표이기도 하다.

환경을 반영하는 지표로는 1인당 에너지 사용량을 이용하였다. 그 외에 제도를 반영하는 지표로 프리덤하우스가 발표하는 정치 민주화 정도를 나타내는 정치권리지수 및 시민자유지수의 평균값을 사용하였다. 경제자유지수는 헤리티지재단이 발표하는 지수를 사용하였다.[10] 그 외에 체제전환국 여부를 나타내는 더미변수를 이용하였다.

[표 5-3]은 실증 분석에 사용된 변수들의 주요 통계량을 정리한 것

10 경제자유지수는 재산권, 부패로부터의 자유, 재정자유, 정부지출, 기업자유, 노동자유, 화폐자유, 무역자유, 투자자유, 금융자유를 평가하여 구한 경제부문의 자유도에 관한 종합적 지표이다.

표 5-3 분석에 사용한 변수의 주요 통계량

	평균	표준편차	최소값	최대값
무역비중(% of GDP)	92.2	33.3	22.2	200.0
산업 부가가치 비중(% of GDP)	31.9	8.6	10.3	70.2
총 고정자본 형성 비중(% of GDP)	23.8	7.0	2.7	57.7
인구(만 명)	5,130	20,200	61	136,000
2차 교육기관 등록률(%)	84.2	18.2	16.3	110.0
프리덤하우스 지수	42.1	19.3	10.0	70.0
경제자유지수	57.4	9.2	30.0	78.0
무역비중(% of GDP)(로그)	4.5	0.4	3.1	5.3
산업 부가가치 비중(% of GDP)(로그)	3.4	0.3	2.3	4.3
총 고정자본 형성 비중(% of GDP)(로그)	3.3	0.3	1.8	4.1
인구(로그)	16.0	1.5	13.3	21.0
2차 교육기관 등록률(%)(로그)	4.4	0.3	2.9	4.7
프리덤하우스 지수(로그)	3.6	0.6	2.3	4.2
경제자유지수(로그)	4.0	0.2	3.4	4.4

주: 프리덤하우스 지수는 본래 1부터 7까지의 값을 가지나 추정할 때는 10을 곱하여 10부터 70까지의 값을 갖는 것으로 변환하였다.
자료: [표 5-2] 참조.

이다. 먼저 무역비중의 평균은 92.2%이고 표준편차가 33.33이며 최소값과 최대값이 각각 22.2와 200이다. 이는 체제전환국의 시장개방의 정도가 국가별 혹은 연도별로 차이가 나타나고 있음을 보여 준다. 연도별로 보면 개혁초기에는 대외개방의 정도가 낮았지만 체제전환 정책이 실시되면서 그 정도가 더욱 확대되었다. 산업의 총 부가가치의 GDP 대비 비중을 보면 평균값이 31.9%이고 최소값과 최대값이 각각 10.3과 70.2%이다. 총 고정자본 형성의 GDP 대비 비중이 평균이 23.8%이고, 인구의 평균은 약 5천1백만 명이다.

5.3 전체국가 대상 실증분석 결과

전체국가를 대상으로 한 실증분석 결과는 [표 5-4]에 정리되었다. 모형 (1)과 모형 (2)는 산업 부가가치 비중과 경제자유지수를 포함하지 않은 모형이다. 모형 (3)과 모형 (4)는 산업 부가가치 비중과 경제자유지수를 포함한 모형이다. 다만, 경제자유지수가 1995년 이후 조사되는 지표이기 때문에 추정에서의 분석기간은 1995년-2013년이다. 또한 각 모형은 체제전환국 더미 및 정부소비와 체제전환국 더미의 상호작용(interaction) 변수 포함 여부를 달리하여 적용하였다.

모든 모형에서 전기의 구매력 평가 기준 1인당 GDP의 계수는 1% 유의수준에서 유의한 값을 보였다. [표 5-4]에 제시된 계수값은 식 (5-2)에서의 $1+\alpha$값으로 식 (5-1)에서의 α는 각각 $-0.030\sim-0.076$이다. 식 (5-1)을 이용하여 해석하면 전기의 1인당 GDP 수준이 높은 국가들일수록 수렴속도가 더 빠르게 나타난다는 것이다. 이는 다른 실증분석 연구결과들과 일치하는 결론이다.

인플레이션과 GDP 대비 정부소비의 비중은 1인당 GDP에 부정적인 영향을 미치는 것으로 나타났다. 인플레이션은 거시경제의 안정성을 반영하는 대표적인 지표로서 거시경제의 불안정성이 1인당 GDP 증가에 장애요인이 된다는 것을 보여 주는 결과이다.

정부소비 비중은 정부주도의 국가 또는 민간의 역할이 활발한 국가 여부를 판단할 수 있는 변수이다. 각 국가의 정부소비 비중을 비교할 때, 상대적으로 정부소비 비중이 높은 국가는 정부주도형 국가라고

표 5-4 전체국가와 지속가능발전

	모형(1)	모형(2)	모형(3)	모형(4)
(t-1)기 구매력 평가 기준 1인당 GDP(로그)	0.960*** (0.013)	0.970*** (0.017)	0.924*** (0.012)	0.924*** (0.014)
인플레이션(로그)	-0.066*** (0.010)	-0.063*** (0.009)	-0.060*** (0.014)	-0.058*** (0.013)
총 고정자본 형성 비중(로그)	0.028*** (0.007)	0.029*** (0.006)	0.016* (0.009)	0.019** (0.009)
정부소비 비중(로그)	-0.027*** (0.006)	-0.020*** (0.005)	-0.019** (0.007)	-0.010 (0.008)
정부소비 비중×체제전환국 더미		-0.027** (0.012)		-0.029*** (0.011)
무역비중(로그)	0.061*** (0.022)	0.055** (0.022)	0.110** (0.044)	0.113** (0.045)
산업 부가가치 비중(로그)			0.048*** (0.011)	0.047*** (0.011)
인구(로그)	0.015** (0.006)	0.014** (0.005)	0.027** (0.011)	0.028** (0.011)
무역비중(로그)×인구(로그)	-0.003** (0.001)	-0.003** (0.001)	-0.006** (0.003)	-0.006** (0.003)
전화회선수(로그)	0.015*** (0.005)	0.012* (0.006)	0.029*** (0.006)	0.029*** (0.006)
2차 교육기관 등록률(로그)	0.007 (0.006)	0.004 (0.007)	0.013* (0.007)	0.014* (0.008)
프리덤하우스 지수(로그)	-0.081* (0.047)	-0.089** (0.044)	0.004 (0.006)	0.005 (0.006)
프리덤하우스 지수(로그)의 제곱	0.011* (0.007)	0.013** (0.006)		
경제자유지수(로그)			0.057** (0.023)	0.048** (0.022)
에너지 사용량(로그)	0.018** (0.008)	0.013 (0.009)	0.032*** (0.007)	0.031*** (0.008)
더미: 체제전환국 (체제전환국=1, 그 외=0)		0.079** (0.036)		0.075** (0.030)
상수항	0.313** (0.150)	0.273** (0.137)	-0.260 (0.224)	-0.285 (0.221)
관측치	2,089	2,089	1,548	1,548
국가수	146	146	124	124
Hansen 통계량(p값)	119.0 (0.766)	99.2 (0.740)	97.9 (0.768)	99.3 (0.737)
AR(1) p값	0.000	0.000	0.000	0.000
AR(2) p값	0.678	0.306	0.269	0.309

주1) 괄호안은 표준오차(standard errors)이다.

주2) *** p<0.01, ** p<0.05, * p<0.1

주3) 연도더미는 추정에 포함되었으나 추정결과는 제시하지 않았다.

볼 수 있으며 반대로 정부소비 비중이 상대적으로 낮은 국가는 민간의 역할이 비교적 큰 국가라고 볼 수 있다. 모형 (1)과 모형 (3)에서는 이러한 정부소비 비중의 계수가 1% 유의수준에서 유의한 음의 값(각각 −0.027, −0.019)으로 나타났다. 정부소비 비중의 증가, 즉 정부주도가 강할수록 소득수준이 낮게 나타난다는 것이다.

경제체제전환의 대표적인 현상인 민영화를 어느 정도 반영하고 있는 지표가 바로 정부소비 비중이라고 할 수 있다. 따라서 체제전환국 더미와 정부소비 비중의 상호작용 변수를 포함함으로써 체제전환국에서 경제체제전환 중에 나타나는 정부소비 비중 변화의 효과를 파악하고자 하였다. 이는 모형 (2)와 모형 (4)에서 알 수 있다. 정부소비 비중의 계수 및 정부소비 비중과 체제전환국 더미의 상호작용 변수의 계수값은 모두 유의한 음수로 나타났다. 즉 정부소비 비중이 1인당 GDP 수준에 미치는 부정적인 영향은 체제전환국일수록 더 크게 나타난다는 것으로 해석 가능하다.

GDP 대비 총 고정자본 형성 비중의 계수는 모든 모형에서 1% 유의수준에서 유의한 양수이다. 이는 고정자본에 대한 투자가 많이 일어날수록 1인당 GDP 수준 개선이 촉진된다는 것을 의미한다. 무역비중은 대외개방을 나타내는 지표로서 많은 연구들에서 사용하고 있다.

그러나 무역비중은 국가 규모에 따라 다양하게 나타나는 경향이 있다. 따라서 실증분석에서 무역비중의 변수를 포함할 때, 인구와 면적과 같이 국가규모를 나타내는 지표를 동시에 고려할 필요가 있다.[11]

11 Barro(2013)는 무역비중의 영향을 해석할 때 국가규모를 고려해야 한다고 보았는

본 연구는 인구와 함께 무역비중과 인구의 상호작용 변수를 포함하여 국가규모를 통제한 무역비중의 효과를 보고자 하였다. 모형 (1)에서 무역비중의 효과는 다음과 같이 해석된다. 로그인구의 값은 국가별로 8.3(최소)−21(최대)의 분포를 보이는 것을 감안한다면 무역비중이 1인당 GDP에 미치는 영향은 로그인구가 20.3보다 작은 국가들에게는 긍정적인 영향이라고 보아야 할 것이다.[12]

인구의 영향을 해석할 때 무역비중을 고려하여 해석해야 한다. 인구증가는 1인당 GDP 개선에 기여하지만 무역비중의 증가에 따라 그 개선효과는 작아진다. 무역비중의 로그값은 국가별로 0.02(최소)−6.37(최대)의 분포를 보인다. 이를 고려하면 무역비중이 로그값이 약 5보다 낮은 국가는 인구증가가 1인당 GDP 개선에 기여하며, 무역비중의 로그값이 약 5보다 높은 국가(무역비중이 매우 높은 국가)는 인구증가가 1인당 GDP 증가에 장애요인으로 작용한다는 것이다.

GDP 대비 산업의 부가가치 비중은 모형 (3)과 모형 (4)에 반영되었다. 두 모형에서 모두 1% 유의수준에서 유의한 계수가 도출되었는데 이는 산업 활동이 활발할수록 1인당 GDP 수준이 높아진다는 것을 의미한다.

국가의 사회간접자본을 반영하는 변수로는 전화회선수와 2차 교육기관 등록률이 포함되었다. 전화 회선수의 경우 국가의 소득수준에 유

데 이는 소규모 국가일수록 무역비중이 크게 나타나며 대규모 국가일수록 무역비중이 작게 나타나는 경향이 있기 때문이라고 하였다.

12 데이터에서 로그인구가 20.3보다 큰 국가는 중국과 인도 두 국가이다.

의한 긍정적인 영향을 미치는 것으로 나타났으나, 2차 교육기관 등록률은 유의한 결과를 도출하지 못하였다.

제도를 반영하는 변수로는 프리덤하우스 지수를 포함하였다. 제곱항까지 포함하였을 때, 일차항은 유의한 음의 값을, 제곱항은 유의한 양의 값을 보였다. 이는 프리덤하우스 지수가 1인당 GDP와 U자형의 비선형적 관계를 갖는다는 것을 의미한다. 전환점을 계산하면 프리덤하우스 지수가 39.6보다 작을 경우에는 동 지표가 1인당 GDP와 역의 관계가 있으나 39.6보다 지수가 높은 경우에는 1인당 GDP와 정의 관계가 있다는 것이다.[13] 경제자유지수는 모형 (3)과 모형 (4)에서 모두 1인당 GDP에 유의한 효과를 미치는 것으로 나타났다.

에너지사용량은 모형 (2)를 제외한 전 모형에서 1인당 GDP 수준과 유의한 양의 관계인 것으로 나타났다. 이 결과는 해석에 유의할 필요가 있다. 분석결과만을 보면 에너지 사용이 활발할수록 1인당 GDP 수준의 개선이 크게 일어난다는 것을 의미한다. 그러나 반대로 경제성장이 이루어질수록 비례해서 에너지소비량이 증가하는 것도 의미하기 때문에 해석을 일방적 인과관계(causality)로 하는 것은 유의할 필요가 있다.

마지막으로 체제전환국 더미는 모형 (2)와 모형 (4)에서 사용되었는데 모두 5% 유의수준에서 유의한 양의 계수값을 나타냈다. 이는 체제전환국일수록 그렇지 않은 나머지 국가들에 비해 1인당 GDP 수준이 높

13 프리덤하우스 지수의 평균이 39.6보다 낮은 국가는 중국, 라오스, 베트남 등이 있다. 국가별 평균은 41.7이며 표준편차는 19.9이다.

다는 것을 의미한다. 그러나 분석에 포함된 146개 국가 중에서 체제전환국은 35개국이며, 체제전환국이 아닌 국가에는 다수의 선진국도 포함되므로 더미결과를 직접적으로 해석하는 것에는 다소 무리가 있다. 다만 체제전환국 더미를 포함함으로써 각 추정에 사용된 각 변수들이 1인당 GDP에 미치는 영향을 분석할 때 체제전환국의 특성을 모두 통제하였다는 것에 의의가 있다.

[표 5-4]에는 시스템 GMM 추정을 할 때 종속변수의 과거값이 도구변수로 사용되는 것이 적절한지에 대한 Arellano and Bond(1991)의 자기상관(autocorrelation, AR) 검정결과와 과대 식별 제약조건이 적절한지에 대한 Hansen 검정결과가 제시되어 있다.[14] 모형 (1), 모형 (2)에서 AR(2)의 p값이 0.05보다 크므로 2계 자기상관이 없다는 귀무가설을 채택하며, Hansen 통계량의 p값이 0.05보다 크므로 과대 식별 제약조건이 적절하다는 귀무가설을 채택한 것으로 나타났다.[15] 따라서 검정결과 본 모형의 추정에 사용된 도구변수는 적절하다.

---

14 다양한 특성을 가진 다수의 국가가 추정에 포함됨으로써 오차항의 이분산성 문제를 고려할 필요가 있어 시스템 GMM 추정시 robust 옵션을 사용하였다. 이 경우에는 도구변수 사용의 적절성 판단 기준으로 Hansen 검정결과를 사용한다.

15 모형 (1)-(4)에 사용된 도구변수는 모두 동일하다. 차분방정식의 추정에서 사용된 GMM-type 도구변수로는 시차종속변수, 인플레이션이 사용되었으며 시차는 t-1기부터 t-2기까지 적용하였다. 수준방정식의 추정에서 사용된 Standard 도구변수로는 GMM-type 도구변수를 제외한 모든 변수 및 연도더미가 사용되었다. 또한 수준방정식의 GMM-type 도구변수로는 시차종속변수 및 인플레이션의 차분변수가 사용되었다.

5.4 체제전환국 대상 실증분석

체제전환국가만을 대상으로 실증분석을 한 결과는 [표 5-5]이다. 지속가능발전 지표를 반영하였고 분석에는 총 35개국이 포함되었다. 실제 체제전환국가로 분류된 41개국에 비해 국가수가 적은 것은 통계데이터가 존재하지 않는 국가는 분석에서 제외되었기 때문이다.

추정모형은 전체국가를 대상으로 한 분석 결과와 다소 차이가 있다. 이는 체제전환국의 경제성장 특성을 보다 잘 설명할 수 있는 모형으로 조정하였기 때문이다. 체제전환국의 경우 대외개방의 역사가 길지 않으며 산업발전의 초기단계에 있다고 볼 수 있다. 또한 체제전환 국가들은 민간에 비해 정부의 역할이 상대적으로 큰 편이다. 따라서 이러한 특성들을 고려하여 모형 (5)-모형 (7)을 추정하였다. 모형 (5)는 지속가능발전 지표에 관한 기본모형이며, 모형 (6)은 무역비중과 인구의 상호작용 변수를, 모형 (7)은 무역비중과 산업 부가가치 비중의 상호작용 변수를 고려한 모형이다.

각 모형에서 전기의 구매력 평가 기준 1인당 GDP의 계수는 1% 유의수준에서 유의한 1보다 작은 값을 보였다. System GMM 방법론 설명에서 살펴본 바와 같이 추정결과 도출된 계수값은 식 (5-2)에서 $1+\alpha$의 값이다. 따라서 조건부 수렴 가설의 성립여부는 추정된 계수에서 1을 차감한 값으로 판단하는데 각 모형에서의 α값은 -0.195에서 -0.203 사이의 값으로 나타난다. 즉, 전기의 1인당 GDP 수준이 높은 국가들일수록 경제성장이 더 빠르게 나타난다. 체제전환국만을 대상으로 모형 (5)-모형 (7)은 전체국가를 대상으로 한 분석([표 5-4] 참고)

에서 보다 경제성장의 속도가 더 빠른 것으로 나타났다. 이러한 결과는 체제전환국들은 1990년대 전환정책을 적극적이고 급속히 실시하면서 경제성장률 변화 정도가 상대적으로 높게 나오게 된 이유에서 나타난 결과라고 할 수 있다.

인플레이션은 전체국가를 대상으로 한 분석에서와 같이 1인당 GDP 수준에 부정적인 영향을 미치는 것으로 나타났다. 체제전환국에서도 거시경제의 불안정성이 경제에 큰 장애물로 작용한다는 것이다. 정부소비 비중도 모든 모형에서 1% 유의수준에서 유의한 음의 값을 가진 것으로 나타났다. 1인당 GDP 수준의 향상에 있어서 정부소비 비중의 증가는 큰 장애요인으로서 체제전환국일수록 정부의 역할보다는 민간의 역할을 확대하는 것이 중요하다는 정책적 함의가 있다.

총 고정자본 형성 비중은 전체국가를 대상으로 한 분석에서는 1인당 GDP 수준에 유의하게 긍정적인 영향을 미치는 것으로 나타났다. 그러나 체제전환국을 대상으로 한 분석에서는 모든 모형에서 유의한 결과를 도출하지 못하였다. 산업의 GDP 대비 부가가치 비중은 1인당 GDP 수준에 1% 유의수준에서 유의한 긍정적인 영향을 미치는 것으로 나타났다. 산업 활동이 활발해질수록 경제성장이 촉진된다는 것을 의미한다.

인구는 모든 모형에서 1% 유의수준에서 유의한 음의 값을 가졌는데, 이는 체제전환국의 경우 인구의 증가가 경제활동의 부담으로 작용한다는 결과이다.[16] 무역비중의 경우 1인당 GDP 수준에 부정적인 영향을 미치는 것으로 나타났다. 이는 대외개방, 즉 무역이 활발해질수록 경제성장이 촉진된다는 일반적인 결과와 상반된다. 체제전환국의 경우 무역이 경제성장과 성과로 이어지는 것에 영향을 미치는 요인이 있을 것으로 예상된다. 따라서 본 연구는 무역과 경제성장의 연결고리 역할을 할 것으로 예상되는 인구, 산업 부가가치 비중의 상호작용을 고려하였다.

모형 (6)에서는 무역비중과 인구의 상호작용을 고려하였다. 전체국가를 대상으로 한 분석과는 달리 체제전환국에서는 무역비중과 인구의 상호작용은 유의한 영향이 없는 것으로 나타났다. 모형 (7)에서는 무역비중과 산업의 GDP 대비 부가가치 비중의 상호작용을 고려하였다. 이에 따르면 산업 부가가치 비중이 증가할수록 무역비중이 1인당 GDP에 미치는 부정적인 영향이 감소한다.[17]

그 외 국가의 사회간접자본을 반영하는 변수로는 전화 회선수와 2차 교육기관 등록률을 포함하였다. 전화 회선수의 경우 국가의 1인당 GDP 수준에 유의한 긍정적인 영향을 미치는 것으로 나타났다. 그러나 2차 교육기관 등록률은 1인당 GDP 수준과 비선형적 관계가 있는 것으로 나타났다. 다시 말하면 2차 교육기관 등록률이 낮은 수준에서는 등록률의 증가가 1인당 GDP 개선에 긍정적인 영향을 미치나 일정 수준의 등록률 수준이 지나면 긍정적인 영향의 크기가 감소한다는 것이다.

16 앞서 전체국가를 대상으로 한 분석에서는 인구증가는 1인당 GDP에 긍정적인 영향을 미치나 무역비중의 증가에 따라 그 영향의 정도가 감소하는 것으로 나타났다([표 5-4] 참조).

17 산업 부가가치 비중이 약 41%보다 클 때 무역비중이 1인당 GDP에 미치는 영향이 양(+)으로 전환된다.

제도를 반영하는 변수로 정치제도 부문에서는 프리덤하우스 지수를, 경제제도 부문에서는 경제자유지수를 포함하였다. 민주주의 수준을 나타내는 프리덤하우스 지수의 경우 모형 (7)에서 1인당 GDP 수준과 U자형의 비선형적 관계가 존재하는 것으로 나타났다. 전환점은 평균보다 낮은 수준에 있으며 2013년 기준 투르크메니스탄과 우즈베키스탄을 제외한 모든 국가가 전환점의 우측에 위치해 있다. 따라서 대부분의 체제전환국에서 프리덤하우스 지수가 높아질 때(민주주의 수준이 높아질 때) 1인당 GDP 수준이 개선되는 관계를 보인다고 말할 수 있다.

경제자유지수의 경우 모든 모형에서 유의수준 1%에서 유의한 양의 계수값을 가진 것으로 나타났다. 이는 경제자유지수의 상승이 1인당 GDP 수준의 개선에 유의한 기여를 한다는 것이다.[18] 마지막으로 1인당 에너지 사용량은 모든 모형에서 유의수준 1%에서 유의한 양의 계수값을 가진 것으로 나타났다. 1인당 에너지 사용량의 증가가 1인당 GDP 수준의 개선에 유의한 기여를 한다는 것이다.

[표 5-5]에는 종속변수의 과거 값이 도구변수로 사용되는 것이 적절한지에 대한 Arellano and Bond(1991)의 자기상관(AR) 검정결과와 과대 식별 제약조건이 적절한지에 대한 Sargan 검정결과가 제시되어 있다.[19] 모든 모형에서 AR(2)의 p값이 0.05보다 크므로 2계 자기상관이

18 경제자유지수의 경우 프리덤하우스 지수와 달리 1인당 GDP 수준과의 비선형적 관계는 존재하지 않는 것으로 나타났다.

19 전체국가를 대상으로 한 추정과 달리 추정에 반영된 국가수가 적으므로 오차항의 이분산성을 고려하지 않은 추정을 실시하였다. 따라서 Sargan 검정 결과를 적절성 여부의 검정 기준으로 사용한다.

표 5-5 체제전환국과 지속가능발전

	모형(5)	모형(6)	모형(7)
(t-1)기 구매력 평가 기준 1인당 GDP(로그)	0.803*** (0.024)	0.805*** (0.024)	0.797*** (0.025)
인플레이션(로그)	-0.053*** (0.008)	-0.053*** (0.008)	-0.062*** (0.008)
총 고정자본 형성 비중(% of GDP)(로그)	-0.003 (0.008)	-0.001 (0.008)	0.007 (0.008)
정부소비 비중(% of GDP)(로그)	-0.039*** (0.006)	-0.041*** (0.006)	-0.051*** (0.007)
무역비중(% of GDP)(로그)	-0.069*** (0.011)	-0.137*** (0.046)	-0.793*** (0.114)
산업 부가가치 비중(% of GDP)(로그)	0.092*** (0.011)	0.089*** (0.011)	-0.887*** (0.137)
인구(로그)	-0.007*** (0.002)	-0.025** (0.012)	-0.002 (0.002)
무역비중×인구		0.004 (0.003)	
무역비중×산업 부가가치 비중			0.213*** (0.031)
전화회선수(로그)	0.065*** (0.008)	0.065*** (0.008)	0.078*** (0.009)
2차 교육기관 등록률(로그)	-0.061*** (0.013)	-0.060*** (0.013)	-0.059*** (0.013)
프리덤하우스 지수(로그)	-0.039 (0.041)	-0.059 (0.042)	-0.081** (0.041)
프리덤하우스 지수(로그)의 제곱	0.011* (0.006)	0.013** (0.006)	0.015** (0.006)
경제자유지수(로그)	0.280*** (0.038)	0.282*** (0.039)	0.326*** (0.044)
에너지 사용량(로그)	0.112*** (0.015)	0.110*** (0.015)	0.109*** (0.014)
상수항	0.479*** (0.126)	0.784*** (0.237)	3.652*** (0.505)
관측치	480	480	480
국가수	35	35	35
Sargan 통계량(p값)	5.3 (0.152)	5.2 (0.156)	2.8 (0.432)
AR(1) p값	0.000	0.000	0.000
AR(2) p값	0.320	0.325	0.322

주1) 괄호 안은 표준오차(standard errors)이다.
주2) *** p<0.01, ** p<0.05, * p<0.1
주3) 연도더미는 추정에 포함되었으나 추정결과는 제시하지 않았다.

없다는 귀무가설을 채택한다. 그리고 Sargan 통계량의 p값이 0.05보다 크므로 과대 식별 제약조건이 적절하다는 귀무가설을 채택한 것으로 나타났다. 따라서 검정결과 본 모형의 추정에 사용된 도구변수는 적절하다.

5.5 실증분석 결과의 시사점

제3절과 제4절에서 살펴본 전체국가 및 체제전환국의 실증분석 결과를 비교함으로써 체제전환국에 몇 가지 시사점을 제공한다.

첫째, 체제전환국의 경제수준이 선진국에 비해 낮은 수준이지만 이는 빠른 성장을 통해 추격을 가능하게 하므로 경제성장을 유도하는 효과적인 정책 추진이 필요하다. 실증분석 결과에 따르면 전체국가와 체제전환국을 대상으로 한 모든 모형에서 수렴을 반영하는 계수가 0보다 작은 값을 보였다. 이는 불리한 초기조건을 가진 가난한 국가는 그렇지 않은 국가에 비해 빨리 성장할 수 있다는 것을 의미한다. 따라서 빠른 성장을 가능하도록 하는 요인에 초점을 맞춘 경제정책 추진이 중요하다는 것을 알 수 있다.

둘째, 체제전환을 추구할 때 거시경제도 중요하다. 모든 실증분석 모형에서 인플레이션의 상승이 1인당 GDP 수준에 부정적인 영향을 미치는 것으로 확인되었다. 이는 안정된 거시경제 환경을 유지하는 것이 중요하다는 것을 보이는 결과이다.

셋째, 경제활동에서 민간 비중을 확대하는 것이 필요하다. 본 연구에서는 GDP 대비 정부소비의 비중을 반영함으로써 정부와 민간의 역할에 대해서 평가하였다. 또한 정부소비의 비중 변화는 체제전환 과정에서 목격되는 주요한 현상이라는 점에서 전체국가를 대상으로 한 분석에서는 정부소비 비중과 체제전환국 더미의 상호작용을 고려하였다.

분석결과에 따르면 체제전환국일수록 정부소비 비중의 증가가 1인당 GDP 수준에 미치는 부정적 효과가 더 크게 나타난다([표 5-4]의 모형 (2) 참고). 즉, 체제전환국의 경우 경제부문에서 정부의 역할 증대가 경제성장이 부정적 영향을 미친다는 것이다. 이를 반대로 해석하면 민간의 역할 증대는 경제성장을 촉진시킬 수 있다는 것으로 받아들일 수 있다. 이는 [표 5-5]의 체제전환국만을 대상으로 한 분석에서도 동일한 결과를 보여 준다. 체제전환국만을 대상으로 한 분석에서는 모든 모형에서 정부소비 비중의 증대가 경제성장에 부정적인 영향을 미치는 것으로 확인되었다. 이러한 결과는 경제체제전환에서 민영화 정책의 필요성을 강하게 뒷받침한다.

넷째, 체제전환국에서 무역증대가 가져오는 경제성장 효과를 높이기 위해서는 산업부문의 활성화가 필요하다. 전체국가를 대상으로 한 분석에서는 무역비중의 증가가 경제성장을 촉진시키는 것으로 나타났으며 이는 경제성장에 관한 실증분석에서 도출되는 일반적인 결론과 같다. 그러나 체제전환국을 대상으로 한 분석에서는 무역이 경제성장에 직접적으로 영향을 미치는 것이 아니라 산업비중이 일정수준을 넘어설 때 무역비중 증가가 경제성장에 미치는 효과가 (+)로 나타난다. 이러한 결과는 경체제제전환 과정에서 폐쇄경제에서 개방경제로 전환할 때 대외개방 정책을 산업정책과 함께 추진해야 한다는 것을 시사한다.

다섯째, 체제전환국에서 민주주의 수준을 높이는 것은 1인당 GDP 수준의 향상에 기여한다. 실증분석 결과에 따르면 전체국가 및 체제전환국 모두에서 프리덤하우스 지수와 1인당 GDP 수준은 비선형적 관계를 나타냈다. 체제전환국을 대상으로 한 분석 결과를 보면 프리덤하우스 지수 수준이 1인당 GDP 수준과 역의 관계에 있는 구간에 속한 국가는 투르크메니스탄과 우즈베키스탄이다. 그 외의 체제전환국은 민주주의 수준이 1인당 GDP 개선에 기여하는 구간에 있다. 따라서 대부분의 체제전환국의 경우 민주주의 수준을 높이는 것이 경제성과 개선에 기여한다고 볼 수 있으므로 체제전환정책은 정치제도의 측면에서도 추진될 필요가 있다.

여섯째, 체제전환국의 경우 경제자유지수 수준을 높이는 것도 매우 중요하다. 경제자유지수 수준을 높이는 것과 민주주의 수준을 높이는 것 중 어느 것이 더 중요한 것인지에 대한 평가는 본 연구의 분석으로는 어렵다. 그러나 체제전환국을 대상으로 한 분석에서 경제자유지수는 모든 모형에서 유의한 효과를 나타냈으며 상대적으로 크게 나타난 계수의 크기를 볼 때 경제자유지수 수준의 개선이 1인당 GDP 수준에 강하게 영향을 미치고 있음을 확인할 수 있다. 이는 체제전환을 통한 경제적 성과의 향상을 추구한다면 경제제도의 개선 및 강화가 필수적이라는 것을 시사하는 결과이다.

6장

베트남의 체제전환 경과와 성과

본 장은 체제전환을 가장 먼저 한 국가들인 중국을 비롯한 동아시아 4국인 베트남, 라오스 및 캄보디아의 체제전환 과정을 알아본다. 그리고 최근 체제전환을 시도하려는 쿠바, 미얀마 그리고 앞으로 체제전환 대상인 북한에 정책적 시사점을 줄 수 있는 베트남의 체제전환정책의 경과와 성과를 자세히 정리한다. 동아시아 4개국은 정치적 체제는 중앙계획체제를 유지하지만 경제적 차원의 체제전환을 시도한 국가들이라는 점에서 제7장에서 논의하는 과거 소련체제하에서 시작한 체제전환 국가들과 다르다.

중국은 이미 1978년부터 체제전환정책을 실시하기 시작하였고 실질적인 정책 내용에 대하여 이미 많은 연구가 이루어졌다. 반면에 1986년에 체제전환을 시작한 베트남과 라오스는 상당히 빠른 시점에 시작하였지만 중국에 비해 만족스런 성과를 얻지 못한 경우이다. 캄보디아도 1990년 체제전환을 시작하였지만 성과는 좋지 않았다.

6.1 동아시아 체제전환국의 정책 경과

경제체제의 전환은 1978년에 중국에서 먼저 시작되었다. 그 이후 1986년부터 라오스와 베트남이 그리고 1990년 캄보디아가 본격적인 체제전환정책을 실시하였다. 동아시아 체제전환국의 주요 특징은 정치적으로는 아직도 사회주의체제를 유지하고 있으면서 시장경제를 도입하는 경제적 체제전환을 시도하였다는 점이다.

1949년 중화인민공화국의 수립으로 중앙계획체제를 시작한 이후 제1차 5개년 경제계획(1953-57), 대약진운동(1957-66) 그리고 문화대혁명(1966-76) 등을 거치면서 중국의 경제상황은 기대와 달리 상당히 피폐한 상태였다. 1976년 10월 문화대혁명을 추진한 주요 세력인 강청 등 4인방이 축출되고 덩샤오핑이 복권되면서 중국은 1978년부터 본격적으로 개혁·개방정책을 실시하면서 체제전환을 시작하였다.

베트남은 1884년 프랑스의 식민지에 편입되었다가 1945년 베트남민주공화국으로 독립하였다. 1946년에 프랑스가 인도차이나 지역(베트남, 캄보디아, 라오스)을 다시 지배하기 위한 인도차이나전쟁(1946-54)을 일으켰으나, 1954년 7월 베트남에 패하면서 물러났다. 1954년 5월 이후 베트남민주공화국과 베트남공화국으로 분리되었다가 1976년 통일이 되면서 베트남 사회주의 공화국이 수립되었다. 중앙계획체제가 시장체제로 전환되기 시작한 것은 1986년 12월 공산당 제6차 당 대회에서 도이 모이(Doi Moi) 정책을 실시하면서부터이다.[1]

1893년 이후 프랑스의 통치하에 있던 라오스는 1945년 프랑스에서 독립하였다. 그 이후에도 내전이 지속되다가 1975년 12월 입헌군주제가 폐지되고 라오인민민주공화국이 수립되면서 중앙계획체제로 전환되었다. 라오스의 체제전환은 1986년 라오인민혁명당 제4차 전당대회에서 시장경제체제를 본격적으로 전환하고자 신경제제도(New Economic Mechanism: NEM)를 도입하면서 시작되었다.[2] NEM은 개혁·개방 경제체제를 통하여 경제성장을 달성하고자 하는 것이다.

1953년 11월 프랑스로부터 독립한 캄보디아는 1970년까지 시하누크(Norodom Sihanouk)의 통치하에 있었고, 1970년 4월에는 론놀(Lon Nol) 장군이 크메르공화국을 수립하였다. 그 이후 1975년 4월 캄푸치아 공산당을 이끄는 폴 포트에 의하여 정복되었으나 1978년 12월 베트남이 캄보디아를 침공한 이후 1979년 1월 캄푸치아 인민공화국(People's Republic of Kampuchea)이 수립되었다. 그 이후 1991년 10월 신헌법이 공포되어 입헌군주제에 기초한 캄보디아 왕국(Kingdom of Cambodia)이

1 도이 모이는 '새롭게 하다'라는 의미의 베트남어이다.

2 NEM은 1968년 헝가리에서 처음으로 실시되었다. 이에 대한 자세한 설명은 제7장에서 이루어진다.

재건되었다.

캄보디아가 국내외의 혼란된 정치상황에서 벗어나 본격적인 체제전환정책을 실시하기 시작한 것은 정국이 안정되기 시작한 1990년 이후부터이다. 사회경제부흥계획 수립(1995), 제1차 사회경제개발계획(SEDP, 1996. 2) 수립을 통하여 빈곤퇴치 등 경제발전을 위한 정책을 실시하기 시작하였다.

6.2 동아시아 체제전환국의 주요 경제성과

동아시아 4국은 동구권의 사회주의 국가에 비해 먼저 체제전환정책을 실시하였음에도 불구하고 제3장과 제4장에서 살펴보았듯이 중국을 제외하고 다른 3개 동아시아 체제전환국들에서는 괄목할 만한 정책성과를 거두었다고 할 수 없다([표 6-1] 참조).[3]

중국을 보면 1980년 개혁 초기 1인당 실질 GDP가 221달러였으나 2014년에는 3,863달러로 급격한 증가를 보여 주었다. 베트남도 같은 기간 동안 268달러에서 1,078달러, 라오스가 244달러에서 818달러 그리고 캄보디아는 1993년 243달러에서 2014년 1,024달러로 증가하였다. 이처럼 체제전환 과정에서 1인당 GDP는 증가하였지만 절대 수준에서 보면 아직도 낮은 수준을 유지하고 있음을 알 수 있다. 명목 GDP 증가율을 보면 2014년에도 여전히 높은 성장률을 보여 주고 있는데 이는 아직도 낮은 수준의 절대 GDP 수준에 머물고 있기 때문이기도 하다.

3 경제성과를 나타내는 자료가 표에서의 연도와 일치하지 않는 경우 해당 연도와 가장 가까운 연도의 자료를 사용했음. 자료와 연도의 구체적인 내용은 [부표 6-1] 참조.

표 6-1 동아시아 4국의 주요 성과 지표

지표	중국		베트남		라오스		캄보디아	
	1980	2014	1985	2014	1985	2014	1993	2014
1인당 GDP	221	3,863	268	1,078	244	818	243	1,024
명목 GDP 성장률(%)	7.8	7.3	3.8	6.0	5.1	7.5	9.1	7.1
인플레이션(%)	3.79	0.85	398.07	35.50	64.81	−0.30	−4.41	1.68
Gini 계수	29.1	42.1	35.7	38.7	34.3	37.9	38.2	30.8
빈곤율(%)	88.3	11.2	49.2	3.2	42.6	30.0	47.1	6.2

주: 1) 1인당 GDP는 실질 미국 달러, 2) 인플레이션은 GDP 디플레이터의 변화율임, 3) 빈곤율은 2011년 PPP 기준 하루 1.90미국 달러 이하의 인구 비중임.
자료: World Bank, World Development Indicators online database, 검색일: 2016.6.12.

인플레이션을 보면 중국이 체제전환 초기 3.79%에서 2014년까지 지속적으로 안정된 수준을 유지하고 있다. 캄보디아와 라오스도 이러한 안정세를 유지하고 있었지만 베트남은 체제전환 초기 상대적으로 높은 인플레이션을 경험하였다. 1986년 베트남의 인플레이션이 398.07%에서 1987년(362.56%)과 1988년(411.04%)까지 상승하였다가 1989년 69.69%로 하락하면서 점차 안정적인 상승률을 유지하였다. 10% 이하로 하락하여 안정을 유지한 것은 체제전환을 시작한 지 10년이 지난 1996년 이후이다.[4]

소득분배 변화를 보면 중국의 지니계수가 1980−2014년 기간에 29.1에서 42.1로 증가하여 매우 악화되었음을 알 수 있다. 그 외 베트남과 라오스도 1985−2014년 기간에 약간 악화되었지만 캄보디아는

4 [표 6−1]에서 베트남의 1985년 인플레이션 값은 1986년 값임(World Bank, World Development Indicators, online database, 검색일: 2016.6.12.).

1993-2014년 기간에 소득분배가 개선되었다. 그렇지만 중국, 베트남 및 캄보디아는 체제전환 과정을 거치면서 빈곤율이 급속히 하락하였음을 알 수 있다. 라오스도 빈곤율이 하락하였지만 다른 3개국에 비해서 아직 개선된 정도가 낮다고 할 수 있다.

6.3 베트남의 체제전환정책 경과와 성과

베트남이 본격적으로 시장경제체제로의 체제전환을 시작한 때는 1986년 12월 제6차 공산당 대회에서 채택된 제1차 도이 모이(Doi Moi) 1차 계획(1986-1991)을 시행하기 시작하면서부터이다. 1980년대 말 소련을 비롯한 동구권 사회주의 국가가 붕괴되면서 체제전환이 본격적으로 이루어지기 이전에 이미 체제전환이 시작되었다고 할 수 있다.[5]

베트남이 어떠한 과정을 거쳐서 체제전환정책을 실시하였는가를 가격 자유화, 경제 안정화, 민영화 및 대외거래 자유화 등의 정책을 중심으로 살펴본다. [표 6-2]는 체제전환정책의 진행과정을 연도별로 정리한 것이다.

6.3.1 가격자유화

국내경제 자유화 차원에서 가격정책을 보면 1987년에 일부 정부통제 품목을 제외한 대부분의 제품에 대한 가격이 자유화되었다. 그리고

5 베트남의 체제전환정책의 진행과정과 정책적 시사점 및 북한에 대한 정책 제안 등에 대한 자세한 논의는 정태용·강성진(2015) 참조.

표 6-2 베트남 경제혁신의 주요 정책

연도	주요 개혁 내용
1979	– 국영기업시스템을 근간으로 "3개 부분 계획 채택"
1986	– 베트남 공산당의회는 새로운 정책을 선언함(도이모이 1차)
1987	– 외국인투자법 제정, 교환환율시장체제로의 이행 – 신토지법 제정
1988	– 농업경제관리 쇄신에 관한 정치국 결의 10호(Resolution No.10)
1989	– 가격개혁(이중가격제 폐지), 상인 할당제 종료(10가지 수출품목과 14가지 수입품목을 제외), 외국인환 교환 체제 통합화, 국영기업 보조금 중단 – 독립채산제 도입
1991	– 민간회사들의 수출입활동을 직접적으로 가능하도록 허용, 외환거래소 설립 – 회사법 개정으로 적자 국영기업에 대한 보조금 지급 중단
1994	– 모든 분야의 수출 면허 폐지(쌀, 나무, 원유 제외) – 총공사 설립으로 국영기업 계열화를 통한 경영 효율화 추진
1995	– 국영기업법 제정, 수입민감품목(쿼터제) 감소
1996	– 산업자산보호에 대한 규제, 국영기업의 대규모 주식회사화, 국가증권위원회(SSC) 설립, 외국인투자법 3차 개정
1998	– 외국인투자 우대조치 발표, 국영기업개혁위원회(NERC) 설치 – 무역허가(trade licenses) 제도 철폐
1999	– 법안 57호(Decree 57) 민간기업의 자유로운 수출입활동 허용 – 시장메카니즘을 기초로 한 교환환율제 적용 및 적응
2005	– 통합된 회사법(Enterprise law) 도입, 하노이에 증권거래소 개설
2006	– 통합된 투자법 도입, 노동법 2차 개정, 사회보험법 제정

자료: 김은영(2007), pp.51–52; 정태용·강성진(2015), pp.34–36; Dang and Pheng(2015), p.91을 참조하여 저자 작성.

1989년 말까지 전력, 수도, 교통, 통신, 철강, 시멘트 이외 모든 품목에 대한 가격이 자유화되었다. 1987–89년 기간에는 농가계약제가 실시됨에 따라 농산물 가격이 시장가격에 의해 결정되었고 1989년에는 이중가격제가 폐지되었다. 1988년부터 공업부문에 대해서도 개별기업에게 가격을 결정하는 권한이 부여되었다. 대외무역에서 수입품에 대한 국제가격을 인상하고 생산재에 대한 가격도 1990년 이후에는 국제가격수준으로 유지하도록 하였다(김은영, 2007, pp.51-52).

체제전환의 정책 속도 차원에서 보면 베트남의 가격 자유화 정책은 체제전환을 시작한 1986년 이후에 시작하여 1990년까지 거의 완전히 자유화되면서 매우 빠르게 이루어졌음을 알 수 있다. 이러한 정책 진행 속도는 1978년 체제개혁을 시작한 이후 1990년대 초반까지 점진적으로 시장가격체계로 전환한 중국에 비하면 매우 빠른 정책 집행이라고 할 수 있다.

6.3.2 농업부문 개혁

베트남 경제의 중심축을 차지하는 농업부문에 대한 개혁정책은 본격적인 체제전환이 이루어지기 이전인 1979년부터 실시되기 시작하였다. 이미 1979년 제4기 6차 공산당 대회 이후 채택된 신경제정책(New Economic Policy)에 반영되어 있다. 1980년 12월 제9회 총회의 100호 지시에 의하여 1981년부터 협동농장에 대하여 최종농산물 청약제가 실시되었다.[6] 이 정책은 집단농장 체제에서 탈피하여 개별 농가들에게 토지를 배분하고 생산물의 일정 부분을 농업협동조합(agricultural cooperative)에 납부하고 남는 생산량에 대해서는 자유롭게 거래할 수 있도록 한 것이다(김은영, 2007, p.52; 최영진, 2010, p.132).

농업부문에서 본격적으로 개혁정책이 실시되기 시작한 것은 1988년

6 농산물 청약제는 농가에게 일정하게 분배된 토지에서의 생산물 중에서 일정 부분은 국가에게 납부하고 그 나머지 부분을 개별 농가 경작자들이 임의로 처분할 수 있도록 하는 제도이다. 중국 등 체제전환국들이 체제전환 초기에 많이 사용한 농업부문 생산성 향상을 위한 개혁 방안 중의 하나이다.

발표된 농업경제관리의 쇄신에 관한 정치국 결의문(제10호)에서 부터이다. 주요 내용을 보면 첫째, 생산에서 농업집단화 추진을 사실상 포기한다. 둘째, 생산청약제의 대상을 기존의 작업반 단위에서 개별 농가 단위로 전환한다. 셋째, 농가에 대한 배분은 기존의 평균주의적 배분 원칙에서 탈피하여 능력에 기초한 배분으로 전환한다(박형중, 2005, p.6).

새로운 제도의 도입은 기존 농업 생산의 주축이 되는 생산단위였던 협동농장을 실질적으로 해체하는 것을 의미하며 따라서 기본 생산단위는 개별 농가가 되었다. 이들은 자신에게 배분된 토지를 경작하고 여기에서 생산된 농작물 중에서 일정 부분을 국가에 납부하고 나머지 부분은 자신이 임의대로 처분할 수 있게 되었다. 이는 앞에서 논의하였듯이 전반적인 시장가격 자유화로 인하여 개별 농민들에게 생산량을 증대시키도록 하는 강한 유인이 되었다.[7]

6.3.3 민영화

다른 사회주의 국가들도 마찬가지였지만 중앙계획경제체제에서 국영기업은 자본축적과 경제성장을 주도하는 중요한 역할을 한 것은 사실이다. 그러나 역설적이게도 중앙계획경제체제가 붕괴된 가장 큰 이유가 이들 기업의 경제적 효율성 악화에 있는 것 또한 사실이다. 제2장에서 논의하였지만 경제적 효율성이 떨어져 적자가 나는 경우에는 정부가 이 부분을 보충해 주는 정책을 지속적으로 실시하면서 정부 재

7 농민과의 토지의 임대기간을 장기간 계약으로 바뀌어서 1988년에 5년에서 20년으로 연장하였으며, 1993년에는 50년까지로 연장하였다(정태용·강성진, 2015, p.39).

정적자 폭이 커지고 이를 외채로 부담하면서 사회주의체제의 붕괴가 초래되었다.

체제전환을 하면서 재원이 필요한 베트남도 다른 체제전환국들처럼 1990년대에 들어서면서 세계은행 및 IMF와 같은 국제기구로부터 경제적 지원을 받아야 했다. 지원의 전제조건으로 국제기구들이 요구한 다양한 개혁정책들 중에서 대표적인 것이 국영기업의 민영화였다. 주요 민영화 정책을 시대별로 정리하면 [표 6-3]과 같다.

베트남의 국영기업에 대한 민영화 정책은 적극적인 구조개혁과 성과가 좋지 못한 기업에 대하여 합병과 해체를 통한 효율성 증대에 중점을 두고 이루어졌다. 민영화는 크게 두 방향으로 이루어졌는데 주식회사화(equitization)와 대형 기업을 설립하는 방식이다. 1992년부터 베트남의 국영기업 민영화는 일부 국영기업을 주식회사화에 의한 구조조정을 하였다.[8] 1993년에는 몇 개의 기업을 같이 묶어서 대형기업인 총공사(general corporation)를 설립하는 방식을 채택하였다. 그리고 1995년 국유기업법을 제정하여 국유기업의 주식회사화와 외국기업과의 합작에 대한 법적 근거를 마련하였다(이두원, 2000, p.45; 김석진, 2008, p.49; 이한우, 2013, pp.144-145).

8 주식회사화는 정부소유의 국영기업의 일부 지분을 일반 민간 부문의 노동자, 경영자 및 일반 투자자에게 판매하는 것이다. 1992년에 7개 기업을 대상으로 시험적인 주식회사화를 시도하였으나 3개 기업이 주식회사화를 하였고, 1996년 초까지 주식회사화한 기업은 5개에 불과하였다. 그리고 1997년 말까지 150개 국영기업을 주식회사화하는 것을 목표로 하였지만 실질적으로 전환된 기업 수는 28개에 불과하였다. 그 이후 2003년 말까지 전체 1,500개 국영기업, 2011년 7월까지 3,980개 국영기업이 주식회사로 전환되었다(이한우, 2013, p.149).

표 6-3 베트남 민영화 주요 정책 과정

연도	주요 개혁 내용
1992	– 민영화 정책 시작(일부국영기업의 시험적 주식화에 관한 각료평의회 의장의 결정(제202-CT호)
1993	– 총공사 설립
1995	– 국영기업법 제정(2003년 개정)
1996	– 일부 국영기업 주식회사화에 관한 정부의정서 제28/CP호 – 수상결정 제548-TTG호 – 중앙주식회사 운영위원회 위원장의 결정 제1-CPH호
1998	– 증권 및 증권시장에 관계되는 포고 제48/1998/ND-CP호
2000	– 기업법 공포 및 시행 – 호치민에 증권거래소 설치
2005	– 기업법 제정(2009년 개정)
2011	– 1,309개 정부소유(100%소유) 국영기업 존재: 692개는 현행 유지, 573개 정부 대주주 상태에서 주식회사화, 13개는 dissolved, 13개는 유한책임회사로 전환 계획
2014	– 수정된 회사법 및 투자법 도입
2015	– 투자법 시행령 공포

자료: 이두원(2000), 김은영(2007), Nguyen(2014), 정태용 · 강성진(2015)을 참조하여 저자 직접 작성.

1996년에 들어서 국영기업의 민영화에 대하여 추가적인 정책들이 발표되면서 주식회사화에 대한 법적인 조치들이 체계화 단계에 이르게 된다. 먼저 5월 7일 발표된 정부의정서(제28/CP호)에 의하면 기업 내의 종업원들에게 자본을 출자할 수 있도록 하여 이들이 주식을 보유할 수 있는 기회를 늘려 주려고 하였다. 물론 이뿐만 아니라 국내 및 외국인이나 각 경제조직의 자본을 동원하고자 하였다. 9월 4일 발표된 결정(제1-CPH호)은 주식회사화 전환에 관한 4단계 절차에 대한 내용이었다(이두원, 2000, pp.48-49).[9]

9 4단계는 주식회사화 준비단계, 주식회사화 방안 수립단계, 주식회사화 방안 검토 및 전개단계 그리고 주식회사의 탄생과 경영 등록 단계이다(이두원, 2000, pp.50-51).

1998년 발표된 포고 제48/1998/ND-CP호에 의하여 외국기업이 베트남 국내자본과 합작기업(외국인 지분은 30% 이내만 가능)을 설립할 수 있게 허용되었다. 2001년에는 당시 5,355개 국영기업 중에서 1,997개는 중앙정부 소유로 남았고, 3,572개 기업은 구조조정이 되었는데 그 중 2,378개 기업은 주식회사로 전환되었다(Ngyuen, 2014, p.4).

베트남의 국영기업 민영화는 성공과 실패의 양 측면에서 다양하게 평가되고 있다. 성공적인 측면에서 본다면 국영기업의 고용노동자들은 감소하였지만 투입노동에 대한 최종생산물의 비율인 노동생산성이 전반적으로 향상되는 것을 볼 때 경제성 측면에서 상당한 성과를 보았다고 할 수 있다(정태용·강성진, 2015, pp.42-43).

베트남의 민영화 과정을 보면 매우 점진적인 방식으로 실시하였다고 할 수 있다. 기업의 소유지분을 전면적으로 국내투자자나 해외투자자에게 개방하는 방식이 아니라 국영기업의 일정 지분을 정부가 보유하고 있고 나머지 지분에 대하여 국내투자자 및 종업원에게 판매하는 주식회사화 방식을 사용하였다. 물론 1986년 도이 모이 정책을 실시한 이후 10년이 지난 1998년에는 외국인투자자에게도 합작기업 형태로 지분 매입을 허용하였다.[10]

결국 베트남에서의 국영기업 민영화는 동구권에서 추진되었던 국영기업의 전반적인 민영화 정책보다는 경제 전체의 안정을 유지하면서

---

10 주요 사회간접시설인 송전, 철도, 수도, 통신, 에너지 부문 등에 대해서는 국가 지분이 50-100%에 이르고 있어서 여전히 이 부분은 국가의 통제하에 있었다(조대현, 2013, p.55).

구조개혁 차원의 민영화를 추진한 것으로 판단 할 수 있다. 따라서 당시에는 민영화가 되었더라도 정부의 지분이나 영향력을 상당한 수준에서 유지되고 있었다고 할 수 있다.

6.3.4 대외거래 자유화

대외거래 자유화는 상품 수출입자유화와 외국인직접투자 활성화로 크게 나누어 볼 수 있다.

베트남 정부가 대외무역 독점을 철폐한 1988년 이후 수출입관세제도 수립 및 민간 기업에 대한 대외무역 허용(1991), 무역허가제도 철폐(1998) 등의 수출입에 대한 제한이 지속적으로 완화되거나 철폐되었다. 그 후 1999년에는 법안 57호(Decree 57)에 의하여 민간기업의 자유로운 수출입활동이 허용되었다. 2001년에는 미국·베트남 무역협정이 발효되었고, 2006년 미국에 의해 항구적 정상교역 관계(permanent normal trade relation: PNTR) 지위를 인정받았다. 그 이후 2007년 1월 WTO에 가입함으로써 베트남의 무역자유화가 성공적으로 이루어졌다(김석진, 2008, p.50; Dang and Pheng, 2015).

국내투자자본이 부족한 상태에서 외국인직접투자를 유치하기 위한 정책이 지속적으로 실시되었다. 1987년 〈외자도입법〉이 제정된 이후 〈외국인투자법〉과 〈내국인투자법〉이 각각 존재하여 외국인투자자가 국내투자자에 비해 상대적으로 불이익을 받는 경우가 있었다. 1987년 이후 4차례 개정을 거쳐 2006년에는 기존의 〈외국인투자법〉(Foreign Investment Law)과 〈내국인투자법〉을 통합하여 단일 〈투자법〉

(Investment Law)을 제정·공포하였다.

2006년에 공포된 〈투자법〉은 외국인 및 국내 기업에 모두 차별 없이 적용되었다. 그리고 투자우대 분야 및 투자 금지분야 등을 구분하여 제시하였고, 외국인투자 금지 대상품목을 대폭적으로 축소하는 조치가 취해져서 투자가능 분야가 이전보다 확대되었다([표 6-4] 참조).

외국인직접투자 유치를 통한 수출확대를 위하여 1991년에 외국인 기업의 가공수출을 장려하는 정책을 실시하기 시작하였다. 먼저 수출가공구(Export Processing Zone)를 설치하였고 그 이후 산업공단(Industrial Zone)으로 발전되었다. 그 외에 경제특구(Economic Zone)가 추가적으로 설치되었다.[11]

베트남의 외국인직접투자 유치정책은 상당한 성과를 거둔 것으로 평가된다. 투자자금 유치, 국내생산 증대, 수출역량 증가, 고용창출 그리고 베트남 기술역량 강화 등으로 연결되는 경제 선순환 결과를 가져왔다. 그리고 이 정책은 베트남에 현대적 시장체제를 도입함에 있어서 촉매 역할을 했고, 무엇보다도 시장체제에 대한 지식과 사고방식 전환에 큰 기여를 하였다(정태용·강성진, 2015, p.52).

---

11 EPZ는 5개(하노이, 하이퐁, 다낭, 호치민, 칸토)가 조성되었다. 설립초기에 각종 세제혜택이 주어져 수출물품의 제조, 하역, 수리, 은행 등의 업종이 입주하였으나 현재는 세제 혜택이 없어졌다. IZ는 EPZ와 달리 수출과 내수를 병행하는 외국기업도 입주가 가능한 단지이다. 2013년 말 기준 총 289개의 IZ가 설치되어 있고 세제혜택은 폐지되었다. EZ는 투자자에게 특별 우대를 하는 지역으로 산업제조·서비스·관광·엔터테인먼트·상업·은행·금융 부문의 중심지 역할을 한다. 현재 북부, 남부에 각각 2곳이 있고 중부에 10개가 설치되어 있다(정태용·강성진, 2015, p.51).

표 6-4 베트남 〈투자법〉상 투자우대 및 투자금지 분야

투자우대 분야	제27조 투자우대 분야 - 신소재, 새로운 에너지의 생산, 첨단기술 상품 생산, 생명공학, 정보통신, 기계 제조 분야 - 농림수산물의 재배 및 가공, 제염, 새로운 인공 종(種)의 개발, 새로운 수종(樹種) 및 가축 종자의 개발 - 첨단 및 현대적 기술, 환경생태 보호, 첨단기술 연구 개발 및 양성 분야 - 노동자 고용 효과가 큰 분야 - 대규모 프로젝트, 중요성을 띤 프로젝트, 인프라 건설 및 개발 분야 - 교육, 훈련, 의료, 체육, 스포츠 및 민족 문화 발전 사업 분야 - 전통 분야 및 업종의 개발 - 기타 장려가 필요한 생산, 서비스 제28조 투자우대 지역 1. 경제사회적 여건이 낙후된 지역이거나 특별히 낙후된 지역 2. 공업단지, 수출가공단지, 첨단기술단지, 경제특구
투자금지 분야	I. 국가 안보, 국방 및 공공의 이익을 저해하는 프로젝트 - 마약류의 생산과 가공 - 개인 및 단체의 합법적 이익과 권리를 저해하는 분야, 국익의 훼손을 일으킬 수 있는 분야, 국가 기밀 정탐과 관련된 분야에 대한 투자 - 사립탐정, 조사 관련 분야에 대한 투자 II. 베트남 미풍양속, 도덕, 문화, 역사 유적을 훼손하는 프로젝트 - 국가 문화, 역사 유적지에서 행해지는 건설 프로젝트 - 퇴폐 음란물, 미신 관련 문화상품의 생산 - 위험성이 있는 어린이용 완구 - 매춘, 부녀자, 아동을 이용하는 영업 - 인간 복제 실험 III. 국민의 건강에 악영향을 끼치거나, 자연과 환경을 파괴하는 프로젝트 - 국제 협정에 명기된 화학물질의 생산 - 베트남에서 사용이 금지된 식물 보호제 또는 수의약품의 생산 - 베트남에서 사용이 금지된 인체 치료용 약품, 백신, 생물의학(biomedicine), 화장품, 화학물질, 살충, 살균제의 생산 - 외부로부터 유독성 폐기물질을 베트남으로 반입하여 처리 하거나 각종 유독성 물질을 생산 하는 프로젝트 - 국제 조약상의 규정에 따라 금지되어 있는 유독 성분을 사용하는 프로젝트 - 법의 규정에 따라 투자가 금지된 각종 투자 프로젝트

자료: 정태용 · 강성진(2015), p.50(재인용: 한국수출입은행(2009), pp.25-27, 36-37).

표 6-5 1985년 이후 베트남의 주요 경제 지표

	1986	1987	1988	1989	1990	1991	1992	1993	1994	1995
1인당 실질 GDP	269	272	279	292	301	313	335	355	380	410
경상 GDP 성장률(%)	2.8	3.6	5.1	7.4	5.1	6.0	8.7	8.1	8.8	9.5
인플레이션(%)	398	363	411	70	42	73	33	17	17	17
실업률(%)	–	–	–	–	–	2.50	2.70	3.00	2.50	2.10
Gini 계수	–	–	–	–	–	–	35.65	–	–	–
빈곤율(%)	–	–	–	–	–	–	49.11	–	–	–

주: 1) 1인당 GDP는 2005년 기준 실질 미국 달러; 2) 인플레이션은 GDP 디플레이터의 변화율임; 3) 실업률은 국제노동기구(ILO)가 추정한 값임; 4) 빈곤율은 2011년 PPP 기준 하루 1.90 미국 달러 이하의 인구 비중임.

자료: World Bank, World Development Indicators, 검색일: 2016.6.12.

베트남의 체제전환정책이 본격적으로 실시된 이후 십여 년간의 주요 경제성과를 보면 [표 6-5]와 같다. 1986년 1인당 실질 GDP가 269달러에 불과하였으며, 1995년에는 410달러로 증가하였다. 그렇지만 이는 연평균 4.3% 성장률을 보여 주는 것으로 당시 상대적으로 높은 인구 증가율을 감안할 때 1인당 GDP 증가가 그렇게 높은 성장률은 아니다. 경상 GDP 성장률은 1990년대 이후에 8%를 넘어서 높은 성장률을 보이고 있는데 1인당 실질 GDP도 마찬가지로 1990년 이후에 높은 성장률에 기인한 것이다.

인플레이션도 개혁정책을 실시하던 시기의 초반에는 매우 높아서 1986년 398%, 1987년 363% 그리고 1988년 411%를 기록한 이후 점차적으로 안정화가 이루어지면서 1993년 이후에 17%를 유지하고 있다. 소득분배나 빈곤지표는 자료가 1992년에만 존재하는데 지니계수가 35.7이고 하루 1.9달러 이하에 사는 사람들의 비중으로 측정된 빈

그림 6-1 베트남의 1인당 실질 GDP와 경제성장률

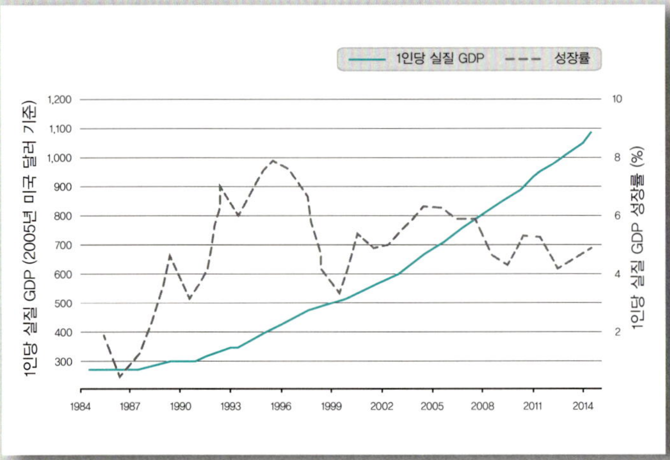

곤율은 49.1%이다. 체제전환 이후 십 년간의 베트남의 경제적 성과는 물가안정과 경제성장의 기반을 달성하여 추후에 괄목할 만한 경제성장을 이루는 기반을 마련한 것으로 평가할 수 있다.

[그림 6-1]은 체제전환정책을 실기하기 직전의 1984년 이후 2014년까지 베트남의 1인당 실질 GDP(2005년 기준)와 경제성장률(1인당 실질 GDP 증가율)을 나타낸 것이다. 지속적인 경제성장에 따라 1인당 실질 GDP는 지속적으로 상승하여 2014년에는 1천 달러를 넘어서고 있다. 이는 1985년 410달러에 비해 2.5배 정도 증가한 것이지만 중국이나 다른 체제전환국들에 비해서 높은 수준은 아니라고 할 수 있다.

경제성장률을 보면 체제전환정책이 실시된 이후 1990년대 중반까지는 지속적으로 상승하여 7%까지 상승하기도 하였다. 그러나 그 이후에는 성장률이 하락하여 2014년까지 연평균 5% 정도의 경제성장률을 유지하고 있어서 체제전환 초기 개혁정책에 의한 성장속도를 유지하지 못하고 있다. 이는 체제전환정책이 성공적이지 못해서 그런 것인지 아니면 체제전환정책을 실시한 이후 지속적인 개혁정책이 뒷받침되지 못한 것인지에 대한 자세한 연구가 필요하다.

부표 6-1 [표 6-1] 자료의 해당 연도

지표	중국		베트남		라오스		캄보디아	
	1980	2014	1985	2014	1985	2014	1993	2014
1인당 GDP	1980	2014	1985	2014	1985	2014	1993	2014
명목 GDP 성장률(%)	1980	2014	1985	2014	1985	2014	1994	2014
인플레이션(%)	1980	2014	1986	2014	1985	2014	1994	2014
Gini 계수	1981	2012	1992	2012	1992	2012	1994	2012
빈곤율(%)	1981	2010	1992	2012	1992	2012	1994	2012

7장

러시아와 헝가리의 체제전환 경과와 성과

본 장은 소련이 붕괴하면서 체제전환을 시작한 비셰그라드 국가와 독립국가연합의 체제전환정책의 경과와 성과를 정리하고 있다. 특히 소련의 핵심국가로서 역할을 하였던 러시아의 체제전환정책을 논의한다. 그리고 비셰그라드 국가에서 대표적으로 헝가리의 체제전환정책을 자세히 알아본다.

첫째, 소련이 몰락하면서 분리·독립한 국가 중에서 독립국가연합(CIS) 국가들을 중심으로 살펴본다. 이 국가들은 분리·독립한 이후에도 여전히 러시아와 깊은 경제적 관계를 유지하고 있다. CIS국가의 대표적인 국가인 러시아의 체제전환정책의 내용과 성과를 살펴본다.

둘째, 모범적인 체제전환국으로 알려진 비셰그라드 국가들의 체제전환정책을 살펴본다. 점진적인 체제전환정책을 실시하여 모범적인 성과를 거두었다고 알려진 헝가리의 정책 및 성과를 상세하게 살펴본다. 그리고 폴란드의 급진적인 정책과 그 성과를 간단히 살펴보고 헝가리의 정책성과와 비교한다.

7.1 러시아와 독립국가연합의 체제전환정책과 성과

7.1.1 체제전환정책 경과

1917년 러시아 혁명을 거치면서 로마노프 왕조의 차르를 군주로 하는 제정국가가 무너지고 세계에서 최초로 사회주의 혁명정권이 수립되었다. 1922년 12월에는 사회주의체제인 소련이 탄생하면서 중앙계획체제로 전환하였다. 소련은 1985년 3월 제7대 서기장으로 선출된 고르바초프(Gorbachev)가 개혁(Perestroika)과 개방(Glasnost)이라는 두 개의 목표를 세우고 개혁정책을 시도하였다. 이 개혁은 오히려 생산이 격감하고 범죄가 증가하는 등 부작용이 나타났다. 1989년 소련에서 역사상 최초로 다당제 선거가 실시되었고 1990년 고르바초프는 소련 최초의 대통령이 되었다. 특히 1989년 12월 고르바초프가 몰타에서 미국 부시 대통령과 냉전종식을 선언하였다.

1991년 7월 보리스 옐친이 러시아 연방의 제1대 대통령이 되었고, 1991년 8월 보수파의 군부쿠데타가 옐친과 시민들에 의하여 실패하면서 그는 새로운 개혁 지도자로 등장하였다. 그는 그해 12월 벨라루스와 우크라이나의 지도자와 함께 소비에트 연방의 해체와 독립국가연합의 결성을 선언하면서 소련은 1991년 12월 26일 공식적으로 15개 독립국가로 해체되었다. 러시아는 독립된 국가 15개국 중에서 발칸 3국(에스토니아, 리투아니아, 라트비아)과 조지아를 제외한 11개국이 모여서 독립국가연합(CIS)을 형성하였다.

소련이 붕괴된 이유는 무엇보다도 경제성과가 좋지 않았기 때문이다. [표 7-1]에서 알 수 있듯이 국민총생산(GNP)의 증가율, 즉 경제성장률을 보면 1951-55년 기간에 5.4%였고 1955-60년 기간에 5.9%를 달성한 이후 지속적으로 하락하여 1984-87년 기간에는 1.6%로 하락하였다. 제조업 부문도 보면 1955-60년 기간에 가장 높은 성장률을 기록하여 10.2%에 이르렀다. 그러나 그 이후 성장률이 지속적으로 하락하여 1966-70년 기간에 6.3%에 이르렀고 체제전환 직전인 1984-87년 기간에 2.1%에 이르렀다.

농업과 서비스업도 마찬가지로 기간별로 약간의 변동은 있지만 1955년 이후 1987년까지 지속적으로 성장률이 하락하고 있음을 알 수 있다. 이러한 추이는 소비나 투자 증가율이 지속적으로 하락하고 있는 것을 보아도 알 수 있다.

7.1.2 독립국가 연합의 주요 경제성과

소련이 붕괴되면서 독립한 15개의 국가 중에서 러시아와 주요 3개국의 1990년과 2014년 기간 동안의 주요 경제지표의 변화를 보면 [표

표 7-1 소련의 경제성과 주요 지표(증가율)

	GNP	제조업	농업	서비스업	소비	투자
1951–55	5.4	10.2	3.5	1.9	4.9	12.4
1955–60	5.9	8.3	4.2	3.5	5.7	10.5
1961–65	5.0	6.6	2.8	4.4	3.7	7.6
1966–70	5.2	6.3	3.5	4.2	5.3	6.0
1971–75	3.7	5.9	22.3	3.4	3.6	5.4
1976–80	2.7	3.4	0.3	2.8	2.6	4.3
1981–83	2.3	1.5	4.2	2.1	1.7	4.2
1984–87	1.6	2.1	0.8	–	2.4	3.0

자료: Kennett(2004), pp.407–408.

7–2]와 같다.[1] 1인당 실질 GDP를 보면 1990년 러시아는 5,685달러에서 2014년 6,844달러로 약 1천 달러가 증가하여 증가율이 매우 낮은 것임을 알 수 있다. 같은 기간에 우즈베키스탄이 547달러에서 960달러로 증가하고, 카자흐스탄이 3,073달러에서 5,581달러로 증가하였다. 반면에 키르기즈공화국은 699달러에서 637달러로 오히려 하락하였다. 명목 GDP 성장률을 보면 러시아가 1990년에 –3%였고 2014년에도 0.6%로 여전히 낮은 성장률을 보여 주고 있다.

인플레이션을 보면 러시아를 비롯하여 전환정책을 실시하기 이전에는 안정된 증가율을 보인다. 그렇지만 체제전환 초기에는 매우 높은 인플레이션을 보여 주었다.[2] 그 외에 소득분배 상태를 보여 주는 지니

1 경제성과를 나타내는 자료가 표에서의 연도와 일치하지 않는 경우 해당 연도와 가장 가까운 연도의 자료를 사용했음. 자료와 연도의 구체적인 내용은 [부표 6–2] 참조.

2 우즈베키스탄의 인플레이션은 1991년 90.73%에서 상승하기 시작하여 1992년(1,079%), 1993년(1,238%)까지 상승하였다가 1994년에 370.94%로 하락한 이후 점차

표 7-2 러시아와 주요국의 성과 지표

지표	러시아		우즈베키스탄		키르기즈 공화국		카자흐스탄	
	1990	2014	1990	2014	1990	2014	1990	2014
1인당 GDP	5,685	6,844	547	960	699	637	3,073	5,581
명목 GDP 성장률(%)	−3.0	0.6	1.6	8.1	5.7	3.6	−11.0	4.4
인플레이션(%)	15.90	7.19	3.98	12.63	7.94	7.93	96.36	6.01
Gini 계수	48.4	41.6	25.0	35.3	26.0	27.4	25.7	26.4
빈곤율(%)	1.37	0.04	−	66.79	6.73	2.91	0.02	0.04

주: 1) 1인당 GDP는 2005년 기준 실질 미국 달러; 2) 인플레이션은 GDP 디플레이터의 변화율임; 3) 빈곤율은 2011년 PPP 기준 하루 1.90미국 달러 이하의 인구 비중임.
자료: World Bank, World Development Indicators online database, 검색일: 2016.6.12.

계수를 보면 전환정책이 실시되기 직전의 분배 상태가 2014년경에는 거의 회복되었음을 알 수 있다. 다시 말하면 체제전환 과정에서 나타난 소득분배의 불균등 현상이 20여 년이 지난 이후에는 체제전환정책을 실시하기 이전 수준으로 거의 회복되었음을 알 수 있다. 빈곤율도 전환정책 실시 초기와 비교할 때 거의 하락하거나 유사한 수준을 유지하고 있다.

적으로 안정적 수준을 유지하여갔다. 키르기즈공화국도 1991년부터 135%에서 1992년(830%), 1993년(754%)으로 인플레이션이 상승하였다가 1994년(181%)로 하락하면서 점차적으로 안정을 유지하였다. 카자흐스탄의 경우 1992년과 1993년 인플레이션이 각각 1,472와 1,243%, 그리고 1994년 1,547%까지 상승하였다가 1995년(161%)부터 점차 안정화되기 시작하였다(World Bank, World Development Indicators online database, 검색일: 2016.6.12).

7.1.3 러시아의 체제전환정책과 성과

소련의 개혁·개방정책은 1985년 고르바초프가 등장하면서 본격적으로 시작되었다고 할 수 있다. 다만 경제구조 전반에 대한 개혁이 아니라 기존 사회주의 계획경제의 기본 틀 안에서 시장경제체제를 도입함으로서 경제전반의 효율성을 강화하려는 차원이었다. 이는 1991년 러시아 연방대통령이 된 옐친이 주장하는 전면적인 개혁·개방정책에 비해서 점진적이고 소극적인 정책전환이었다. 소련이 붕괴되어 전면적인 개혁·개방정책이 실시되기 이전의 고르바초프 정책을 먼저 살펴보자.

(1) 고르바초프의 개혁·개방정책

소련은 [표 7-1]에서 살펴보았듯이 1980년대에 들어서면서 투자나 소비 증가율이 급격히 하락하는 경기 침체에 직면해 있었다. 국가의 주요 소득원이 석유·천연가스와 같은 에너지 수출에 주로 의존한 소득을 소비재나 자본재의 구입에 사용하여 전반적인 경제가 지탱되고 있었다.[3] 수출에 비해서 수입에 대한 수요가 지속적으로 증가하면서 소련정부의 대외부채가 급격히 증가하여 1975년 115억 달러에서 1980년 220억과 1985년 380억 달러로 증가하였다(Kennett, 2004, p.502).

3 소련을 몰락하게 한 원인들은 1970년대 말부터 본격적으로 나타나기 시작하였다. 1979년 브레진스키가 아프가니스탄 전쟁에 개입하여 빠져 나오지 못하는 와중에 1986년 이후 사우디아라비아를 중심으로 한 산유국들의 저유가 정책으로 소련의 주요 자원 수출이 급감하였다. 이러한 상황은 국내 경제뿐만 아니라 소연방 국가들에 대한 지원을 통한 체제 유지가 불가능하게 되었다.

경제위기가 지속되고 대외부채가 증가하게 되면서 1980년대 중반 고르바초프의 글라스노스트와 페레스토로이카로 알려진 개혁·개방정책을 본격적으로 실시하게 된다. 1985년에 시작하여 그가 실각하는 1991년까지 6년여간 지속된 이 정책은 사회주의체제를 유지하면서 시장경제요소를 점진적으로 도입하여 경제회복을 시도하였지만 결국은 실패로 끝났다고 할 수 있다. 정책이 실시되면서 경제상황이 개선되지 않았고 1990년에 들어서 소련이 해체되었기 때문이다(Kennett, 2004, p.503).

정책 변화를 반영하는 대표적인 법률이 1986년 〈개인 경제활동에 대한 법(Law on Individual Economic Activity)〉, 〈국영기업법(Law on State Enterprise)〉와 1988년 〈협동조합법(Law on Cooperatives)〉이다. 개인 경제활동에 대한 법은 숙련공들에 의하여 소규모 영세기업들이 설립되는 것을 허용하는 것이었다. 〈국영기업법〉은 1988년부터 시행되었는데 국영기업의 경영에 자율권을 더 많이 부여하고자 하였다(Kennett, 2004, p.503).

정부가 기업들에게 강력한 계획목표를 제시하던 과거 정책방향에서 탈피하였고, 노동자 관리, 가격책정이나 기술 선택에 대하여 자율권을 주었다. 〈협동조합법〉은 성인 3인 이상이면 협동조합을 자유로이 설립할 수 있도록 허가되었고, 대규모 민간 기업이 형성되는 것을 허용하는 것이었다(Kennett, 2004, p.503).

이처럼 시장요소를 도입하여 기업경영자들에게 자신들이 정한 가격에 시장에 팔 수 있도록 하는 유인을 제공하였다. 그렇지만 일부 기업들은 생산에 필요한 요소를 구하지 못하거나 임금을 지급하지 않고 운영하는 등의 문제가 발생함으로써 고르바초프의 개혁정책은 결국 실패로 돌아갔다고 할 수 있다(Kennett, 2004, p.503).

(2) 옐친·가이다르 개혁정책

고르바초프가 제시한 정책들이 실패한 것으로 판명나면서 새로운 개혁가로 등장한 옐친과 가이다르 내각은 1992년 1월 개혁정책(Gaidar reforms)을 제시하였다.[4] 당시 IMF의 지원을 받게 된 러시아는 폴란드 개혁정책을 주도 하였던 Jeffrey D. Sachs는 가이다르 내각의 정책 자문으로서의 역할을 하였다.[5]

이전에 제시한 정책들에 비해 훨씬 급진적(shock therapy) 정책들로 구성되어 있는데 그 내용을 정리하면 다음과 같다(Kennett, 2004, pp.505-518).

■ 루블화 가치 회복

당시 정책개혁 팀이 가장 중요하게 고려한 정책 중의 하나는 루블화의 가치를 회복하고 루블화에 대한 국민들의 신뢰를 얻는 것이었다.

---

4 가이다르-옐친 개혁 프로그램은 1990년 1월 폴란드에서 시행된 안정화 및 자유화 프로그램(Stabilization and Liberalization Program)과 유사한 것이었다. IMF의 지원을 받아 만들어진 이 프로그램은 당시 폴란드 재무장관의 이름을 따라서 발체로비치(Balcerowicz)계획이라고 불린다.

5 Sachs는 1985년 볼리비아 정부의 자문관으로서 초인플레이션을 안정화 시키는 정책 제안을 하였다. 주요 정책은 정부 재정 긴축과 가격 자유화 정책이었는데 이 정책을 통하여 초인플레이션이 안정되면서 Sachs는 명성을 얻었다. 그 이후 그는 IMF의 경제학자인 Lipton과 함께 폴란드를 비롯하여 러시아 등에 대한 정책 자문을 하였다. 당시 실시된 개혁정책에 대한 자세한 내용은 Lipton and Sachs(1990, 1992), 윤성학(1997), Roaf et al.(2014) 참조.

■ 국내 가격자유화와 대외시장 개방

시장경제 기능의 강화를 위하여 가격통제를 포기하고 기업의 시장 진입을 자유화하였다. 그리고 정부 명령에 의한 제품의 생산량 배분 정책을 포기하고, 시장 활동을 뒷받침하는 각종 법률을 수립하였다. 이를 위하여 중앙정부에 의한 경제조정을 포기하고 대부분의 가격을 자유화하였다.

대외무역이 개방되면서 수출과 수입이 확대되었다. 이를 통하여 소비자들의 제품 선택의 폭이 넓어져서 수입제품에 대한 수요가 증가하고 상대적으로 제품의 질이 낮았던 국내제품에 대한 수요는 감소하게 된다. 계획경제체제에서는 정부 계획에 의하여 생산물에 대한 생산 배분이 이루어지고 있었다. 이렇게 생산된 생산물의 제품은 디자인이나 질에 대한 고려가 충분히 이루어지 않았다. 따라서 치열한 경쟁하에서 제품을 생산하는 자본주의 국가의 생산 제품에 비해 경쟁력이 높지 않았다. 반면에 대외무역의 개방은 러시아의 원자재의 수출을 증가시키는 계기가 되었다.

가격자유화와 대외무역 확대로 국내외 생산물에 대한 국내 수요가 증가하였다. 그러나 1980년대 중반 이후 발생한 세계 유가하락에 의한 국내 경제의 악화로 인하여 제품 판매 대금을 지급받지 못하고 노동자 임금이나 원재료에 대한 비용지불을 하지 못하는 기업들이 생겨났다. 이러한 현상은 1990년 이후 전환정책을 실시하던 초기에 IMF의 정책 권고로 정부가 긴축재정 정책을 실시하면서 통화량 증대를 억제한데서도 그 이유가 있었다. 결국 노동자의 소득이 하락하고 이는 곧 시장수요를 감소시키게 되어 파산하는 기업들이 생겨나기 시작하였다. 이러한 문제를 해결하기 위하여 정부는 중앙은행을 통하여 저금리로 기업들에게 신용을 공급하면서 자연적으로 통화량 공급이 과다하게 증가하게 되었다.

가격자유화 정책이 가져온 국내 시장 가격의 자유화, 대외무역을 통한 수출과 수입의 확대, 국내 통화량 공급 증가는 국내 물가의 급격한 상승(인플레이션)으로 이어졌다. 또한 수요제품의 선택의 폭이 확대되고 외국제품에 대한 수요가 가능해지면서 일반 소비자들의 저축 감소, 즉 잉여화폐(monetary overhang) 문제가 사라지게 되었다. 그리고 암시장(black market)이 축소되고 제품생산에서의 비효율성이 감소하게 되었다. 반면에 급격한 물가 상승은 소득의 구매력이 감소한 가계와 루블화에 의해 거래를 하는 기업들의 손실이 매우 커서 국가적인 분배구조가 악화되는 문제가 발생하였다.

■ 국영기업 민영화

러시아 국영기업의 민영화는 다음 세 단계로 구분되어진다(Kennett, 2004, pp.508-514).

제1단계 민영화 정책은 1992년 초부터 시작하였다. 소규모 기업의 소유권을 기존 기업 관계자들이나 임대지역에 거주하는 사람들에게 이전해 주어 소규모 민영화로 불린다.

제2단계 민영화 정책은 1992-94년 기간에 이루어진 것으로 바우처 경매 프로그램(voucher auction program)에 의한 민영화 단계로 바우처 민영화(voucher privatization)라고 불린다.[6] 이 프로그램은 1992년 10월

1일 전 국민을 대상으로 하여 액면가 1만 루블인 바우처를 무상으로 분배하면서 시작되었고, 1994년 6월 30일까지 지속되었다. 이 기간 동안에 15,799개 기업이 민영화되었고 고용 노동자는 1천8백만 명에 이르렀다.

민영화는 국가자산관리위원회(State Committee for Management of State Property: GKI)에 의하여 이루어졌다. 위원회는 에너지부문과 국방관련 부문의 기업을 제외하고 민영화 대상 기업을 선정하였다. 기업 선정이 이루어지면 해당 기업의 경영자들에게 민영화를 위한 3개의 선택권을 부여하였는데 이는 개혁프로그램의 성공을 위해서는 기업 관계자들의 협조가 필수적이라는 점을 고려했기 때문이다.

첫 번째 선택권은 기업 관계자들에게 40%에 해당하는 기업주식을 부여하는 것이다. 그리고 30%의 주식은 무상으로 기업의 노동자에게 분배되었고 이는 의결권(voting power)이 없는 것이었다. 그 다음으로 1990년대 초인플레이션(hyperinflation)이 발생하기 이전의 액면가격으로 투표권이 있는 10%가 추가적으로 노동자에게 분배되었고, 추가적인 5%는 기업 경영자들에게 분배되었다.

두 번째 선택권은 기업 주식의 51%까지를 경영자와 노동자에게 액면가격의 1.7배에 분배하도록 하는 것이었다. 나머지 주식은 일반 국민들에게 바우처 프로그램에 의하여 분배되었다. 일반 국민들은 1만 루

6 바우처 민영화는 이미 체코슬로바키아가 실시하기 시작한 정책이다. 이 정책은 어느 특정 계층이 아니라 전체 국민들에게 바우처를 나누어 줌으로써 대중의 정치적 지지를 얻고 동시에 어느 특정 계층에 기업 소유의 집중이 일어나는 것을 막아 보자는 의도에서 이루어진 것이다.

블짜리 쿠폰을 25루블에 구입할 수 있도록 하였다. 이 바우처는 경매와 같은 방법으로 팔려서 투자회사로 유입되었다. 각 기업의 주식배분은 이 주식을 사기 위하여 제시된 바우처 수에 비례하여 분배되었다. 예를 들어 1,000주가 경매되는 경우 40개 바우처가 제시된다면 각 바우처는 25개 주식을 구입하게 되는 방식이다.

러시아의 대중민영화 프로그램은 정책을 시행함에 있어서 행정적으로 실행이 편리하다는 정치적 이유가 있음에도 불구하고 많은 문제점을 나타낸 것도 사실이다. 먼저 공공부문에서 민간부문으로의 민영화가 이루어져 주식이 분배되었지만 최대 수혜자들은 일반 국민들보다 기업의 내부 정보 획득이 더 쉬운 그룹으로 혜택이 더 많이 가는 구조였다.[7] 그리고 기업 경영자 및 노동자들에게 분배된 주식이 상대적으로 많아서 이들에 의한 경영 주도권이 주어졌는데 이러한 배분방식은 기업 경영이 이윤극대화가 아닌 고용안정 목표를 더욱 높게 하려는 경향을 낳았다.

세 번째 선택권은 경영자들이 회사 주식의 100%를 소유할 수 있도록 하는 것인데 전제조건은 기업이 파산이나 자산을 처분하지 않도록 약속하도록 하는 것이었다. 이 선택권에 의하여 민영화가 된 기업의 비율은 2%에 불과하였다.

이 두 단계의 민영화 프로그램으로 인하여 시장경제의 기본적인 토대가 마련되었고 대중민영화의 기틀이 마련되었다.

7 이러한 이유로 당시 이득을 본 계층은 도둑정치(kleptocracy)라고 비판을 받았다.

제3단계 민영화 정책은 1995년에 시작된 현금 확보를 위한 민영화(privatization for cash)이다.[8] 이 정책은 공공산업(utilities), 자연자원, 고도기술 분야 등 정부가 소유하고 있는 기업들을 민영화하여 재정적자를 보충해 줄 재정수입을 얻고자 하는 것이 주요 목적이었다. 구체적으로 정부가 민간부문에서 대출을 하는 경우 국영기업의 주식을 담보로 제공하는 대출과 주식의 교환(loans–for–shares deal) 프로그램이었다. 물론 이 계획도 정부수입을 증대시키는 역할을 하였지만 거래가격이 적절하게 책정되지 않았다는 문제가 제기되기도 하였다. 그리고 경기 상황에 따른 주식가격의 변동은 정부 수입을 예상대로 달성하지 못하는 문제도 있었다.

■ 사회보장제도 확립

시장기능의 도입으로 발생하는 실업문제를 대처할 적절한 사회안전망이 수립되어 있지 않았다. [표 7–3]이 보여 주듯이 1980년 상위 20%가 점유하고 있는 소득비중이 33.4%였던 것이 전환정책이 시작되는 1991년 30.7%로 하락하였다가 1997년 47.4%까지 상승하면서 부의 집중이 더욱 심해졌다. 반면에 하위 20% 계층이 소득점유율은 1980년 10.1%에서 1991년과 1997년에 각각 11.9%와 6.3%였다. 체제전환정책을 실행하면서 소득분배가 더욱 악화되었음을 알 수 있다.

■ 국방산업의 민간부문 전환

소련은 국방산업이 발달하여 GDP의 30% 이상을 차지할 정도였다. 냉전체제에서 우선적으로 정부가 국방에 대한 지원정책을 하면서 이

8 이 민영화 정책은 체제전환정책을 실시하면서 정부의 재정적자가 확대됨에 따라 현금 확보를 위한 목적에 의해 실시되었다.

표 7-3 러시아의 소득분배 추이

	1980	1991	1992	1993	1994	1995	1996	1997
상위 20%	33.4	30.7	39.3	41.6	46.3	46.9	47.1	47.4
20-40%	23.1	22.8	26.5	24.8	23.0	22.4	21.3	21.1
40-60%	18.6	18.8	17.6	16.7	15.2	15.0	14.9	14.8
60-80%	14.8	15.8	11.6	11.1	10.2	10.2	10.5	10.4
하위 20%	10.1	11.9	6.0	5.8	5.3	5.5	6.2	6.3
계	100	100	100	100	100	100	100	100

자료: Kennett(2004), p.518.

분야에는 높은 기술수준을 보유하고 있는 기술자와 과학자가 많이 있었다. 개혁정책에는 이들 숙련 노동자들을 국방 이외의 분야로 이동함으로써 경제발전의 원동력이 되도록 하였다.

(3) 러시아 개혁·개방정책 성과

1980년대 이후 사회주의체제 내에서 점진적인 정책을 실시했던 고르바초프의 정책이나 급진적인 정책을 실시하였던 옐친·가이다르 정부의 정책 모두 생산량이 감소하고 국민들의 불만을 누적시키는 결과를 가져왔다는 점에서 모두 실패로 돌아갔다.

[표 7-4]는 1990년대 개혁정책의 성과를 반영하는 주요 경제지표를 나타낸 것이다. 1인당 실질 GDP를 보면 1991년 5,685달러에서 지속적으로 하락하여 지급정지(moratorium)를 선언한 1998년에는 3,460달러까지 하락하였다. 이 기간 동안에 명목 GDP 성장률도 높은 인플레이션에도 불구하고 지속적으로 하락하였다. GDP 디플레이터로 표시한 인플레이션을 보면 1991년 129%에서 1992년에는 1,490%까지 치

표 7-4 1990년대 러시아의 주요 경제 지표

	1991	1992	1993	1994	1995	1996	1997	1998	1999	2000
1인당 GDP	5,685	5,386	4,601	4,207	3,683	3,530	3,407	3,460	3,283	3,504
경상 GDP 성장률(%)	−5.1	−14.5	−8.7	−12.6	−4.1	−3.6	1.4	−5.3	6.4	10.0
인플레이션(%)	129	1,490	888	307	144	46	15	19	72	38
실업률(%)	12.2	5.2	5.9	8.1	9.4	9.7	11.8	13.3	13.0	10.6
Gini 계수	−	−	48.4	−	−	46.1	38.4	38.1	37.4	37.1
빈곤율(%)	−	−	2.4	−	−	3.6	1.1	1.7	3.4	2.3

주: 1) 1인당 GDP는 2005년 기준 실질 미국 달러; 2) 인플레이션은 GDP 디플레이터의 변화율임; 3) 실업률은 국제노동기구(ILO)가 추정한 값임; 4) 빈곤율은 2011년 PPP 기준 하루 1.90 미국 달러 이하의 인구 비중임.

자료: World Bank, World Development Indicators online database, 검색일: 2016.6.12.

솟았고 1994년에 307%에 이르기까지 높은 수준을 유지하다 점차 안정을 찾았지만 여전히 1998년에 19%에 이르고 있었다.

실업률도 1990년 중반 이후 지속적으로 증가하여 1990년에 12.2%에서 감소하다 1994년부터 다시 증가하여 1998년 13.3%에 이르렀다. 체제전환정책을 실시하여 소득분배는 더욱 악화된 것은 아니었다. 1993년 지니계수가 48.4였으나 지속적으로 하락하여 1998년 38.1로 하락하였으나 여전히 다른 국가에 비해서 높은 편이다. 빈곤율도 1993년 2.4%에서 1997년 1.1%로 하락하였으나 그 이후 다시 증가하는 추이를 보여 주었다.

고르바초프와 옐친이 추진한 개혁정책들이 예상보다 좋은 성과를 거두지 못한 이유에 대하여 Nellis(2002, p.37)는 다음과 같은 두 가지 이유를 제시하고 있다.

첫째, 민영화 과정에서 참여한 투자자들 중에서 기업 외부 혹은 외국인 투자자들의 참여가 제한되었다. 외부투자자나 외국인투자자들은 기업 경영자나 노동자들의 기업 관련 내부자들에 비해 이윤극대화를 추구할 유인이 훨씬 크다. 따라서 이들 외부투자자들을 배제한 것은 민영화를 통한 기업의 생산 효율성이 극대화되지 못했음을 의미한다.

둘째, 정부, 은행, 기업 경영자들 간에 정치적 연합(political alliance)이 형성되어 자산 소유권이 신흥재벌(oligarch)로 이양되었다는 문제가 있다.[9] 예를 들어 러시아 은행은 자체 설립한 내부기구의 사람들에게만 거래를 허락하였으며, 거래는 모두 조작되었다는 비판을 받기도 하였다.

급진적인 개혁 정책이 실패한 것으로 인식되면서 러시아는 1998년 지급정지를 선언하게 되고 옐친은 대통령 직에서 퇴진하였다. 2000년 3월 블라디미르 푸틴(Vladimir Putin)이 제3대 대통령으로 당선된 이후 2006년 6월 '18개월 단기 경제 프로그램'과 '10년 중장기 경제프로그램'을 확정하면서 새로운 경제개혁프로그램을 실시하게 된다.

7.2 비셰그라드 국가의 체제전환정책과 성과

7.2.1 체제전환정책 경과

비셰그라드 그룹을 구성하는 헝가리, 폴란드 및 체코슬로바키아(후

9 러시아의 신흥재벌을 의미하는 올리가르히는 그리스에 존재하였던 소수에 의한 정치지배를 의미하는 소수의 고위층 혹은 과두정치(oligarch)를 러시아어로 표현한 것이다.

에 체코와 슬로바키아로 분리) 등 세 국가는 중앙집권적 계획국가였다. 그러나 단순히 소련의 위성국가로 지배를 받고 있었을 뿐 다른 동부유럽 국가들에 비해 소련의 직접적인 간섭은 덜 받는 국가들이었다. 이러한 이유로 1950년대부터 지속적인 경제개혁정책을 실시하려는 시도가 이루어졌다. 이들이 시행하려는 다양한 개혁정책들은 소련의 간섭으로 충분한 효과를 보지는 못했다. 그러나 이러한 경험은 1990년 소련 붕괴 이후 체제전환정책을 실시했을 때 상대적으로 다른 동구권 국가들에 비해 좋은 성과를 거둘 수 있었던 배경이 되었다. 특히 체제전환을 시작하던 1990년대 초에 1인당 GDP 등 주요 경제지표가 주변의 다른 동구권 국가들에 비해서 상대적으로 높은 수준을 유지하고 있었던 것도 이러한 역사적 배경에서 나타난 것으로 볼 수 있다.

폴란드는 1947년 1월 공산당 정부가 수립된 이후 계속되는 경제정책의 실패로 1980년 7월에 전국적인 노동자 파업이 일어나고 자유화 운동이 전국적으로 확산되기에 이른다. 1981년 9월에는 제1회 자유노조 전국회의를 통하여 레흐 바웬사(Lech Walesa)를 전국 자유노조 의장으로 선출하였다. 그 이후에도 자유노조를 중심으로 민주화 운동은 지속되었고, 1988년 8월 광부 및 항구의 조선소 노동자들의 파업이 일어나면서 다시 전국적으로 확산되었다.

소련이 붕괴된 이후 1989년 폴란드는 소련 진영에서 가장 먼저 다당제 의회민주주의를 채택하면서 본격적인 체제전환정책을 실시하였다. 폴란드는 다른 국가에 비해 급진적인 경제개혁으로 단기간에 좋은 경제적 성과를 거둔 국가로 알려지고 있다. 폴란드 정부는 1989년 10월 충격요법(shock therapy)으로 불리는 경제개혁정책을 발표하였다. 이 정책은 IMF의 도움으로 만들어진 것으로 당시 부수상 겸 재무장관인 발체로비츠(Leszek Balserowicz)의 이름을 따서 발체로비츠 계획(Balcerowicz plan)이라고 불렸다. 이러한 정책의 결과로 폴란드는 1990년대 매우 성공적인 체제전환국으로 알려졌고 폴란드의 급진적인 정책들은 다른 국가들의 체제전환정책의 모범으로 알려졌다. 그렇지만 1990년대 말에 이르러 다시 경제위기에 직면하게 되면서 이 위기가 전환정책의 실패에서 온 것인지 아니면 글로벌 금융위기의 효과 때문인지에 대한 논쟁이 벌어지기도 하였다.

공산권 국가 중 가장 높은 생활수준을 유지했던 국가는 체코슬로바키아였다. 이 국가는 중앙계획체제로 전환되기 이전에 이미 자본주의 경험을 갖고 있는 국가이기도 하다. 1948년 공산당 정권인 인민공화국이 수립된 이후 체코슬로바키아는 공산정권의 국유화 정책과 중공업 우선 정책으로 1950년대 말까지는 선진공업국으로 불릴 정도로 높은 경제성장을 유지하였으나 1960년대에 들어서는 경기침체에 빠지게 된다.

1968년 1월에 집권한 알렉산데르 둡체크(Alexander Dubček) 당 제1서기는 '인간의 얼굴을 가진 사회주의'의 슬로건 아래 다당제 도입과 언론자유화 등의 개혁 정책을 주장하였다. 그러나 그의 민주화 시도는 소련을 중심으로 한 바르샤바 5개국 군대의 침공에 의하여 실패로 끝났는데 이를 '프라하의 봄]이라고 부른다. 1969년 1월에는 체코와 슬로바키아의 연방제가 수립되었고 1988년 12월에는 공산당 정권이 물러났다. 1990년 3월에는 체코슬로바키아 연방공화국으로 변경하고 1993년 1월 체코와 슬로바키아 두 개의 공화국으로 독립하였다.

체코슬로바키아는 다른 주변 국가들에 비하여 제조업 부문이 많이 발전되어 있었고 체제전환이 성공적으로 이루어진 국가 중 하나이다. 체코슬로바키아의 민영화 정책의 특징은 주로 바우처(voucher)를 배분하는 방식에 의한 대중적 민영화(mass privatization) 방법을 사용하였다는 것이다. 1992년 8월 정부는 1,200개 국영대기업에 대하여 바우처 발행을 통하여 국민들에게 지분을 분배하는 방식으로 민영화하기로 결정하였다. 18세 이상 국민은 1,000(약 33달러)에 해당하는 투자점수를 받고 이를 투자 펀드의 지분(shares)과 교환할 수 있도록 하였다(Schnitzer, 2000, p.202).[10]

헝가리는 제2차 세계대전 중에 독일과 이탈리아 측에 가담하여 전쟁에 패한 이후 소련의 세력권에 편입되었다. 그 이후 1949년 공산주의 정권이 수립되면서 본격적인 중앙계획체제가 시작되었다. 1956년 10월에 반소련·반공산주의 운동인 헝가리 혁명이 일어났으나 소련 군대의 개입으로 실패하였다. 그 후 친소련 개혁주의자인 야노쉬 카다르(Janos Kádár)가 헝가리 공산당 제1서기가 되면서 반소련의 내기(Imre Nagy) 정부에서 친소련정책을 유지하면서 체제개혁을 주도하게 되었다.[11] 1966년 5월 헝가리 정부는 경제개혁을 위한 카다르 계획을 발표하였는데 1968년에 신경제기구(NEM)라는 이름으로 경제개혁이 추진

10 민영화정책을 통하여 체코의 민간부문에 의한 부가가치 비중이 1992년 GDP 대비 27.7%에서 1996년 63.8%로 증가하였다. 같은 기간에 민간부문에 의한 고용비중은 39.8%에서 77.6%로 증가하였다(Schnitzer, 2000, p.204).

11 카다르는 1956-1988년 기간의 32년 동안 헝가리 사회노동당(Hungarian Socialist Workers' Party: HSWP)의 제1서기(총서기) 그리고 헝가리 수상(1956-58, 1961-65)으로서 헝가리를 이끌었던 지도자였다. 당시 실행되었던 경제체제는 굴라쉬 공산주의(Goulash Communism)라고도 불리는데 전통적인 소련체제와 같은 공산주의와 다르게 시장체제를 동시에 포함하는 혼합된 형태의 헝가리식 공산주의를 의미한다.

되었다.[12] 그러나 1975년에는 개혁정책이 과도하다는 책임을 물어 포크 에뇌 총리가 해임되고 라자르가 임명되면서 헝가리는 카다르-라자르에 의한 친소련 성향이 강한 체제가 수립된다.

1988년 카다르가 32년 동안의 집권에서 물러나고 본격적인 정치개혁이 시작되었다. 1989년 10월 국호변경, 다당제와 대통령제 도입을 명시한 새 헌법이 채택되었다. 1990년 3월에 자유총선이 실시되어 헝가리민주포럼(HDF)이 집권하고 복수정당제가 채택되면서 체제전환정책이 본격적으로 실시되기 시작하였다.

헝가리의 대표적인 개혁정책인 신경제기구(NEM)는 정치체제의 근본적인 변화나 국영기업의 민영화 과정이 없이 국영기업에 대하여 이윤배분, 계약체결, 대외거래에 대하여 부분적인 자율권을 부여하고자 하는 정책이었다. 그러나 소련의 개입과 1975년 친소련 정부의 등장으로 지향했던 목적을 달성했다고는 할 수 없다. 본격적인 체제전환정책은 1988년 세제개혁과 가격자유화가 이루어지면서 시작되었다. 1995년 3월에 당시 재무장관의 이름으로 발표된 보크로슈 패키지는 이전 정부가 추진한 재정적자 확대, 대외채무 증가 등의 문제를 해결하기 위하여 정부재정긴축을 실시하겠다는 정책이었다.

12 신경제기구(New Economic Mechanism: NEM)는 1968년 헝가리에서 처음 시작된 시장개혁 정책이다. 이 정책은 비효율적인 중앙계획체제를 시장경제체제로 전환하고자 하는 정책으로 당시 중앙계획체제를 유지하고자 하는 소련과 마찰을 일으키는 원인이 되었다. 비록 당시는 소련의 개입에 의하여 실패하였지만 그 이후에도 헝가리는 꾸준한 개혁을 시도하였다. 따라서 1990년대 본격적인 체제전환정책이 실시되기 이전에 이미 헝가리는 국내 경제에서 상당한 수준의 시장기능 비율을 유지하고 있었다. 그 이후 라오스(1986)가 도입하였다.

7.2.2 비셰그라드 국가의 주요 경제성과

1990년 이후 본격적인 체제전환정책을 실시하면서 상대적으로 높은 경제적 성과를 거두었다고 평가받고 있는 국가들은 비셰그라드 4개국이다. [표 7-5]는 이들 4개국의 1990년과 2014년의 주요 경제성과를 비교한 것이다.[13]

1인당 실질 GDP를 보면 헝가리가 1990년 7,525달러에서 2014년 11,931달러로 증가하였고, 폴란드는 같은 기간에 4,761달러에서 11,253달러로 증가하였다. 4개국 중에서 1990년에 가장 높은 1인당 GDP 값을 갖고 있던 체코는 1990년에 10,332달러였고 2014년에는 14,934달러로 증가하였다. 슬로바키아는 1992년부터 2014년까지 6,781달러에서 15,797달러로 증가하여 4개국 중에서 가장 높은 1인당 GDP를 보여 주고 있다.[14] 명목 GDP 성장률로 보아도 1990년 전환정책 실시 직전의 성장률에 비해 최근의 성장률이 훨씬 높게 나오고 있어서 체제전환정책이 성공적으로 정착되었음을 알 수 있다.

인플레이션도 다른 체제전환 국가들에 비해 이들 4개국은 상대적으로 안정적이었다. 헝가리의 경우 1992년 인플레이션이 21.5%로 높은 수준이었지만 본격적인 정책이 실시되고 있는 중인 1993년 21.3%, 1994년 19.5% 등으로 높은 인플레이션을 경험한 다른 국가들에 비해 상대적으로 안정적이었다.[15]

13 경제성과를 나타내는 자료가 표에서의 연도와 일치하지 않는 경우 해당 연도와 가장 가까운 연도의 자료를 사용했음. 자료와 연도의 구체적인 내용은 [부표 7-2] 참조.
14 슬로바키아는 1993년에 체코슬로바키아에서 분리 독립하였고 1인당 GDP 자료는 1992년부터 제공되고 있다.

표 7-5 4개국의 주요 성과 지표

지표	헝가리		폴란드		체코		슬로바키아	
	1990	2014	1990	2014	1990	2014	1992	2014
1인당 GDP	7,525	11,931	4,761	11,253	10,332	14,934	6,781	15,797
경상 GDP 성장률(%)	−3.06	3.67	−7.02	3.33	−11.61	1.98	1.90	2.52
인플레이션(%)	21.5	3.2	55.3	0.4	36.2	2.5	15.6	−0.2
Gini 계수	27.9	30.6	26.7	32.4	26.6	26.1	19.5	26.1
빈곤율(%)	0.05	0.26	0.09	0.02	0.02	0.06	0.52	0.24

주: 1) 1인당 GDP는 2005년 기준 실질 미국 달러; 2) 인플레이션은 GDP 디플레이터의 변화율임; 3) 빈곤율은 2011년 PPP 기준 하루 1.90 미국 달러 이하의 인구 비중임.
자료: World Bank, World Development Indicators, 검색일: 2016.6.12.

급진적인 체제전환정책을 실시한 폴란드의 경우에도 인플레이션이 급격하게 증가하지 않았다. 1991년 55.3%에서 1992년 38.6%, 1993년 30.6% 등으로 높은 수준이었으나 1995년 이후에는 지속적인 안정세를 유지하여 2014년에는 0.4%에 이르렀다.[16] 체코와 슬로바키아도 전환정책 초기 높은 인플레이션을 보였으나 점차 안정적으로 유지하여 2014년에는 각각 2.5%와 −0.2%를 보여 주었다.

GDP 측면에서의 성과는 성공적이었지만 소득분배는 전환정책이 실시되면서 악화되었다. 헝가리의 경우를 보면 1990년 지니계수가 27.9이었으나 2014년 30.6으로 악화되었다. 폴란드도 같은 기간 26.7에서 32.4, 그리고 슬로바키아도 1992년 19.5에서 2014년 26.1로 악화되었다. 체코는 변화가 거의 없었다. 빈곤율은 헝가리가 1990년과 2014년

15 [표 7-5]에서 헝가리의 1990년 인플레이션은 1992년 값임.
16 [표 7-5]에서 폴란드의 1990년 인플레이션은 1991년 값임.

에 각각 0.05%와 0.26%로 약간 악화되었으나 슬로바키아는 1992년과 2014년 각각 0.52%와 0.24%로 감소하였다.

7.2.3 헝가리 체제전환정책

동유럽의 대부분의 중앙계획체제 국가들이 소련이 붕괴되면서 본격적인 체제전환정책을 실시하기 시작한 것과 다르게 헝가리는 1960년대부터 경제개혁 정책을 꾸준히 실시하여 왔다. 연도별 주요 개혁 정책 내용은 [표 7-6]에 정리되어 있다.

헝가리는 1968년에 신경제제도를 도입하였는데 주요 목적은 중앙정부의 기업에 대한 간섭을 줄이려고 하는 데 있었다. 기업으로 하여금 생산제품 구성, 가격, 품질, 판매 등에 대하여 광범위한 자율권을 주었다. 물론 중앙정부도 더 많은 이윤을 창출하는 제품을 생산하도록 기업에 대하여 통제를 하였다(Schnitzer, 2000, p.207).

(1) 민영화

헝가리에서의 본격적인 기업 민영화는 1989년 1월 제정된 〈소유전환법〉에 따라서 개별기업 스스로가 민간에게 지분을 판매할 수 있도록 허용하면서 시작되었다. 국가가 아니라 국영기업 경영자들이 주도하여 유한책임회사나 주식회사로 전환할 수 있게 하는 자발적 민영화(spontaneous privatization) 방식이었다. 그러나 경매 없이 경영자들이 불법적·편법적으로 자산을 직접 가져가거나 주변의 친구들에게 싸게 매각하면서 불만이 생기고 또한 민영화 실적도 저조하였다(김민관, 2007, p.27).

표 7-6 헝가리 체제전환 진행과정

시기	주요 개혁내용
1968	– 신경제기구 도입
1982	– 채권시장 도입
1986	– 파산법 도입
1987	– 중앙은행으로부터 상업은행 분리, 주식시장 도입
1988	– 개인소득세 및 부가가치세 도입, 외국인투자법 개정(1972년 제정) – 최초 민영화 프로그램 발표, 합자회사 설립 할 수 있도록 함사업전환법(Business Transformation law)으로 국영기업의 민영화를 가능하도록 함
1989	– 다당제 의회민주주의 채택, 외국환관리자유화, 소유전환법 제정, 법인소득세 도입, 수입자유화
1990	– 복수정당제 도입, 국가재산청(SPA) 설립
1991	– 전면적인 가격자유화 실시, 보상법 제정, 수출입 인허가제 폐지, 농업 및 가계부문에 대한 보조금 감축, 루블화 무역 정지
1994	– 최초의 은행민영화
1995	– WTO 가입, 신민영화법 제정, 증권거래위원회설립
1996	– OECD 가입, 경상거래의 완전 태환화 도입
1998	– 자본계정 자유화, IMF 프로그램 완료, 벤처캐피탈법 제정
2000	– 신국가개발계획 세체니계획(Szechenyi Plan) 발표
2008	– 전기시장 완전 자유화
2010	– 영업세 및 개인소득세 인하 – 금융, 유통, 에너지, 통신 분야에 대해 '위기세' 부과

자료: Hare et al.(1992), Schnitzer(2000), EBRD(2003, 2008), 이철원(2003), p.17, 김민관(2007), 김용희(2014) 등을 참고하여 저자 작성.

이에 대하여 정부는 1990년 국가재산청(State Property Agency: SPA)을 설립하고 모든 국영기업들은 이 회사로 이전되었고, 이 회사에서 국영기업의 가치평가 및 민영화를 진행하도록 하였다.[17] 그 이후 다음과

17 민영화 대상기업의 선정에는 국가자산관리국이 승인한 컨설팅회사에 의해 인정받은 방식이 사용되었다. 이러한 선정방식을 사용한 것은 국가기관 주도의 민영화 과정

같은 두 가지 방법으로 민영화를 진행하였다(Schnitzer, 2000, pp.209-210).[18]

첫 번째는 1949년 이후 공산주의자들에 의해 취득된 자산(토지, 아파트, 기업 등)을 보상하는 방법이다. 1991년 6월에 시작하여 1992년 7월까지 4차례에 걸친 보상법을 제정하여 약 12만 명에 대하여 보상 쿠폰(compensation coupon)을 지급하였다. 이 쿠폰은 현금처럼 사용할 수 있어서 자산을 구입하거나 주식시장에 판매할 수 있었다.[19] 이러한 정책은 파시스트정권(1939-49)과 공산정권(1949-87)에서 몰수된 자산에 대한 보상이지만 실질적인 자산의 주인을 판단하기 어렵기 때문에 자산을 반환하는 대신에 화폐로 보상하는 정책을 사용한 것이었다.

두 번째 중요한 민영화 방법은 외국투자자들에 대한 직접적인 판매이다. 소규모 기업은 직접적으로 구매자에게 판매되었지만, 직접 판매가 어려운 대규모 기업들은 청산(liquidation)되거나 외국인 혹은 국내투자자들에게 판매되었다. 1990년 10,423개였던 소규모 국영기업들이 1995년까지 9,900개가 민영화되었다. 1990년 국가재산청(SPA)이 보유하고 있던 2,256개 대기업 중에서 1997년 5월까지 완전민영화 된

에서 발생할 수 있는 중앙집권화 문제를 보완하기 위한 목적이 있었다(김민관, 2007, p.27).

18 헝가리 민영화 정책은 체코슬로바키아, 폴란드, 러시아, 루마니아 등이 실시한 대중 민영화와 비교된다.

19 1991년 6월 제정된 〈제1차 보상법〉은 공산주의 체제하에서 몰수된 자산을 보상하는 것이었고, 1992년 4월 제정된 〈제2차 보상법〉은 파시스트 독재와 제2차 세계대전 직후 몰수된 자산을 보상하기 위한 것이었다. 이 법들은 자산 자체를 반환하기 위한 것이 아니라 원소유자에게 보상하기 위한 것이다. 보상쿠폰은 3년 동안 75%의 헝가리 중앙은행 기준금리가 부가되는 무기명 증권이었다(이철원, 2003, p.29).

기업은 968개였고 국영기업으로 남아 있는 기업은 457개였다. 나머지 기업은 청산되거나 장기 자산관리로 넘겨졌다.[20]

민영화를 통한 체제전환정책의 지속적인 시행을 위하여 1995년에는 〈신민영화법〉을 제정하고 이를 수행할 국가자산관리 회사인 헝가리 민영화 및 국영지주회사(APV Rt.)가 설립되었다.[21] 이 법에 의하여 다음과 같은 세 가지 방법에 의한 민영화 정책이 실시되었다.

첫째, 정부가 에너지와 사회간접자본 등 국가기간산업의 30−40개 기업들의 매각대상, 시기 및 방법을 결정하면 APV Rt.는 민영화를 시행하여 외국인 투자자에 대하여 지분매각을 하였다. 둘째, 국가기간산업으로 지정되지 않은 기업에 대해서는 자산관리 회사인 APV Rt.가 정부의 사전승인 없이 민영화를 추진할 수 있었다. 셋째, 중소기업은 자체적으로 민영화계획을 수립하도록 하였는데 매각가격은 장부가격을 기준으로 결정하되 APV Rt.는 이보다 낮은 가격으로 20%의 지분 안에서 민영화에 참여할 수 있었다(김민관, 2007, pp.27−28).

20 이 부분에서 헝가리의 민영화 방식의 특징을 알 수 있다. 당시 폴란드나 러시아 등의 국가들은 국민들에게 쿠폰을 공급하는 방법을 사용하여 국영기업의 소유지분을 무상 분배하는 대중적 민영화(mass privatization) 정책을 실시하였다. 이는 헝가리가 취한 국영기업의 주식회사화(혹은 유한책임회사) 정책이나 경쟁 입찰을 통한 매각 방식과는 다른 것이었고, 특히 자본 참여에도 내국인 및 외국인 모두 참여가 가능하였다(이철원, 2003, p.27).

21 APV Rt.(Hungarian Privatization and State Holding Company)는 국영 기업들의 자산관리와 매각을 통해 민영화를 담당하는 기관으로 국가재산청과 국영지주회사(Hungarian State Holding Company)를 합병하여 1995년 설립되었다.

(2) 가격 및 대외무역 자유화

헝가리는 1980년대부터 다양한 가격 자유화 정책을 실시하여 왔다. 1988–91년 동안 생산자와 소비자에 대한 보조금은 급격히 삭감되었다. 1991년 1월 일부 생필품을 제외하고 전면적인 가격자유화 조치가 취해졌다. 그러나 에너지나 공공서비스 부문의 가격은 여전히 정부 통제하에 있었다. 식료품, 주택, 의료 서비스, 교육 등 사회적으로 민감한 품목에 대해서는 상당 기간 정부 보조금을 유지하고 점진적으로 철폐되었으며, 이는 에너지 및 원자재 가격에도 동일하게 적용되었다(Hare, 1991, pp.196–197; Kozminski, 1992, pp.329–330; 이철원, 2003, pp.20–21).[22]

당시 급격한 전환정책을 실시한 폴란드가 높은 소비자 물가 상승률을 기록한 것에 비하면 헝가리의 경우는 높지 않았는데 이는 점진적인 전환정책을 실시했기 때문에 시장에 대한 충격이 덜 한 것에 기인한다고 하겠다. 1990년에서 1992년까지의 헝가리의 소비자물가 상승률은 각각 29%, 34% 및 23%였다. 반면에 폴란드의 경우는 같은 시기에 각각 555%, 77% 그리고 45%로 헝가리에 비하여 상당히 높은 소비자 물가 상승률을 기록하였다.[23]

환율체계의 자유화도 헝가리는 이미 1989년 외국환 관리 자유화를 실시하고 있었고 외환시장을 설립하였다. 이를 통하여 헝가리 화폐인 포린트화의 태환성(convertibility)을 높이기 위하여 노력하였다. 그렇

22 정부의 보조금이 1989년 GDP대비 2.84%에서 1990년에는 0.15%로 감소하였다(Hare, 1991, p.196).

23 World Bank, World Development Indicators online database, 검색일: 2016.6.14.

다고 전면적인 외환보유 및 거래를 허용한 것은 아니다. 수출에 의하여 취득한 외환의 일부를 보유하거나 수입대금 결제를 위하여 화폐의 태환(conversion)을 매일 할 수 있도록 하였다. 그러나 자본거래를 위한 외환보유 및 매매는 여전히 금지되어 있었다(Adam, 1995, p.993).[24]

대외무역 자유화도 꾸준히 추진하였는데 1991년 1월에 수출입허가제를 폐지하였다. 에너지, 석유, 방사능 위험물질, 방사성 동위원소, 비철금속, 국가안보 관련품목, 환경보호 및 보건, 신경성 의약품, 향정신성 물질 등은 예외 품목으로 지정되었다. 그리고 전기·전자, 자동차 등 제품은 수입제한품목이었다. 1992년에는 통신, 의약품, 대부분의 소비재 수입이 자유화되었다(이철원, 2003, pp.21-23).

(3) 조세 및 금융개혁

헝가리는 1987년 그 동안 중앙은행에 집중되었던 금융 기능을 중앙은행과 상업은행으로 분리하여 이원화시킴으로써 본격적인 체제전환정책이 실시되기 이전에 이미 금융개혁을 시작하였다.

조세제도도 다른 체제전환국에 비해 빠른 시기에 자본주의체제의 정책으로 전환되었다. 과거에는 세율이 개별기업과 정부의 협상에서 결정되었으나 1988년 1월 부가가치세와 개인소득세가 도입되고, 1989

24 헝가리에서 자국통화의 태환화는 금융시장의 활성화라는 목적보다는 주로 실물경제측면에서 자국통화의 신뢰도를 회복시킬 목적으로 추진되었다. 당시 헝가리는 대외시장 개방화를 통하여 국내 시장의 경쟁화를 촉진하고 상대적으로 제한된 경쟁으로 경직된 국내 제품에 대하여 시장가격체계를 도입하고자 하는 목적이 있었다. 따라서 자국통화의 태환화는 국내 시장가격을 자유화하는 과정에서 합리적인 가격시스템을 도입하려고 하였던 목적과 밀접한 관련이 있었다(이철원, 2003, pp.22-23).

년에는 법인소득세를 도입하면서 기존에 있었던 자본세, 수입세, 투자세, 도시발전기금 등의 세금은 철폐되었다(이철원, 2003, p.31).

(4) 헝가리 체제전환정책 성과

헝가리는 체제전환이 본격적으로 시작한 1990년 이전에 이미 조세·금융정책을 비롯하여 가격자유화 등 다른 개혁정책들이 시도한 경험이 있었다. 그리고 헝가리는 폴란드나 러시아와 달리 급진적이라기보다는 점진적인 정책을 실시하였다. 예를 들어 가격자유화를 생필품이나 에너지 부문 등에는 정부 보조금을 유지하면서 점진적으로 자유화하는 정책을 실시하였다.

이러한 정책 덕분에 물가는 상대적으로 안정적으로 유지되었다고 할 수 있다. [표 7-7]에서 GDP 디플레이터를 보면 1993년 21.5%가 상승한 이후 안정적인 상승률을 유지하였다고 할 수 있다. 반면에 1인당 GDP가 급격히 상승한 것은 아니었다. 1990년 1인당 실질 GDP가 7,525달러였으나 1994년까지는 절대 수준이 하락하였음을 알 수 있다. 물론 헝가리만이 아니라 다른 체제전환국들이 개혁정책을 실시하기 시작한 초기에는 공통적으로 1인당 실질 GDP가 하락한 경험을 겪었다. 그 이후에는 1인당 GDP가 상승하기 시작하여 2000년에는 8,931달러를 달성하였으나 크게 증가하였다고는 할 수 없다.

다른 경제지표들인 실업률이나 형평성을 보여 주는 소득분배 지표 및 빈곤율 지표를 보았을 때 체제전환 초기라고 하더라도 급격히 나빠진 것은 아니고 상당히 안정적인 수준을 유지하였다. 이는 다른 체제전환국들의 경험에서 볼 수 있듯이 체제전환 초기에 소득분배가 악화되

표 7-7 1990년대 헝가리의 주요 경제 지표

	1991	1992	1993	1994	1995	1996	1997	1998	1999	2000
1인당 GDP	7,525	7,297	7,264	7,488	7,610	7,626	7,903	8,255	8,547	8,931
경상 GDP 성장률(%)	–	–3.03	–0.58	2.95	1.49	0.04	3.43	4.21	3.24	4.23
인플레이션(%)	–	–	21.5	21.3	19.5	26.7	22.1	20.0	13.6	8.1
실업률(%)	11.6	9.9	12.1	10.8	10.2	9.9	8.7	7.8	7.0	6.4
Gini 계수	–	–	27.9	–	–	–	–	26.4	27.6	27.2
빈곤율(%)	–	–	0.17	–	–	–	–	0.04	0.03	0.00

주: 1) 1인당 GDP는 2005년 기준 실질 미국 달러; 2) 인플레이션은 GDP 디플레이터의 변화율; 3) 실업률은 국제노동기구(ILO)가 추정한 값; 4) 빈곤율은 2011년 PPP 기준 하루 1.90 미국 달러 이하의 인구 비중.
자료: World Bank, World Development Indicators online database, 검색일: 2016.6.12.

거나 실업률이 증가하는 등의 체제전환정책의 부작용이 나타났던 것과는 대조적이라고 할 수 있다.

7.2.4 헝가리와 폴란드의 전환정책과 성과

헝가리와 폴란드는 체제전환정책을 가장 성공적으로 시행한 국가들로 받아들여진다. 두 국가의 정치·경제적 상황의 유사점이 존재하지만 실시한 정책의 속도나 내용면에서 상당한 차이를 가지고 있다. 그럼에도 불구하고 성공적인 정책성과를 거두었다는 점에서 두 국가의 특성을 비교해 보는 것은 정책적 시사점을 유추하는 것에 많은 도움이 될 것이다.

(1) 유사점

체제전환정책을 본격적으로 실시하기 이전의 헝가리와 폴란드는 다음과 같은 유사한 배경을 가지고 있는 것으로 알려져 있다(Kozminski,

1992, pp.315–317).

첫째, 양 국가는 비록 성공적이지 못하였지만 사회주의체제 내에서 시장경제를 도입하려는 끊임없는 노력이 있어 왔다. 이러한 노력으로 양 국가의 지식층, 경영층 및 기술자들은 서구의 시장경제에 대하여 다른 사회주의 국가들에 비하여 상대적으로 용이하게 적응할 수 있는 준비가 되어 있었다.

둘째, 지식적 측면이나 이념적 측면에서 전통적 공산주의를 수정하려는 노력이 끊임없이 시도되어 왔다. 이러한 노력으로 인하여 1989년 공식적인 체제전환이 시작되는 시기에는 비공산주의 사상을 가진 정치집단이 존재하고 있었다.

셋째, 폴란드(1950년대 말 이후)와 헝가리(1960년대 말 이후)는 미국이나 다른 서구 국가들과의 밀접한 교류가 있어 왔다. 따라서 이들 서구 국가들 내에는 폴란드와 헝가리 주민의 지역사회가 존재하고 있었고, 여행도 점점 자유화되어 상호 교류가 활발하게 이루어지고 있었다.

넷째, 이들 국가들에게 있어서 공산주의에 대한 불신이 매우 높았고, 공산주의의 정당성을 잃어가고 있었다. 1940년 소련 붉은 군대에 의한 폴란드 포로 대학살, 1956년 헝가리 혁명 그리고 폴란드의 노동자 파업에 대하여 소련군의 무력 진압(1956, 1970, 1982) 등에 의하여 공산주의의 잔학성에 대하여 양 국가의 국민들은 이미 인식하고 있었다.[25]

25 폴란드는 1948년 폴란드 통일노동당(Polish United Workers' Party: PUWP)이 공식적으로 결성되면서 통치하기 시작하였고 1952년에 소련의 체제를 본떠 만든 헌법이 채

이러한 사건들이 지속되면서 공산주의에 대한 이념적인 지지는 사라진 상태였다.

다섯째, 국내 수요를 부분적으로 충족하기 위한 정부의 시장기능 도입 정책으로 국가부채가 증가하게 되었다. 이는 헝가리와 폴란드 경제로 하여금 더욱 서구 국가들에 의존하게 만들었고 이를 극복하기 위하여 양 국가는 더욱 급진적인 개혁정책을 실시하게 하는 원인이 되었다. 따라서 다른 공산주의권 국가들이 소련의 누적된 문제점에 의해 몰락하게 되는 것과 달리 헝가리와 폴란드는 서구권 국가들과의 교류 과정에서 서서히 붕괴되기 시작했다고 할 수 있다.

여섯째, 폴란드에서 더욱 심각했지만 양 국가에서는 공산당과 정부 공무원의 불안정성(de-stabilization)이 있었다. 이들은 당시 다른 공산주의 국가에서 지배적이었던 변화 요구에 대하여 대응할 수 있는 능력이 충분하지 못하였다. 대표적인 것이 1980년 폴란드에 처음으로 설립된 자유노조(Solidarity)인데 1981년 12월의 계엄령에 의해서도 중단시킬 수 없었다.[26] 헝가리는 폴란드와 달리 급격하지는 않았지만 엘리트 그룹의 불안정성은 지속적으로 존재하였다. 이러한 현상은 1980년대 중반에도 계속되었고 1987년 카다르 체제가 무너지면서 절정에 도달하였다.

택되었다. 그 후 1956년 노동자들이 총파업을 일으켰으나 무력으로 진압되었다. 그 이후 집권한 고물카(1956–70)는 집단농장을 해체하는 등 통제가 많이 완화되었지만 경제적 위기 상황이 개선되지는 못하였다.

26 자유노조는 1980년대 이후 폴란드의 개혁을 주도한 노동조합이다. 1980년 자유노조의 위원장이었던 레흐 바웬사(Lech Walesa)는 조선소 파업을 시작으로 전국적으로 확대되었다. 자유노조는 1980년 9월 폴란드 정부에 의하여 합법화되면서 동유럽 사회주의 국가 중에서 최초로 국가통제를 받지 않는 자유노조가 되었다.

일곱째, 양 국가는 비록 공산주의체제 내에 있었지만 상대적으로 경쟁력 있는 민간부문이 존재하였는데 이는 일종의 지하경제(shadow economy)였다. 이러한 경제구조하에서 공산주의 지배계급들은 이러한 민간기업, 즉 지하경제와 연계되어 있었다. 이들은 자연스럽게 새로운 자본가계급이 되었고 따라서 자본주의로 체제가 전환하는 과정에서 이들은 큰 거부감이 없었다.

여덟째, 폴란드와 헝가리의 지식계층은 상호 긴밀한 관계를 갖고 있었다. 예를 들어 1968년 헝가리 혁명은 이미 폴란드에서 발생했던 1956년 혁명에 의해서 영향을 받았다고 할 수 있다. 마찬가지로 헝가리의 지속적인 개혁정책은 1980–89년 기간의 폴란드 개혁정책에 영향을 미쳤다.

(2) 차이점

양 국가 간의 여러 형태의 유사한 점이 존재하고 있었지만 개혁정책의 주체, 속도 및 내용 면에서 보면 상호 차이점도 찾을 수 있다. 양 국가의 가장 중요한 차이점은 본격적인 체제전환정책이 실시되기 이전에 개혁정책을 추진하는 주도세력이 합리적이고 일관되게 정책을 실시하였는가라는 점이다.

헝가리는 1956년 헝가리 혁명 이후 집권한 카다르(Janos Kádár) 지도체제하에서 구축된 정치적 안정 때문에 개혁정책이 매우 안정적이고 일관되게 시행되었다. 헝가리는 1968년 개혁을 시도한 이후 1972–80년 사이 진행속도가 느려지거나 정책의 실질적인 시행에 어려움이 있었지만 개혁 자체가 진행되지 않는 시기는 없었다. 헝가리의 이러한 특성은 공산주의 국가들 중에서 매우 유일한 경우라고 할 수 있다(Kozminski, 1992, p.327).

반면에 폴란드는 1957년 고물카(Wladyslaw Gomulka)에 의해 시도된 개혁정책은 1960년대 초와 1968−80년 사이에 많은 비난을 받았다. 폴란드의 개혁정책은 정책실시 시점의 정치적 이해관계에 의하여 실시되었기 때문에 정책은 비일관적, 모순적, 그리고 비합리적인 것이었다. 이러한 특징 때문에 1970년대 중반 이후 폴란드 경제는 헝가리보다 더욱 악화되었다(Kozminski, 1992, p.318).[27]

폴란드가 본격적인 개혁정책이 실시되기 시작한 것은 공산주의체제가 완전히 무너지고 본격적인 체제전환이 시작되는 1990년이라고 할 수 있다. 폴란드의 체제전환정책이 매우 급진주의적인 성격을 지니게 된 이유도 이러한 상황에 기인하였다고 할 수 있다.

(3) 경제성과 비교

헝가리와 폴란드의 중앙계획 체제로 전환된 이후와 체제전환정책이 실시된 이후의 1인당 GDP를 비교하면 [그림 7−1]과 같다. 1930년 이후의 1990년 기준 1인당 GDP를 보여 주는 것으로 몇 개 연도를 제외하고는 전체 기간에 대하여 헝가리의 1인당 GDP가 높은 것으로 나타난다. 다만 양 국가의 격차가 크게 나타나는 것은 1980년대임을 알 수 있다.

27 헝가리는 1970년대에 부가가치가 낮은 산업을 포기하는 정책을 이미 실시하고 있었다. 그러나 폴란드는 헝가리에 비해 굴뚝산업(smokestack industry)의 비중이 높고 소련 국방산업과 밀접하게 연계되어 있어서 세계 경쟁체제에 부응하는 산업구조로 개편하기가 쉽지 않았다(Kozminski, 1992, p.318).

그림 7-1 헝가리와 폴란드의 1인당 실질 GDP 추이

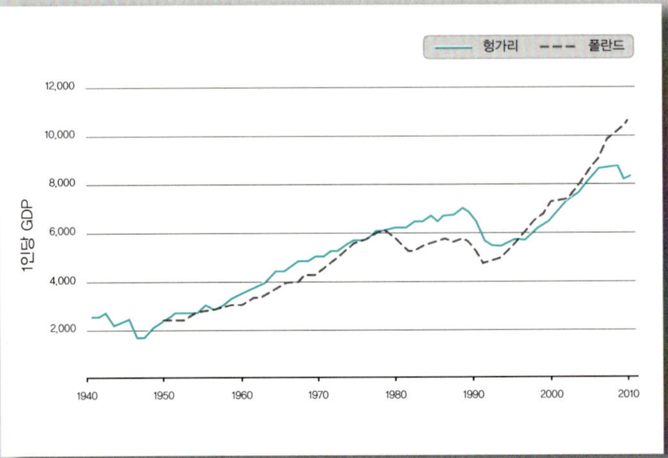

자료: The Maddison-Project, http://www.ggdc.net/maddison/maddison-project/home.htm, 2013 version, 검색일: 2016.5.20.

앞에서 논의하였듯이 양 국가는 소련의 지배를 상대적으로 덜 받고 서구 자본주의 국가와의 교류가 다른 사회주의 국가들에 비해 많았다는 유사점을 가지고 있다. 그러나 사회주의체제로 전환한 이후에 헝가리는 지속적이고 일관성 있는 개혁정책을 꾸준히 실시하여 왔다. 반면에 폴란드는 개혁을 시도한 초기에 헝가리와 달리 개혁정책에 대한 불신이 높았고 정치적 이해관계에 의하여 정책을 즉흥적으로 실시하였다. 따라서 폴란드는 헝가리와 달리 본격적인 체제전환이 이루어지기 시작하는 1990년까지 개혁정책이 제대로 실시되지 못하는 차이점을 보여 주었다.

양 국가의 이러한 차이점은 1970-80년대 전반적인 경제침체가 계속

표 7-8 헝가리와 폴란드의 연평균 1인당 GDP 증가율

	1945–50	1951–60	1961–70	1971–80	1981–90	1991–00	2001–08	1950–2008
헝가리	9.1	3.0	2.6	1.9	0.2	2.3	3.5	2.3
폴란드	–	2.5	2.6	2.0	–0.5	4.3	3.7	2.5

주: 1인당 GDP는 Maddison이 1990년 기준 Geary–Ghamis 미국 달러로 측정한 값임.
자료: The Maddison–Project, http://www.ggdc.net/maddison/maddison–project/home.htm, 2013 version.

되고 있었지만 양 국가의 경제적 격차가 더욱 확대되는 이유를 설명한다고 하겠다. 1인당 GDP의 성장률 현황을 [표 7–8]을 통해 보자. 헝가리는 1945–50년 연평균 1인당 GDP 증가율은 9.1%로 매우 높은 수준이었지만 이 기간의 폴란드 자료가 없어서 직접 비교가 되지 않는다. 1950년대에는 헝가리의 1인당 GDP 증가율은 3.0%로 폴란드의 2.5%보다 높았다. 그 이후 1960년대와 1970년대는 헝가리와 폴란드의 1인당 GDP 증가율은 비슷하였다고 할 수 있다. 즉, 헝가리가 1960년대와 1970년대 각각 2.6%와 1.9%였고, 폴란드는 각각 2.6%와 2.0%였다. 다만 두 국가의 1인당 GDP 증가율은 지속적으로 하락하고 있음을 알 수 있다.

경제성장률이 하락하는 추이는 1980년대에 지속되어 헝가리는 0.2%가 증가하는 데 그쳤고, 폴란드는 오히려 0.5%가 감소하였음을 알 수 있다. 이를 종합해 보면 소련과 마찬가지로 사회주의체제가 유지되던 기간에는 1인당 GDP 증가율이 초기가 가장 높았고 그 이후 체제가 몰락하는 1990년까지 지속적으로 하락하였음을 알 수 있다.

부표 7-1 [표 7-5] 자료의 해당 연도

지표	러시아		우즈베키스탄		키르기즈 공화국		카자흐스탄	
	1990	2014	1990	2014	1990	2014	1990	2014
1인당 GDP	1990	2014	1990	2014	1990	2014	1990	2014
명목 GDP 성장률(%)	1990	2014	1990	2014	1990	2014	1991	2014
인플레이션	1990	2014	1990	2014	1990	2014	1991	2014
Gini 계수	1993	2012	1988	2003	1988	2012	1988	2013
빈곤율(%)	1988	2012	–	2003	1988	2012	1988	2013

부표 7-2 [표 7-7] 자료의 해당 연도

지표	헝가리		폴란드		체코		슬로바키아	
	1990	2014	1990	2014	1990	2014	1992	2014
1인당 GDP	1990	2014	1990	2014	1990	2014	1992	2014
경상 GDP 성장률(%)	1992	2014	1991	2014	1991	2014	1993	2014
인플레이션(%)	1992	2014	1991	2014	1991	2014	1993	2014
Gini 계수	1993	2012	1992	2012	1993	2012	1992	2012
빈곤율(%)	1989	2012	1989	2012	1993	2012	1993	2012

8장

북한의 지속가능발전 지표

본 장에서는 북한의 경제, 사회 및 환경을 포함하는 지속가능발전과 관련된 주요 지표를 알아본다.

북한의 지속가능발전을 위하여 중요한 자연조건과 생태계와 관련된 기본 정보를 알아본다. 대한민국과 북한의 경제발전과 성장의 성과를 반영하는 지표로 두 나라의 1인당 실질 GDP추이를 알아보고 대한민국과 북한이 어떻게 차이를 보여 주는지를 비교하였다. 그 외에 지속가능발전을 위하여 기본적으로 파악하는 주요 경제지표인 수출입을 통한 대외무역 현황, 산업구조의 변화추이를 살펴보았다. 사회측면의 지표로 도시화율, 기대수명, 유아사망률, 경제자유지수 등의 추이를 검토하였고, 환경측면에서는 대기오염물질, 이산화탄소 등의 주요 환경지표 추이를 분석하였다.

8.1 북한의 자연

8.1.1 북한의 기후 및 수자원

북한은 사계절이 뚜렷하며 여름은 짧고 습하며 겨울은 길고 건조하다. [그림 8-1]-[그림 8-3]은 북한의 북부와 동부 그리고 서부 지역에서 각각 두 곳의 연평균 기온을 표시한 것이다. 북한지역은 전체적으로 연평균 기온은 9-10℃ 정도이며 여름의 평균기온은 24℃이고 겨울의 평균기온은 −5.5℃이다.

[그림 8-1]은 북한에서 가장 추운 지역에 속하는 북부 지역의 삼지연과 혜산에 대한 것인데 연평균 기온이 5℃ 이하임을 보여 준다. 특히 삼지연은 1981년 이후 연평균 기온이 2℃ 이하인 연도가 대부분인 아주 추운 지역임을 알 수 있다. [그림 8-2]의 동부 지역의 김책과 신포는 지난 40년간 상대적으로 연평균 기온의 변화가 뚜렷이 나타나는 지역이다. 전체적으로 1990년대 후반과 2000년대 후반 연평균 기온이 급격히 상승하면서, 전반적으로 기온이 상승하는 추세이다. 반면

그림 8-1 북부지역(삼지연, 혜산)의 평균기온

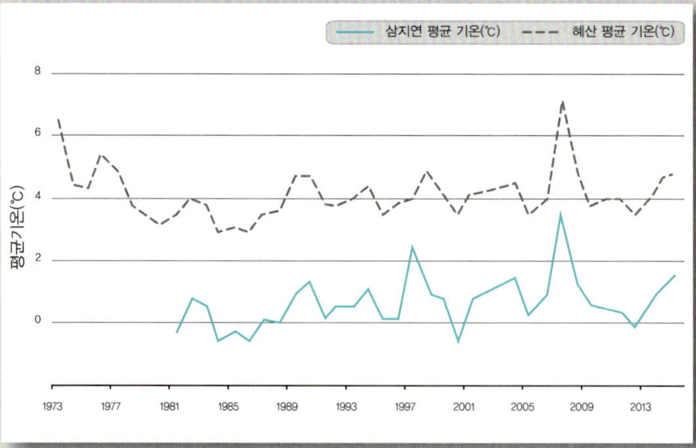

자료: 한국기상청 기상자료개방포털(http://data.kma.go.kr, 검색일:2016.8.10)의 자료를 이용하여 저자가 직접 그림.

그림 8-2 동부지역(김책, 신포)의 평균기온

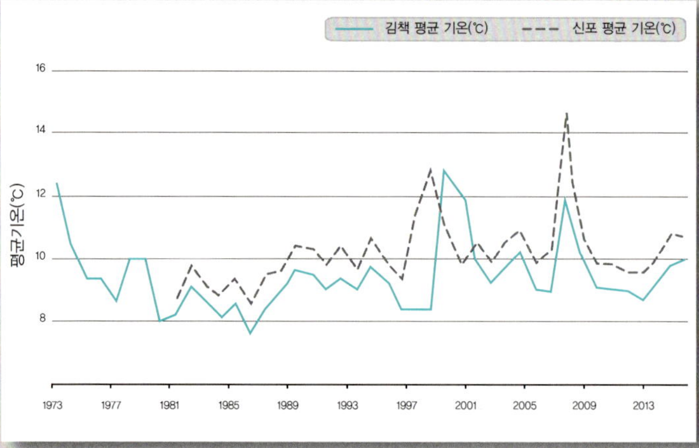

자료: 그림 8-1의 자료와 동일.

그림 8-3 서부지역(평양, 개성)의 평균기온

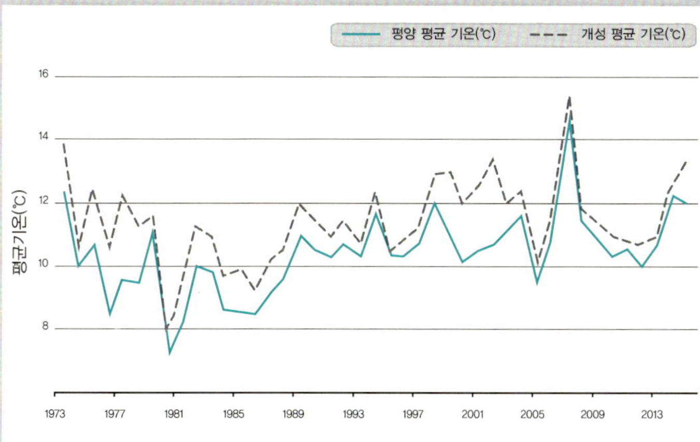

자료: 그림 8-1의 자료와 동일.

에 [그림 8-3]은 서부지역인 개성시와 평양시의 연평균 기온을 나타내고 있다. 2006년의 이상 고온을 제외하고는 지난 40여 년간 연평균 10℃ 초반을 유지하고 있음을 알 수 있다.

한반도의 기후변화는 전 세계 평균인 산업혁명 이후 상승한 것으로 알려진 0.75℃보다 빠르게 진행되고 있다. 1918-2000년 사이 80여 년 동안 한반도의 기온은 연평균 1.9℃ 상승하였다. 북한지역은 대한민국보다 더 빠른 속도로 기온 상승이 진행되고 있는데 겨울과 봄에 더욱 뚜렷하게 상승하고 있음을 알 수 있다. 1918년부터 2000년 기간을 보면 겨울 평균기온은 4.9℃ 상승하였고, 여름 평균기온은 2.4℃ 상승하였다(DPRK, 2012, p.75).

표 8-1 하루 강수량 75mm 이상 폭우가 내린 연평균 일수

	1980-1989년	1990-1999년	2000-2009년	2010-2016년
연평균(일)	36.2	39.8	39.3	66.0

자료: 한국기상청 기상자료개방포털(https://data.kma.go.kr, 검색일:2016.8.10)의 자료를 이용하여 저자가 직접 계산함.

한국기상청 자료에 따르면 북한의 연평균 강수량은 1,054mm이고 증가하는 추이를 보여 준다. 주로 여름 강수량이 전체 강수량의 60% 정도를 차지하고 있고 늘어나고 있는 추세이기 때문에 여름 홍수가 많이 발생한다. 반면에 겨울 강수량은 소폭 줄어들고 있다.[1] [표 8-1]을 보면 연평균 하루 75mm 이상 강수량의 빈도수가 특히 최근 6년 사이에 증가하였다. 하루 75mm 이상 강수량의 연평균 빈도수는 1980년대에는 36.2일이었지만, 2010년부터 2016년 사이에는 연평균 빈도수가 66일로 늘어났음을 알 수 있다.

[표 8-2]는 1980년 이후 북한의 지역별 폭우 빈도수를 나타낸다. 특히 2010년을 기준으로 폭우 빈도수가 상당히 증가하는 추세인데 지역별로 차이를 보여 주고 있다.[2] 북쪽 지방, 동쪽 지방, 서쪽 지방 모두 폭우 빈도수는 증가하는 추세지만, 특히 평양을 포함한 서쪽 지방에서 가장 높은 빈도를 보이고 북쪽 지방에서 가장 낮은 빈도를 나타내고 있다.

1 한국기상청 기상자료개방포털(https://data.kma.go.kr, 검색일:2016.8.10.).
2 북한의 강수량은 한국기상청의 기상자료개방포털(https://data.kma.go.kr, 검색일: 2016.8.10)에서 제공하는 북한 지역의 합계 강수량 자료를 이용하였으며 하루의 합계 강수량이 75mm 이상인 날을 폭우가 기록된 날로 하여 폭우 빈도수를 계산하였다.

표 8-2 북한의 지역별 폭우

도시	1980–1989년	1990–1999년	2000–2009년	2010–2016년
김책	4	9	11	14
신포	9	2	7	12
삼지연	3	5	2	6
희천	18	17	12	26
평양	10	16	13	14
개성	22	30	35	22

자료: 한국기상청 기상자료개방포털(https://data.kma.go.kr, 검색일: 2016.8.10.) 의 자료를 이용하여 저자가 직접 계산함.

폭우 빈도가 급격히 증가하는 추세는 향후에도 북한 지역에서 홍수나 폭우와 같은 자연재해의 발생 가능성이 점점 높아진다는 것을 의미한다. 따라서 이러한 자연재해에 잘 대처할 수 있는 홍수조기경보시스템의 구축에서부터 제방, 홍수방지 저수시스템 등 예방적 차원에서 사회 인프라 구축이 시급함을 알 수 있다. 이는 기후탄력적 시스템(climate resilient system)을 구축해야 함을 의미한다. 즉, 북한사회가 향후 예상되는 기후변화로 인해 증가할 것으로 예상되는 자연재해인 홍수 및 가뭄에 얼마나 탄력적인 사회제도 및 시스템을 구축하는 것이다.

일반적으로 연평균 강수량을 전체 국토 면적과 곱하여 한 나라의 총 수자원량을 계산한다. 이러한 계산에 따르면 북한의 총 수자원은 연 1,270억 m^3이다. 이 중 이용 가능한 수자원은 1년간 771억 m^3으로 추산된다. 북한은 100개의 호수, 1,700개의 저수지, 38개의 주요 하천이 있으며 이 하천들의 길이는 총 5,355km에 이르며, 10,208개의 작은 개천으로 이루어져 있다(DPRK, 2012, p.35).

표 8-3 북한의 주요 하천 현황

주요 강	면적 (km^2)	부피 (km^3)	사용가능한 양 (km^3)	손실 양 (km^3)
압록강	325.6	24.4	12.8	11.6
청천강	95.5	9.6	5.6	4.0
대동강	202.5	17.8	9.8	8.0
임진강	81.3	8.9	5.3	3.6
례성강	39.2	4.0	2.4	1.6
장연남대천	8.6	0.7	0.4	0.3
금야강	22.0	2.0	1.1	0.8
두만강	105.7	7.5	3.9	3.5

자료: 안재현 · 윤용남(2010), pp.17-26.

[표 8-3]은 북한의 주요 하천들의 현황을 나타내는데 하천은 지표수의 대부분을 차지한다. 북한의 하천 중에서 중국과 국경을 이루는 압록강이 가장 넓은 하천 면적을 가지고 있으며 사용 가능한 수자원의 양도 가장 많다.북한 내륙의 하천 중에서는 대동강의 하천 면적이 가장 크다. 대동강은 북한의 수도인 평양을 통과하여 남서방향으로 흘러 서해로 향한다.

북한은 대동강 주변의 높은 인구밀도와 공장들로 인해 강 하류의 수질이 전반적으로 나빠지고 있다([표 8-4] 참조). 1999년과 2008년 연평균 주요 수질오염지표인 화학적 산소 요구량(COD), 암모니아성 질소(NH4-N), 그리고 염소농도(CL)의 농도가 1988-2008년 기간에 모두 북한의 수질오염의 환경기준은 통과하고 있지만 전체적으로 수질이 나빠지고 있는 추세를 보이고 있다.

표 8-4 대동강 수질오염 상황

	1999	2008	환경기준
COD	1.25	2.15	3.0(mg/l)
NH4-N	0.35	0.22	0.3 이하(mg/l)
CL	8.7	11.49	30 이하(mg/l)

자료: DPRK(2012), p.38.

8.1.2 북한의 산림

북한의 산림지역의 면적은 1990년 89,455km^{2}에서 2005년 89,273km^{2}로 전체적으로는 큰 변화가 없다. 2005년 1인당 산림 면적은 약 0.4ha 정도이다(DPRK, 2012, p.47). 산림면적의 증가가 없는 이유는 여러 가지 원인을 지적할 수 있다. 먼저 같은 기간 동안 발생한 수차례의 자연재해, 경제 사정 악화, 식량부족에 따른 기아 발생 등으로 인해 발생한 식량난 해소를 위하여 산지개간, 연료 확보 및 외화 획득을 위한 벌목 등이 광범위하게 진행되었다. 이러한 결과가 나타난 것은 자체적인 산림복구 노력이 형식적으로 이루어져 성과를 거두지 못했기 때문이다. 또한 효율적인 산림경영으로 벌목된 지역이나 기존 산림을 관리하는 기술이 낙후된 것도 원인 중 하나라 할 수 있다.

따라서 경작이 가능한 산지는 경사도에 관계없이 다락밭으로 개간하여 전용되는 현상이 북한 전 지역으로 확산되었다. 이렇게 산림지역 중 목재생산이 가능한 지역이 전용되어 비목재 산림지역으로 바뀐 것은 같은 기간에 4,324km^{2}에서 8,768km^{2}로 두 배 정도 확대되었다. 특히 도시지역이 아닌 곳에서는 연료의 확보와 조리용으로 산림이 많이 훼손되었다. 2009년 비도시지역의 가구 중 약 177만 가구 이상이 연료의 확보와 조리용으로 땔감에 의존하고 있다(DPRK, 2012, p.48).

북한 지역에서의 기온 상승, 강수량 변화, 산림면적 변화, 산림지역 병충해 발생 등 자연재해와 인위적인 산림면적의 변화 등으로 인해 농작물 피해뿐만 아니라 농경지와 산림지역의 토양까지 영향을 받고 있다. 특히 산불은 2000년에서 2002년 사이 365건이 발생하였고, 이로 인해 128km^2 정도의 산림면적이 훼손되었고, 16,000-21,000m^{3}의 나무가 사라졌다. 병충해의 피해도 같은 기간 동안 약 300km^2 정도의 산림면적이 영향을 받은 것으로 추정된다(DPRK, 2012, p.48).

8.2 북한의 지속가능발전 지표

8.2.1 주요 경제지표

오랫동안 폐쇄적인 경제구조를 지속해 온 북한은 경제적 측면에서 아직도 최빈국 상태를 벗어나지 못하고 있다. 북한은 공식적인 경제지표를 발표하지 않기 때문에 정확한 경제 현황을 파악하는 것은 불가능하다. 대부분의 북한과 관련된 경제지표는 추정에 의하여 발표하고 있는 것이 현실이다. 가장 장기적인 자료를 보여 주는 것이 매디슨이 발표한 자료인데 1인당 실질 GDP를 대한민국과 북한을 비교한 것이 [그림 8-4]이다. 이 자료에 의하면 1970년대 중반까지는 북한의 1인당 GDP(1990년 기준 달러)가 대한민국과 유사한 수준을 유지하다가 그 이후 점차적으로 격차가 벌어지기 시작하여 1980년 이후 급격한 차이를 보이고 있음을 알 수 있다.

그림 8-4 대한민국과 북한의 1인당 실질 GDP 추이

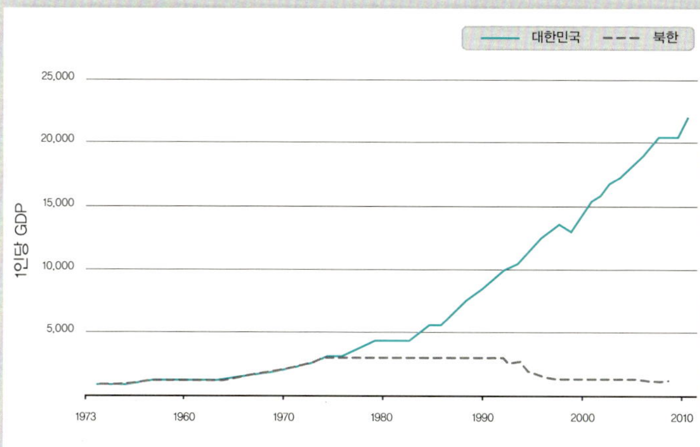

자료: The Maddison-Project, http://www.ggdc.net/maddison/maddison-project/home.htm, 2013 version.

일본으로부터의 해방 이전인 1940년에는 1인당 실질 GDP가 1,600달러였으나 해방 당시 1945년에는 683달러로 하락하였다. 남북 분단이 되기 이전 시기이기 때문에 이 값은 전체 한반도의 1인당 실질 GDP라고 할 수 있다. 그 이후 1950년 기준으로 대한민국과 북한의 1인당 실질 GDP가 동일하게 854달러로 추정되고 있으나 그 이후 1960년 각각 1,169달러와 1,105달러로 거의 차이가 나지 않는다. 1975년까지도 대한민국은 3,162달러였지만 북한은 2,841달러로 큰 차이를 보이지 않았지만 1980년대에는 격차가 급격히 벌어지기 시작한다. 1985년 대한민국과 북한이 각각 5,670달러와 2,841달러로 벌어졌으며 2000년에는 각각 14,375달러와 1,190달러 그리고 2008년에는 19,614달러와 1,122달러로 거의 17배 이상 큰 격차가 벌어졌다([표 8-5] 참조).

표 8-5 대한민국과 북한의 1인당 실질 GDP 추이

단위: 달러

	1940	1945	1950	1955	1960	1965	1970	1975
대한민국	1,600	683	854	1,169	1,226	1,436	2,167	3,162
북한	–	–	854	1,054	1,105	1,295	1,954	2,841
	1980	1985	1990	1995	2000	2005	2008	
대한민국	4,114	5,670	8,704	11,850	14,375	17,493	19,614	
북한	2,841	2,841	2,841	1,521	1.190	1.140	1,122	

자료: The Maddison-Project, http://www.ggdc.net/maddison/maddison-project/home.htm, 2013 version.

[표 8-6]은 북한의 주요 경제지표를 보여 준다. UN이 추정하는 북한의 1인당 실질 GDP(2005년 기준)는 1990년 752.0달러였지만 최근까지 지속적으로 하락하여 2012년 533.6달러 그리고 2014년 540.6달러로 나타났다. 대외교역 규모도 1990년에 비해 크게 증가한 것은 아니다. 수출과 수입을 합한 교역규모를 보면 1990년 29.3억 달러에서 큰 변화 없었지만 약간 하락하여 2014년에 23.0억 달러였다.[3] 북한 무역은 수출액보다는 수입액이 두 배 이상 많은 특징을 보이고 있으며 1990년대 이후 꾸준히 대외무역의 적자를 나타내고 있다. 그러나 2005년 이후 수출은 7억 달러 대 후반으로 정체되어 있고, 수입도 14억-15억 달러 정도를 유지하고 있어 지난 10여 년간 대외무역이 규모가 정체되어 있음을 알 수 있다.

3 한국은행이 발표하는 값과는 상당한 차이를 보여 준다. 1990년의 대외교역 규모는 41.7억 달러로 남북교역 규모는 제외되었다. 2010년과 2014년에는 각각 41.7억 달러와 76.1억 달러로 증가하였다(한국은행, http://ecos.bok.or.kr, 검색일: 2016.7.10.). 한국은행이 발표하는 국민소득은 원화로 발표하여 직접적인 비교는 어렵다.

표 8-6 북한의 주요 경제 지표

연도	단위	1990	1995	2000	2005	2010	2012	2013	2014
실질 GDP	억달러	151.9	120.6	115.1	130.3	129.6	132.3	133.7	135.1
명목 GDP	억달러	147.0	48.5	106.1	130.3	139.5	159.1	165.7	174.0
1인당 실질 GDP	달러	752.0	553.3	504.7	547.5	528.9	533.6	537.1	540.6
1인당 명목 GDP	달러	734.9	222.3	462.0	547.9	569.8	643.1	666.1	695.9
무역	억달러	29.3	11.4	16.4	22.2	22.1	22.5	22.8	23.0
수출	억달러	11.4	4.5	4.8	7.8	7.6	7.8	7.9	7.9
수입	억달러	17.9	6.9	11.5	14.4	14.4	14.7	14.9	15.1

주: 실질 GDP, 명목 GDP, 1인당 명목 GDP는 UN STAT의 자료이며, 1인당 실질 GDP(2005년 기준)는 실질 GDP를 인구수로 나누어 계산한 것임.

자료: UN STAT(http://data.un.org/Explorer.aspx?d=SNAAMA&f=grID%3a101%3bcurrID%3aNCU%3bpcFlag%3a0, 검색일: 2016.07.11.); World Development Indicators(http://databank.worldbank.org, 검색일: 2016.01.22.).

북한 산업구조의 변화에 관한 개괄적인 변화 추이를 살펴보면 [표 8-7]과 같다. 북한의 경제정책이 1990년대 들어 고립주의를 추구하여 대외경제부문이 위축되고, 중공업 중심의 산업구조가 붕괴되는 과정을 거치게 되었다. 결과적으로 북한의 산업구조를 보면 경공업 비중이 조금 상승하고, 서비스업 비중이 상대적으로 많이 높아지는 추세를 나타내고 있다. 특히, 서비스업은 1990년과 비교하여 2015년에 GDP 중에서 차지하는 비중이 18%에서 32%를 넘어 14%p 이상 증가하였다. 반면에 중화학공업이 GDP에서 차지하는 비중은 같은 기간에 25.6%에서 13.4%로 거의 절반으로 감소하였다. 전력·가스·수도업은 2010년대에는 3-4% 정도의 GDP 비중을 차지하고 있어 GDP에

표 8-7 산업별 부가가치 비중 추이

연도	1990	1995	2000	2005	2010	2011	2012	2013	2014	2015
농림어업	27.4	27.6	30.4	25.0	20.8	23.1	23.4	22.4	21.8	21.6
광공업	40.8	30.5	25.4	28.9	36.3	36.5	35.9	35.7	34.4	32.7
제조업	31.8	22.5	17.7	19.0	21.9	21.9	21.9	22.1	21.3	20.4
경공업	6.2	6.8	6.5	6.7	6.6	6.5	6.7	6.8	6.9	7.0
중화학공업	25.6	15.7	11.2	12.4	15.3	15.4	15.2	15.4	14.4	13.4
전기·가스·수도업	5.1	4.8	4.8	4.3	3.9	3.1	3.5	4.1	4.3	4.5
건설업	8.6	6.7	6.9	9.6	8.0	7.9	7.8	7.8	8.2	9.0
서비스업	18.0	30.3	32.5	32.2	31.0	29.4	29.4	30.0	31.3	32.2

자료: 한국은행 경제통계시스템(ecos.bok.or.kr, 검색일: 2016.8.29).

서 차지하는 비중이 1990년대보다 지속적으로 감소하고 있음을 알 수 있다.

구체적으로 북한의 주요 산업의 생산실적 추이를 살펴보면, 경제 회복이 제한적임을 알 수 있다([표 8-8] 참조). 경제성장을 위한 사회간접자본 형성에 중요한 산업인 철강석, 시멘트, 전력부문을 보면 알 수 있다. 북한 당국이 이 부문에 대한 집중적인 투자로 2009년 이후 상대적인 회복세를 나타내고 있으나 아직도 1990년 생산수준을 회복하지 못하고 있다. 특히 생산 활동에 매우 중요한 생산요소인 전력량은 2014년까지 200억 kWh 이상을 생산하였으나, 2015년 다시 190억 kWh 정도로 생산이 하락하였다. 이는 1990년의 277억 kWh의 2/3 수준으로 전력생산에 문제가 있음을 알 수 있다.

조강 생산량도 2015년에도 1990년 생산수준의 30%에 미치지 못하고

표 8-8 주요 산업 생산실적 추이

단위: 억kWh, 만 톤

연도	발전량	석탄	철광석	곡물	시멘트	조강	비료
1990	277	3,315	843	402	613	336	89
1995	230	2,370	422	345	422	153	68
2000	194	2,250	379	359	460	109	54
2005	215	2,406	491	454	593	117	45
2010	237	2,500	509	–	628	128	46
2011	211	2,550	523	–	645	123	47
2012	215	2,580	519	–	645	122	48
2013	221	2,660	549	–	660	121	49
2014	216	2,709	547	–	668	122	50
2015	190	2,749	491	–	670	108	53

자료: 한국은행 경제통계시스템(ecos.bok.or.kr, 검색일: 2016.8.29).

있다. 시멘트의 생산량은 2010년에 겨우 1990년 수준을 넘어서고 있는 실정이다. 주민의 생활과 직접적인 연관이 있는 곡물 생산과 이와 관련이 많은 비료의 생산은 곡물의 경우 자료가 2010년 자료는 없으나 비료생산으로 유추한다면 비료 생산이 2015년에도 1990년 생산수준보다 많이 부족한 실정이다.

8.2.2 주요 사회 지표

북한의 주요 사회 관련 지표를 [표 8-9]에 정리하였다. 북한의 총인구는 1990년 약 2천만 명에서 2014년에는 2천5백만 명으로 25년 사이 약 5백만 명이 증가하였다. 이 중에서 경제활동에 참가하는 인구의 비중은 약 80% 전후를 나타내고 있어 상대적으로 많은 사람들이

표 8-9 북한의 사회 관련 지표

연도	단위	1990	1995	2000	2005	2010	2011	2012	2013	2014
총인구	백만명	20.2	21.8	22.8	23.8	24.5	24.6	24.8	24.9	25.0
경제활동참가율	%	84.3	83.8	82.6	81.3	80.2	79.9	79.8	79.6	79.5
도시인구비율	%	58.4	59.0	59.4	59.8	60.2	60.3	60.4	60.6	60.7
여성인구비율	%	51.4	51.3	51.3	51.2	51.1	51.1	51.1	51.1	51.1
기대수명		69.3	66.1	65.0	68.2	68.9	69.2	69.5	69.8	70.1
유아사망률	출생 1000명당	43.4	72.8	60	32.7	31.3	30.1	28.7	27.4	26.1
이동전화가입자수	인구 백명당	–	–	–	–	1.76	4.06	6.87	9.72	11.19
경제자유지수		–	8.9	8.9	8.0	1.0	1.0	1.0	1.5	1.0
(순위)		–	100 /100	159 /159	154 /154	178 /178	178 /178	178 /178	176 /176	177 /177

주: 경제자유지수는 높을수록 자유수준이 높은 것을 의미하며 0부터 100사이의 값을 가짐.
자료: 통계청 북한통계, http://kosis.kr/bukhan/statisticsList/statisticsList_01List.jsp#SubCont, 검색일: 2016.08.30.

경제활동에 참여하고 있음을 알 수 있다. 도시화의 정도를 나타내는 도시인구의 비중은 1990년 58.4%에서 2013년 60.5%로 소폭 증가하였지만 거의 변화가 없었다. 대한민국과 비교하여 북한에는 약 40% 정도의 인구가 농촌을 포함하여 비도시지역에서 경제 및 사회활동을 하고 있다. 북한 총인구 중 여성이 차지하는 비중은 50%를 조금 상회하여 여초현상이 나타나는 국가라 할 수 있다.

북한 인구의 기대수명은 1990년에서 2014년 사이 거의 변화가 없이 70세 이하에 머물러 있어 기대수명이 상승하여 급격히 노령사회로 접어드는 대한민국과 대조를 이루고 있다. 출생 천 명당 유아사망으로 계산되는 유아사망률이 2014년에도 26명 정도에 이르고 있어 상대적으로 높은 유아사망률을 보이고 있다. 인구 백 명당 이동전화 가입자수는 2010년 1.8명에서 2014년 약 11.2명으로 불과 5년 사이에 9배가 증가하는 급증세를 보이고 있다.

헤리티지 재단이 매년 발표하는 경제자유지수는 제도적인 측면에서 경제자유의 정도를 국가별로 비교 분석이 가능한 지수이다. 북한은 2010년과 2014년 기준으로 지수 값이 각각 1.0과 1.3으로 184개국 중 179위와 178위를 차지하고 있다.[4] 이 지표에 따르면 북한은 전 세계 국가 중에서 가장 낮은 경제자유도를 가진 국가에 속한다. 이는 북한이 폐쇄적인 대외무역 정책과 더불어 세계에서도 시장기능이나 자유로운 경제활동이 가장 어려운 국가 중 하나임을 보여 주고 있다.

8.2.3 주요 환경지표

북한의 주요 환경 관련 지표를 [표 8-10]에 정리되어 있다. 북한의 이산화탄소 배출은 1990년 1억 3천만 톤을 정점으로 이후 점차 감소하여 2012년에는 1990년 배출량의 50% 이하인 6천만 톤 정도이다. 이산화탄소의 배출은 에너지 사용량과 밀접한 관계가 있는데 특히 북한은 이산화탄소의 배출이 많은 석탄의 사용량이 많은 국가이다. 북한 경제는 1990년 이후 에너지 사용이 많은 중공업의 비중이 낮아지고, 전력생산이 감소되어 에너지의 총 사용량이 2012년 2천1백만 톤 정도로 1990년과 비교하여 많이 감소하였음을 알 수 있다. 상대적으로 온실가스 효과가 높은 메탄가스는 1990년에서 2012년 사이에 2천만 톤

4 경제자유지수는 4개 부문(법의 지배, 제한된 정부, 규제 효율성(regulatory efficiency), 시장 자유화)을 반영하는 총 10개의 지표별 점수를 동일한 비율로 산술평균하여 계산하며 가장 낮은 0에서 시작하여 가장 높은 100점까지 있다. 헤리티지 재단 홈페이지 참고(http://www.heritage.org/index/ranking, 검색일: 2016.7.12.).

표 8-10 북한의 환경 관련 지표

연도 \ 단위	CO_2배출량 ($MtCO_{2e}$)	CH_4배출량 ($MtCO_{2e}$)	N_2O배출량 ($MtCO_{2e}$)	총 에너지 사용량 (MTOE)
1990	133.56	19.25	11.82	38.61
1995	95.24	14.88	7.67	26.87
2000	83.10	14.13	7.87	21.59
2005	89.44	15.92	7.52	23.40
2006	92.16	16.20	7.40	23.50
2007	79.16	16.47	7.26	20.17
2008	86.27	16.77	7.25	22.22
2009	85.79	17.17	7.24	20.94
2010	81.54	17.34	7.06	20.67
2011	62.47	17.72	7.31	20.82
2012	59.55	17.87	7.34	20.97

자료: CAIT Climate data explorer(http://cait.wri.org, 검색일: 2016.8.30.), EIA 데이터베이스(https://www.eia.gov/cfapps/ipdbproject/iedindex3.cfm?tid=44&pid=44&aid=2&cid=KN,&syid=1990&eyid=2012&unit=QBTU, 검색일: 2016.8.30.).

이하로 배출하고 있다. 대기오염물질인 이산화질소 배출량은 1995년 이후 7-8백만 톤을 유지하고 있다.

환경과 자연생태계를 보호하는 것은 북한의 지속가능발전과 주민들의 윤택한 삶을 유지하는 데 매우 중요하다. 북한은 1986년 〈환경보호법〉을 제정하여 환경보호에 대한 기본 원칙을 규정하였고, 1990년대 이후 산림, 수자원, 강 등과 같은 구체적인 법률을 제정하였다. 또한, 환경오염과 자연 생태계 파괴를 방지하기 위해서는 환경영향평가가 필수적인 만큼 이를 규정하는 〈환경영향평가법〉을 2005년에 마련하였다. 주요 생산 및 경제활동으로 인한 환경오염 및 생태계 파괴를

표 8-11 북한의 환경보호 법률 및 규정

법률 및 규정	연도	내용
토지법	1977	토지소유권, 기획, 개발, 보호, 건설, 관리 및 감독에 관한 규정
환경보호법	1986	환경보호에 대한 오염 제어 및 지도와 감독의 기본원칙을 규정
산림법	1992	숲 이용의 범주, 재식림 및 보호를 포함한 국가의 산림 자원의 관리에 대한 조항을 규정
도시관리법	1992	건물 유지 보수, 물 공급 및 배수, 난방 시설 운영, 도시 도로, 하천 개선, 도시미화에 대한 조항을 규정
수자원법	1997	안내 및 설문 조사, 개발, 수자원의 사용 및 보호를 정의; 위반의 경우 법적 의무를 규정
토지 및 환경보호 규제법	1998	토지 환경 제어 및 감독을 위한 법적 책임 수립, 위반의 심각성을 정의
공중위생법	1998	위생 환경에 대한 규정을 설정, 위생 상태를 규제
국토개발계획법	2002	국토개발 방법 및 절차를 규정, 농지 제어, 재산림과 강 개선을 우선, 도시 스프롤 현상 방지
강 관련법	2002	하천 개선, 건설, 보호 등을 위한 국가 및 지방 하천의 규정
환경영향평가법	2005	환경 영향 평가 절차를 규정
대동강의 오염보호법	2005	수질 보호 및 재산림 촉진
독성화학물질법	2006	금지/통제된 화학 물질의 처리 및 정의 방법
폐기물법	2007	일반 및 독성 폐기물의 규제 및 관리 규정

자료: DPRK(2012), p.12.

방지하기 위하여 북한 정부는 1992년 〈도시관리법〉을 제정한 이후, 〈국토개발계획법〉(2002), 〈폐기물법〉(2007) 등 환경 각 분야에서 법과 규정을 마련하였다([표 8-11] 참조).

9장

북한에 대한 정책적 시사점

본 장에서는 기존 체제전환국들의 체제전환과정에서의 경험과 이 책의 연구결과를 종합적으로 비교·검토한다. 이를 통하여 앞으로 경제적 체제전환과 시장경제의 도입을 보다 적극적으로 추진할 것으로 예상되는 북한에 대한 정책적 시사점을 도출하고자 한다.

기존 체제전환국들의 공통적인 정책방향은 경제적 안정화, 가격 자유화, 개방화 및 민영화라는 시장경제 기능을 도입하는 것이었다. 그렇지만 이들 국가들의 경제성과가 국가별로 상이하게 나타나는 것은 정책의 구체적 내용이나 정책이 실시되는 속도 등이 국가별 차이가 있었기 때문이었다.

현 시점에서 북한이 체제전환을 시도하는 경우 과거 체제전환국들의 경험을 바탕으로 정책을 실시한다고 보아야 한다. 그러나 과거 이들 국가들의 시행한 정책 중에서 어떤 정책을 어떤 속도로 할 것인가에 대한 결정이 필요하다. 특히 중요한 것은 장기 전략으로 단순히 경제성장이라는 정책 목표에서 더 나아가 사회발전과 환경도 경제와 동시에 고려하는 지속가능발전을 추구해야 한다는 점이다.

9.1 정책성과에 대한 평가

대표적인 사회주의 국가였던 소련은 제7장에서 살펴보았듯이 1960년대에 비해 1970년대와 1980년대에 들어서 경제성장률이 오히려 하락하였다. 마찬가지로 중국도 1970년대 전후에 문화혁명을 거치면서 경제는 더욱더 피폐해지게 되었다. 이러한 문제점을 타개하기 위하여 중국은 1970년대 말부터 그리고 소련은 1980년대 중반부터 사회주의 체제를 유지하면서 개혁·개방 정책을 실시하기 시작하였다. 그렇지만 소련은 성공적인 정책성과를 달성하지 못하였고 오히려 1990년대에 들어서면서 사회주의체제가 붕괴되었다. 소련의 붕괴는 많은 동구권 국가들이 사회주의체제를 포기하고 시장경제체제로 전환하려는 체제전환의 계기가 되었다.

이들 국가들의 체제전환정책이 시장경제체제를 도입하려고 했다는 점에서는 정책 방향이 일치하였다고 할 수 있다. 그렇지만 거의 같은 시점에서 유사한 정책이 실시되었음에도 불구하고 25년이 지난 현재 시점에서 볼 때 정책성과는 상이하게 나타나고 있는 것이 현실이다.

이러한 결과가 나타나는 중요한 원인 중의 하나로 볼 수 있는 것은 개별 국가의 정책 수단과 정책을 실시하는 속도가 국가별로 다르게 나타난다는 점이다. 그리고 체제전환국들이 과거 사회주의체제가 수립되기 이전에 얼마나 시장경체 체제에 대한 경험이 있었는가도 중요한 원인이 되었다. 특히 사회주의체제 내에서 얼마나 시장 친화적인 정책을 실시하고 있었는지도 정책성과를 결정하는 중요한 원인이 되었다.

본 장에서는 기존의 많은 연구에서 수행한 경제지표에 의한 정책성과를 주요 체제전환국인 비셰그라드 4국과 동아시아 4개국에 대하여 비교해 본다. 두 그룹 국가의 특징은 체제전환 초기에 1인당 실질 GDP 수준이 상당히 차이가 있었다([그림 9-1] 참조). 비셰그라드 4국의 경우 체제전환을 시작한 1990년대 초반에 이미 거의 1만 달러 수준의 1인당 실질 GDP에 도달하고 있었다. 반면에 중국을 비롯한 동아시아 4개국의 경우 체제전환 초기 1인당 실질 GDP가 매우 낮아서 비셰그라드 4개국의 체제전환 초기 경제상황과는 매우 달랐다는 사실을 알 수 있다.

[표 9-1]의 국가들을 보면 같은 체제전환국임에도 불구하고 경제적 성과는 다양하게 나타나고 있음을 알 수 있다. 따라서 이들 국가들의 서로 다른 정책성과를 설명하는 특성이 무엇인가를 알아보는 것은 체제전환정책에 대한 시사점을 얻기 위하여 매우 중요하다.

첫째, 체제전환의 형태에 있어서 차이점이 있다. 중국을 비롯한 동아시아 4개국은 정치적 체제전환은 이루어지지 않은 상태에서 경제적

그림 9-1 비셰그라드 및 동아시아 4개국 경제발전 추이

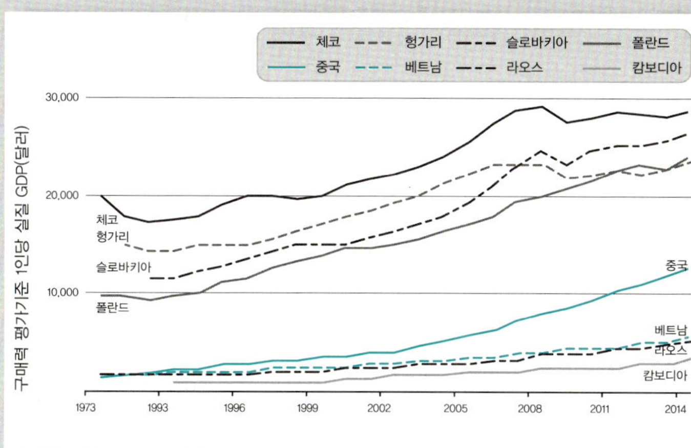

자료: World Bank, World Development Indicators(http://databank.worldbank.org/–data/views/variableSelection/selectvariables.aspx?source=world–development–indicators, 자료검색일: 2016.07.05.).

체제전환이 이루어진 국가들이다. 이 국가들의 주요 특징은 정치적으로는 아직도 사회주의체제를 유지하고 있으면서 경제적으로 시장체제를 도입하는 경제적 체제전환을 시도하고 있다는 공통점이다. 반면에 비셰그라드 4개국은 다당제를 택하는 등 정치적 체제전환도 동시에 이루면서 경제적 체제전환을 시도한 국가들이다.

둘째, 체제전환정책의 실시 속도는 크게 급진주의와 점진주의 정책으로 크게 나누어 볼 수 있다. 급진주의는 개혁정책의 속도가 매우 빠르게 진행되는 것을 의미한다.

급진주의는 가격 자유화, 사적재산권이나 소유권과 같은 개혁정책이 급격하게 실시되는 것을 의미한다. 급격한 변화는 각 부문을 동시에

표 9-1 비셰그라드 및 동아시아 4개국의 경제 지표

지표	1978-85	1986-90	1991-95	1996-2000	2001-05	2006-10	2010-13
〈1인당 실질 GDP(2005년 기준) 평균(달러)〉							
헝가리	-	-	7,438	8,254	10,208	11,440	11,300
폴란드	-	4,760	4,746	6,228	7,404	9,362	10,575
체크	-	10,300	9,328	10,480	12,100	14,660	14,725
슬로바키아	-	-	7,155	8,788	10,432	13,980	15,050
중국	252	426	640	987	1,454	2,422	3,260
베트남	265	283	359	487	624	820	966
라오스	242	246	284	394	432	572	706
캄보디아	-	-	255	295	400	570	657
〈연평균 1인당 실질 GDP 성장률(%)〉							
헝가리	-	-	0.27	4.26	5.11	-1.08	1.20
폴란드	-	-	4.71	5.89	3.66	4.78	2.64
체크	-	-	2.16	1.20	4.24	0.70	0.23
슬로바키아	-	-	-	2.78	5.79	3.97	1.83
중국	10.77	6.68	14.02	8.20	10.95	12.05	8.42
베트남	-	2.97	7.75	5.16	6.32	5.41	4.81
라오스	-	1.20	4.06	4.26	5.20	6.53	6.85
캄보디아	-	-	-	5.44	8.81	4.37	5.90

주: 경제성장률은 1인당 GDP 증가율임.
자료: World Bank, World Development Indicators(http://databank.worldbank.org/data/views/variableSelection/selectvariables.aspx?source=world-development-indicators, 자료검색일: 2016.7.5.).

개혁하여 상호 간에 시너지 효과를 나타낼 수 있어서 생산성이나 국민소득의 급격한 증가로 나타날 수 있다. 반면에 급격한 민영화나 자유화 정책은 시장이 이러한 정책의 변화에 적응하기에 시간이 걸리는 경우 그 효과가 나타나는 것에 비해 물가상승, 실업률 증가 혹은 소득분배 악화라는 또 다른 문제가 대두될 수도 있다. 급진적인 정책을 실시한 대표적인 국가는 폴란드이고 그 외에 러시아를 비롯한 독립국가연합(CIS) 국가들이 있다.[1]

폴란드와 러시아처럼 급격한 가격 자유화 정책은 초인플레이션과 높은 실업률이라는 부작용을 감수해야 한다. 특히 잉여화폐(monetary overhang)량이 많은 국가일수록 인플레이션 압박을 더욱 강하게 할 수 있다.[2] 사회주의체제하에서 제품 공급량이 정부의 계획에 의하여 결정되어 소비자의 소비욕구를 충족시키기에는 부족하였다. 그러나 급격한 자유화를 통하여 시장에 제품공급이 증가한다면 그동안 누리지 못하였던 소비 제품의 선택폭과 종류가 확대되어 수요가 폭발적으로 증가하여 인플레이션 압박이 강하게 된다. 따라서 개혁 초기에 인플레이션의 압박을 억제하고 안정적인 거시 경제적 구조를 유지하기 위한 안정적인 금융시스템이 구축되어야 한다.

점진주의는 개혁정책을 경제주체나 시장이 적응할 수 있는 시간적인 여유를 가지고 천천히 정책을 실시하는 경우이다. 점진적으로 개혁정책을 실시하는 과정에서 손해를 볼 것이라고 생각하는 기존의 기득권

1 급진주의형 전환정책을 실시한 국가들은 폴란드(1990년 1월)에서 시작하여 체코슬로바키아(1991년 1월), 불가리아(1991년 2월), 러시아(1992년 2월), 알바니아(1992년 7월), 에스토니아(1992년 9월), 그리고 라트비아(1993년 6월)이다(Marangos, 2003, pp.943).

2 체제전환을 통한 가격 자유화 및 대외무역 자유화는 기존에 가계들이 보유하고 있던 잉여화폐가 시장으로 나오게 되고 이는 곧 수요가 폭발하면서 물가가 상승하게 된다. 특히 러시아의 가이다 개혁에서 볼 수 있듯이 파산할 가능성이 높은 기업을 회생시키기 위하여 중앙은행이 통화량 증대에 의한 신용확대는 인플레이션 압박을 더욱 크게 하였다.

세력들이 개혁에 대한 반발이 일어나 오히려 반개혁정책으로 전환될 가능성이 있다. 그리고 미래의 불확실성 때문에 투자자들은 투자에 대한 의사결정을 미루게 되어 경제성장에는 확실한 효과를 기대하기 어려울 수 있다. 점진주의적 정책을 실시한 대표적인 국가는 비셰그라드 국가 중에서 헝가리를 들 수 있고 동아시아 4개국이 해당된다.

셋째, 어느 정책 방향이 바람직한 것인가는 최종적으로 정책성과를 보고 판단할 수밖에 없다. 어떠한 상태가 성공적인 성과를 거두고 있는가는 어느 시기를 기준으로 볼 것인가 그리고 어떤 변수를 가지고 설명할 것인가에 따라 결과가 다양하게 나오기 때문에 성공 여부를 일방적으로 단정하기 어렵다. 그러나 경제적 차원에서 본다면 1990년대의 중부 및 동부 유럽의 급진주의적 개혁은 매우 어려운 시기를 벗어나 경제발전의 궤도에 도달하고 있다고 볼 수 있다. 물론 점진주의적인 정책을 실시하고 있는 중국도 매우 성공적인 성과를 거두고 있다고 할 수 있다.

[표 9-1]을 보면 국가별로 그리고 시기별로 경제성과가 서로 다르게 나타나고 있음을 알 수 있다. 먼저 비셰그라드 4개국 중에서 헝가리와 체코는 체제전환 정책을 실시하기 시작한 1990년대에 비하여 2000년대 중반부터는 경제성장률이 오히려 하락하고 있음을 알 수 있다. 물론 1인당 GDP는 지속적으로 증가하고 있다. 반면에 폴란드와 슬로바키아는 체제전환 정책을 실시한 1990년대 이후 꾸준한 경제성장률을 유지하고 있다.

동아시아 국가 중에는 중국이 체제전환정책을 실시한 이후 꾸준히 매우 높은 경제성장률을 유지하고 있다. 1인당 GDP도 체제전환 정책 실시 당시 251달러(1978-85년 연평균)에서 3,260달러(2010-13년 연평균)로 거의 15배가 증가하였다. 반면에 다른 동아시아 국가들은 꾸준한 경제성장률에도 불구하고 중국에 비해 1인당 GDP가 아직은 낮은 수준에 머물러 있다.

9.2 기존 연구의 성과와 시사점

체제전환정책을 실시하고 25년여 정도가 지난 이후 정책성과가 과연 만족할 만한 수준에 도달하였는가를 파악하고 평가하는 것은 매우 어려운 문제이다. 이 책에서는 단순히 경제적 성과뿐만 아니라 지속가능발전이라는 차원에서 정책성과를 파악하고자 하였다.

[표 9-2]는 앞에서 논의한 많은 연구들의 체제전환국 분류를 기준으로초기조건과 체제전환정책이 정책성과와 어떻게 연계되는가를 보여주고 있다. 먼저 Sachs et al.(2000)에 의해 초기조건이 EU 경계국가로 분류된 국가들을 보자. 이 국가들은 De Melo et al.(1996)의 정책 분류 기준에 따르면 모두 그룹 1에 속해서 체제전환국 중에서 가장 빠르게 전환정책을 실시한 국가로 분류되어 있다. 그리고 Dabrowski(1996)의 분류에 의하면 체코, 폴란드 및 슬로바키아는 빠르게 정책을 실시한 국가로 분류되었지만 헝가리 및 슬로베니아는 느리지만 통합적인 정책을 실시한 것으로 분류하였다. 이를 종합하여 보면 초기조건으로 EU 근접국가이면서 빠른 전환정책을 실시하거나 느리지만 통합적인 정책을 실시한 국가그룹이 성공적인 정책성과를 거두었음을 알 수 있다.

표 9-2 동유럽 체제전환 국가들의 초기조건, 전환 정책 및 성과

해당 국가	초기	전환정책		정책성과
	Sachs et al.	Dabrowski	de Melo et al.	Szyrmer
크로아티아	EU 경계 국가	–	그룹 1	성공
체코		그룹 B	그룹 1	유보
헝가리		그룹 C	그룹 1	성공
폴란드		그룹 B	그룹 1	성공
슬로바키아		그룹 B	그룹 1	성공
슬로베니아		그룹 C	그룹 1	성공
불가리아	발칸 국가	그룹 D	그룹 2	성공
마케도니아		그룹 D	그룹 1	미분류
루마니아		그룹 D	그룹 2	유보
에스토니아	발트 국가	그룹 B	그룹 2	성공
라트비아		그룹 B	그룹 2	성공
리투아니아		그룹 D	그룹 2	성공
알바니아	알바니아	그룹 B	그룹 2	미분류
벨라루스	서부지역 구소련국가	그룹 E	그룹 4	미분류
몰도바		그룹 D	그룹 3	유보
러시아		그룹 D	그룹 3	실패
우크라이나		그룹 E	그룹 4	실패
아르메니아	코카서스	그룹 F	그룹 3	미분류
아제르바이잔		그룹 F	그룹 4	미분류
조지아		그룹 F	그룹 3	미분류
카자흐스탄	중앙아시아	그룹 E	그룹 3	미분류
키르기즈공화국		그룹 D	그룹 3	미분류
타지키스탄		그룹 F	그룹 4	미분류
투르크메니스탄		그룹 E	그룹 4	미분류
우즈베키스탄		그룹 E	그룹 4	미분류
세르비아	–	그룹 F	–	–
보스니아	–	–	–	–

주: 체제전환정책에서 그룹 A: 즉각적인 실시, 그룹 B: 빠른 실시, 그룹 C: 느리지만 통합적임, 그룹 D: 빠르지만 불완전, 그룹 E: 체계적 변화 없음, 그룹 F: 분쟁국가.

자료: Sachs et al.(2000), p.13의 [표 4].

그 외 국가 중에서 성공적인 정책성과를 보여 준 국가는 에스토니아, 라트비아 및 리투아니아가 포함되어 있는데 이들은 발트지역 3국으로 지역적 위치라는 초기조건이 동일하다. 이들 국가들은 리투아니아(빠르지만 불완전)를 제외한 두 개 국가는 빠른 전환정책을 실시한 국가로 되어 있다. 종합하면 초기조건에 EU 경계국가이거나 발칸국가로 분류된 국가들은 빠른 전환정책 혹은 느리지만 통합적인 전환정책을 실시하였고 성공적인 정책성과를 거두었다고 평가할 수 있다.

정책성과를 실패라고 분류한 국가는 러시아와 우크라이나이다. 초기조건으로 서부지역 소련 국가로 분류된 전체 4개국 중 2개국에 속하고, 전환정책으로 보면 러시아는 하위중간 개혁국가(그룹 3)에 속하고 우크라이나는 느린 개혁국가(그룹 4)에 속한다. 체제전환정책 측면에서 Dabrowski의 분류를 보면 러시아는 빠르지만 불완전(D)한 정책을 실시했고, 우크라이나는 체계적 변화(E)가 없는 그룹으로 분류되었다. 같은 초기 조건으로 분류된 벨라루스와 몰도바는 정책성과가 미분류로 판단되었다.

위의 결과를 종합하면 초기 조건이 EU 경계국가로 분류되면서 빠른 전환정책을 실시하거나 아니면 느리지만 통합적인 체제전환국가로 분류된 국가들이 정책성과가 성공적이었다고 판단하고 있다. 그리고 정책성과가 성공적이라고 분류한 국가는 초기조건이 발트국가이면서 빠른 체제전환정책을 실시한 국가들이었다.

이 책의 제4장에서는 체제전환정책의 성과를 단순히 경제지표만을 고려하는 것이 아니라 경제성장, 사회발전 및 환경 모두를 고려하는 지속가능발전의 관점에서 분석하였다. 분석에 사용된 지표들의 증가 여부에 의한 성과 평가가 아니라 유사한 시기에 다른 국가들의 성과와 상호 비교하여 판단하기 위하여 자료가 있는 모든 국가들을 최대한 포함하여 같이 분석을 하였다.

경제지표에 의한 분석결과를 보면 체제전환국들은 경제성과가 향상되었다. 그리고 다른 국가들과 비교를 하면 소속 그룹이 바뀔 정도로 경제적 성과가 크게 향상된 국가가 있다. 몬테네그로, 폴란드, 헝가리 등이 대표적인 국가들이다. 이러한 결과는 경제적 측면에서 볼 때 체제전환정책이 효과가 성공적이었음을 알 수 있다.

제4장의 경제변수에 의한 국가 그룹 분석결과를 보면 두 개 그룹 이상 개선되어 그룹이동이 나타난 국가는 라오스, 베트남, 이집트, 요르단, 몬테네그로, 라트비아, 리투아니아, 슬로베니아, 크로아티아, 터키, 폴란드, 헝가리, 루마니아, 불가리아, 카자흐스탄이다. 그러나 2개 그룹을 개선된 방향으로 이동한 라오스와 베트남은 2013년 기준으로 보아도 여전히 소득수준이 매우 낮은 그룹에 속해 있다. 반면에 경제성과가 후퇴한 국가들도 있다. 우크라이나, 타지키스탄, 쿠바, 몰도바, 우즈베키스탄, 투르크메니스탄, 모로코, 튀니지, 러시아, 키프로스이다, 특히 우크라이나와 쿠바는 최저수준 그룹으로 후퇴한 국가들이다.[3]

3 한국은 1990년에서 2013년의 구매력 평가 기준 1인당 GDP가 크게 증가하였지만 2013년에 선진국 그룹에 속하지 못하고 여전히 개도국(체제전환국) 그룹에 속한다. 가장 큰 원인은 한국의 소득수준이 개발도상국 및 체제전환국에 비해서는 상대적으로 높은 수준이었으나 선진국 그룹 평균에 미치지 못하기 때문이다. 구체적으로 한국의 2013년 1인당 GDP는 32,700달러였지만 선진국그룹의 평균 1인당 GDP는 67,500달러

지속가능발전 지표에 의한 국가 그룹화는 경제지표에 의한 분석결과에 비해 체제전환 국가들의 그룹 이동 정도가 크지 않았다. 이러한 결과는 체제전환정책의 성과를 지속가능발전 차원에서 볼 때 국가들이 소속된 그룹이 바뀔 정도로 큰 변화는 보이지 않는다는 것을 의미한다. 이는 경제변수에 비해 사회 및 환경지표의 변화를 고려하면 체제전환정책의 성과가 많이 향상되었다고 판단을 할 정도로 강하게 향상되지 않았음을 의미한다.[4]

지속가능발전의 지표를 이용한 분석에서 개선된 방향으로 이동한 국가는 캄보디아, 중국, 루마니아, 몰도바, 아르메니아, 조지아, 루마니아, 불가리아, 카자흐스탄이었다. 후퇴된 방향으로 두 개 그룹 이상 이동한 국가는 몽골, 이집트 요르단, 러시아, 벨라루스, 키프로스였다.[5]

였다.

4 한국은 1990년에서 체제전환국과 같은 그룹에 속하였으나 2013년에는 선진국그룹으로 상승 이동하였다. 이러한 결과는 지속가능발전 지표에 의한 국가분류에서 가장 큰 역할을 한 지표의 성과가 높기 때문이다. 한국은 구매력 평가 기준 1인당 GDP 수준이 체제전환국과 차이가 크며(체제전환국 평균보다 월등히 높으며), 사회 및 환경지표의 성과가 선진국 수준이기 때문에 선진국 그룹으로의 이동이 가능했다. 경제지표에 의한 분류에서는 사회 및 환경지표의 성과가 반영되지 못했고, 구매력 평가 기준 1인당 GDP의 성과가 주로 반영되었다. 한국의 구매력 평가 기준 1인당 GDP 수준은 체제전환국보다는 월등히 높았지만 선진국 그룹보다는 낮은 수준이었기 때문에 선진국 그룹에 포함되지 못하였다.

5 전체 그룹은 전기 접근가능 인구비율, 2차 교육기관 입학률, 전화회선수의 크기를 이용하여 구분하였으며 구분이 어려운 경우에는 구매력 평가 기준 1인당 GDP의 크기를 추가적으로 고려하였다.

9.3 안정화, 자유화 및 개방화 정책과 시사점

본 절에서는 핵심적인 체제전환정책 중에서 거시경제의 안정화, 가격 자유화 및 대외시장 개방화 정책의 시사점을 논의하고 다음 절에서 민영화에 대하여 논의한다.

체제전환의 가장 중요한 공통점은 계획경제체제에서 시장경제체제로 전환하는 것이다. 시장경제체제에서는 정부에 의하여 물품의 생산과 공급이 결정되는 것이 아니라 수요와 공급이 가격 원리에 의하여 결정된다. 자유화 정책은 국내 시장차원에서만 아니라 자본주의체제의 다른 국가들과 자유로운 무역을 허용하는 것을 의미한다. 이는 국내 생산자나 사회주의체제의 기업에 의해 생산된 물품들은 다른 경쟁기업에 의하여 생산되는 더 많은 물품들과 더욱 치열한 시장경쟁을 하게 된다는 것을 의미한다.

제6장과 제7장에서 논의한 3개국의 가격 자유화에 대한 정책 변화를 요약하면 다음과 같다.

첫째, 헝가리는 전환정책 초기부터 생산자와 소비자에 대한 각종 보조금을 급격히 감축하였고, 전력, 수도, 통신 등의 기간산업을 제외하고 대부분의 가격을 시장가격화로 전환하였다. 베트남은 1987−89년 기간에는 농산물의 이중가격제도를 철폐하였고, 1987년에는 해외자본이 국내로 유입할 수 있도록 외국인투자법이 제정되었다. 가격 자유화 속도를 보면 중국이 1978년에서 1990년대까지 점진적으로 자유화되었다면 베트남은 매우 급격하게 전환하였다.

대외무역자유화도 수출입 자유화와 함께 환율시장의 시장가격화가 주요 정책이었다. 헝가리의 경우 체제전환 초기부터 무역허가제가 철폐되면서 대외거래가 자유화되었다. 베트남에서는 1998년 무역허가제도가 철폐되었다. 러시아도 옐친·가이다르 개혁정책에 대외시장 개방이 적극적으로 실시되었다.

체제전환국들이 공통적으로 경험한 현상은 정책의 우선순위에 놓인 가격 자유화와 대외시장 개방이 이루어지면서 국내 물가가 급격히 상승하였다는 점이다. 왜냐하면 가격 자유화와 수출과 수입의 확대로 특정 제품에 대하여 잠재되었던 국내수요가 증가하게 되었고 따라서 잉여화폐가 시장으로 공급되었기 때문이다. 1990년 GDP 디플레이터를 기준으로 볼 때 가장 높은 상승률을 보여 준 국가들은 우크라이나(4,730%), 아르메니아(3,370%), 카자흐스탄(1,880%), 폴란드(555%), 크로아티아(500%), 리투아니아(410), 루마니아(211%) 등이었다.[6]

반면에 시장경쟁체제 도입으로 인한 경쟁에 적응하지 못한 기업들이 생겨나고 고용 노동자들이 임금을 제대로 받지 못하여 이들의 수요는 감소하게 되었다. 따라서 정부는 기업들의 어려움을 완화하기 위하여 중앙은행을 통하여 기업들에 대한 저금리에 의한 신용공급을 증가시키게 되는데 이는 통화량 증대로 나타났다. 러시아도 초기에 긴축재정을 달성하기 위하여 통화량 증가를 억제하였지만 이러한 기업들의 어려움을 완화시키기 위하여 곧 통화량을 증가시키는 정책으로 전환하였다.

6 본 연구에서 사용한 World Bank 자료에는 1990년 전후의 소비자물가지수에 의한 인플레이션 자료가 실려 있지 않아 GDP 디플레이터를 이용하였다.

체제전환국들은 물가안정과 재정적자 문제를 해소하고 지속가능한 체제를 갖추기 위하여 재정·금융 분야의 다양한 정책을 실시하였다. 대부분의 체제전환국들은 그동안 중앙은행에 의하여 독점되어 왔던 금융기능을 중앙은행과 일반 상업은행으로 분리시켰다. 헝가리는 1987년 중앙은행과 상업은행으로 이원화시켰다. 그리고 재정적인 측면에서 1988년 부가치세 및 개인소득세가 도입되고, 1989년에는 법인소득세가 도입되었다.

9.4 민영화 정책과 시사점

체제전환정책에서 가장 중요한 정책은 민영화이다. 시장경제체제로 전환을 한다는 것은 국영화된 기업들을 정부 소유가 아닌 민간부문의 소유로 전환하는 것을 의미하였다. 그러나 체제전환국들이 민영화 경험이나 이들 기업을 인수할 만한 국내 자본이 충분하지 않아서 기존 자본주의체제 내에서 실시하였던 민영화 정책을 그대로 실시하기가 어려웠다.[7]

민영화를 하는 목적에는 크게 체제전환 정책을 수행하기 위해 필요한 재원 확보, 자원배분의 효율성, 소유구조의 독점을 막기 위한 기업 지분의 분배 형평성 등이 있다.

첫째, 체제전환국들은 체제전환을 하는 과정에서 소요되는 비용을 정부예산만 가지고는 감당하기 불충분하기 때문에 추가적인 재원확보

7 대표적인 정책이 주식시장을 통하여 자산을 매각하는 것이다.

가 필요하였다. 먼저 국영기업의 민영화를 통하여 정부는 재정수입을 확보할 수 있다. 반면에 정부는 국영기업을 지원하기 위한 추가 재원은 불필요하게 된다. 그리고 더욱 중요한 것으로 중앙계획체제에서는 국영기업이 적자가 나는 경우 정부가 모두 보조금을 통하여 지원하는 정책을 실시하는 연성예산(soft budget) 정책을 실시하였는데 민영화가 이루어지면 정부지원이 불필요하게 된다.

둘째, 자원배분의 효율성이다. 정부의 계획에 의하여 생산량의 규모 및 제품의 배분이 결정되는 경우에는 수요와 일치하지 않는 경우가 많았다. 또한 생산자들이 정부의 요구에 의하여 생산을 결정하기 때문에 생산량 증가를 통한 이윤확보에 대한 생산자 개인의 유인이 강하지 않았다. 따라서 제품 디자인이나 제품 질을 향상시키기 위한 노력이 약해지게 되었다. 민영화는 민간 기업이 이윤추구동기에 의하여 기업을 경영할 수 있도록 하는 것으로 자원배분의 효율성을 추구하고 따라서 생산의 효율성을 증대시키도록 하는 결과를 가져올 수 있다.[8]

셋째, 기업의 독점적 소유를 방지하기 위하여 민영화되는 기업의 지분을 최대한 많은 국민들에게 분배하고자 하였다. 지분구조의 분산은 기존 독점적 지배를 누리던 정부나 경영자의 지배력을 약화시키고자 하는 것이었다. 그렇지만 지배구조가 분산됨으로 인하여 경영자들이

---

8 Boycko et al.(1994, pp.251−252)은 민영화가 경제적 효율성을 달성하기 위해서는 다음 4개의 목적을 달성해야 한다고 하였다. 첫째, 기업은 국가 통제나 보조금이 없는 민간 소유가 되어야 한다. 둘째, 자산은 가장 효율적인 수요자에게 배분되어야 한다. 셋째, 민영화된 기업을 감독할 수 있는 효율적인 지배구조가 수립되어야 한다. 넷째, 정부 통제하에서 기업의 지속적인 가치하락이나 비효율성을 방지하기 위하여 효율적인 민영화가 빠르게 이루어져야 한다.

효율성 증가를 통한 이윤확보를 위한 노력이 상대적으로 약화되는 문제점이 나타나기도 하였다. 이에 대해서 본 절의 뒷부분에서 자세히 논의한다.

앞에서 논의된 다양한 목적을 달성하기 위한 민영화 방안에는 크게 전형적 민영화(conventional privatization)와 대중적 민영화(mass privatization)로 나눌 수 있다.[9]

첫째, 전형적 민영화는 자원배분의 효율성과 자금 확보를 위한 주요한 목적으로 실시하는 정책이다. 영국이나 서구 국가, 아시아 및 라틴아메리카 국가들이 많이 실시하였고, 체제전환국 중에는 헝가리 및 독일에서 실시되었지만 폴란드에서는 시도하려다 포기하였다. 구체적인 형태를 보면 다음과 같다.

1) 기업 지분을 주식시장에 판매하는 형태인데 국내 자본시장이 잘 발달한 국가에서 효율적으로 실시될 수 있는 방안이다. 이러한 방식을 통한 민영화는 국내 자본시장의 발달을 촉진하고 자본 조달이 용이해지면서 경제성장에 도움을 줄 수 있는 장점이 있다. 그러나 개발도상국이나 체제전환국들처럼 민간 자본시장이 발달되지 못한 상태에서는 지분을 주식시장에 공급하더라도 이를 소화할 수 있는 국내자본이 충분하지 못하다. 따라서 이러한 방식의 민영화는 체제전환국에게는 적합하지 않다.[10]

---

9 대중적 민영화 정책에 대한 자세한 설명은 Boycko et al.(1993) 참조.

10 독일의 경우 통일 이후 서독지역의 발달된 자본조달 시장이 있었기 때문에 헝가리에서 실시한 방식과 같은 방식의 민영화가 가능하였다. 따라서 한국이 통일 된 이후의 민영화 방식은 통일 이전의 체제전환정책에 의한 민영화와는 다를 것이다.

2) 자산판매형 민영화(asset sale privatization)이다. 전략적 투자자에게 경매를 통하여 기업전체 혹은 부분을 판매하는 방안으로 자본시장이 발달하지 않은 개발도상국이나 체제전환 국가들에서 많이 이용된다. 구체적으로는 전략적 투자자를 국내 투자자에게만 제한하는 경우도 있고 외국 자본 투자자에게 개방하는 경우도 있다.

헝가리는 외국자본에게 지분을 판매하는 형식의 민영화 정책을 실시하여 지분 분배의 형평성보다는 재원조달 및 자원배분의 효율성을 중시하였다. 체제전환 초기 헝가리는 1980년대 경기 침체로 외채도입이 증가하면서 재정확보가 필요하였다. 헝가리는 체제전환 초기부터 경매를 통하여 자본시장에서의 매각을 하는 방식을 사용하였고, 투자는 내국인 및 외국인 모두가 참여 가능하였다.[11] 이 정책으로 당시 외국인직접투자의 유입이 급증하게 되었다.

민영화 과정에서 외국인자본의 참여를 허용함에 따라 국내자본 참여가 상대적으로 미흡하게되어 외국인자본 비중의 증가와 매각가격에 대한 불만이 제기되었다. 헝가리 정부는 내국인 투자자에 대한 지원방안으로 다양한 프로그램을 제시하였지만 큰 효과를 거두지는 못하였다. 당시 실시된 프로그램은 E-Credit(Existence Credit)제도와 같은 금융지원, 보상쿠폰제(Compensation Note), 국영기업 종업원들을 대상으로 한 종업원지주제(Employee Stock Ownership Programme: ESOP), 소액투자 주식 매입 프로그램(Small Investor Share-Purchase Programme) 등이 있었다(이철원, 2003, p.28).

11 헝가리 민영화 특징 및 경과에 대한 자세한 내용은 Papp et al.(1998) 참조.

둘째, 대중적 민영화(Mass Privatization) 정책은 자원배분의 효율성이나 재원조달 목적보다는 국영기업 지분의 분배 형평성을 주요 목적으로 하였다. 구체적인 형태를 보면 다음과 같다.

1) 대중적 민영화 정책의 가장 대표적인 것으로 바우처 민영화이다. 이 정책은 기업 지분을 국민들에게 무상으로 배분하는 것인데 러시아에서는 1인당 1바우처(1만 루블의 액면가치)를 무상으로 분배하였다. 예를 들어 민영화 대상 기업이 경매에 1천 개 지분을 제시하고 40명이 자신들이 보유하고 있는 바우처를 제시하는 경우 각 개인은 25개의 지분을 갖게 되고 각 지분당 가격은 400루블이 된다. 반면에 4천 명이 바우처를 제시한다면 각 개인은 지분의 0.25를 갖게 되고 각 지분당 가격은 4만 루블의 가치를 갖는다(Boycko et al., 1993, p.30).

2) 바우처 민영화에 대응하여 실시되는 것이 경영자 매수(Management Buyout) 혹은 고용승계(Employment Buyout)에 의한 민영화이다. 이 정책은 기업의 내부자, 즉 경영자나 노동자에게 무상 혹은 매우 낮은 가격으로 기업의 지분을 판매하는 민영화 정책이다.

체제전환국들이 주로 사용한 정책은 대중적 민영화 정책인데 체코슬로바키아, 러시아, 루마니아, 리투아니아, 폴란드, 몽골 등에서 실시되었다. 이들 국가들의 민영화 정책의 주요 특징을 비교하면 다음과 같다(Boycko et al., 1994, pp.255-259).

(i) 러시아와 체코슬로바키아는 국영기업의 모든 지분을 바우처를 통해 민영화를 한 것은 아니다. 러시아는 지방 혹은 연방기업인가의 여

부에 따라 45-80%의 지분을 바우처를 통하여 민영화했다. 반면에 체코슬로바키아는 경영자와 잠재적 수요자의 요구에 따라 60-70%를 바우처를 통하여 판매하였다.

(ii) 러시아에서는 바우처 거래가 가능하였지만 체코슬로바키아에서는 불가능하였다. 바우처 거래가 가능하면서 소수의 자본가에게 바우처가 다시 판매되는 문제가 발생하였다. 러시아의 민영화 조치는 옐친이 집권한 이후 매우 빠르게 이루어졌다. 그렇지만 민영화의 결과로 러시아 국부의 대부분이 신흥재벌(oligarch)이라고 불리는 독과점 사업자들이 차지하는 문제를 야기했고 따라서 국민들 간의 소득격차는 더욱 벌어지게 되었다.

(iii) 폴란드의 경우 바우처 민영화를 추진하였지만 일반 국민들에게 직접적으로 분배하지 않고 정부가 직접 10개의 뮤추얼 펀드(Mutual Fund)회사를 설립하여 국영기업의 지분을 이 회사들에게 배분하였다. 뮤추얼 펀드 회사는 구조조정에 경험이 있는 외국인들에 의해 경영되었으며 분배받은 지분을 거래하였다. 폴란드 국민들은 이 뮤추얼 펀드 회사를 통하여 거래할 수 있는 지분을 받게 되었다. 따라서 폴란드의 민영화 정책은 러시아나 체코슬로바키아와 달리 정책 실시가 상대적으로 용이하다는 장점을 갖는다.

지금까지의 논의를 종합하면 지분이나 자산의 판매를 통한 전통적인 민영화는 더 높은 가격을 받기 위한 경쟁을 하게 함으로써 정부 입장에서 수입을 극대화할 수 있는 장점이 있다. 그렇지만 자본시장이 발달하지 않고 국내자본이 충분하지 않는 경우 지분을 높은 가격으로 시장에서 거래하는 것은 어려울 수 있다. 헝가리가 외국투자자에게 지분을 판매한 것은 이러한 이유에서이다.

반면에 바우처에 의한 대중적 민영화는 일반 국민들에게 공평하게 국영기업의 자산을 이전해 주는 장점이 있다. 만약 바우처에 대한 거래가 허용된다면 바우처 거래 시장이 창출되고 투자자들이 더 높은 가격으로 구입할 수 있게 되어 바우처 소유자들은 소득을 창출할 수 있다. 그러나 러시아에서처럼 올리가르히와 같은 소수 자본가에게 바우처가 집중되어 신흥재벌 기업에 의한 소유 독점 문제가 발생할 수 있다. 그리고 체제전환과정에서 민영화를 통한 재원을 확보하는 데는 효과적이지 못하였다.

9.5 북한에 대한 정책적 시사점

9.5.1 정책적 시사점

북한 경제가 최빈국 상태에서 경제발전을 이루지 못하는 것은 체제전환 이전의 많은 사회주의 국가들의 경험과 유사한 것이라고 할 수 있다. 예를 들어 이들 국가들은 경제운영의 기본 원칙이 생산수단과 생산물 배분에 대한 결정이 국가가 독점하는 중앙계획체제를 유지하고 있다. 이로 인하여 과거 사회주의 국가에서처럼 가계나 기업들이 생산성 증대를 위한 경제적 인센티브가 존재하기 어려운 구조를 가지고 있다.

북한은 아직까지 기본적으로 경제 운영에 있어 사회주의체제를 고수

함으로써 가격 자유화나 국영기업의 민영화와 같은 국가 차원에서 시장 경제적 개혁정책을 실시한 경험이 많지 않다. 대외교역도 중국을 중심으로 이루어짐으로써 자본주의체제 경제와의 대외교류도 거의 없는 상태이다. 이러한 특성을 가진 북한체제가 앞으로 체제전환정책을 실시하는 경우를 대비하여 이 책에서 논의한 다양한 전환정책 형태를 기반으로 한 정책적 시사점을 도출할 필요가 있다.

첫째, 소련이 붕괴한 이후 가장 성공적으로 체제전환에 성공한 국가들이 헝가리, 폴란드, 체코 및 슬로바키아 4개국으로 구성된 비세그라드 그룹 국가들이다. 이들은 중앙계획체제하에 있었지만 체제전환기 이전에 이미 개방적 경제구조를 통하여 자본주의 국가와 지속적인 대외거래가 이루어졌고 지속적으로 개혁·개방 정책을 실시하여왔다. 따라서 이들 국가에서는 1990년대 체제전환을 본격적으로 실시하기 이전에 이미 상당 부분에서 시장기능이 도입되고 있었다.

헝가리가 1968년에 이미 신경제메커니즘에 의한 정책을 시도하였고 그 이후 시장경제정책을 실시하려는 시도가 꾸준히 이어져 왔다. 폴란드도 이미 1950년대 시장경제를 도입하는 개혁정책을 시도하기도 하였다. 이들 국가들은 소련의 위성국가로 있었기 때문에 다른 독립국가연합에 속하는 국가들에 비해 소련의 직접적인 간섭을 덜 받고 있었다. 따라서 비세그라드 국가들이 소련 이외의 많은 자본주의 국가들과 교류할 수 있게 되었다. 이러한 정책으로 인하여 이들 국가들은 이미 체제전환정책을 실시하기 이전인 1990년에 1인당 GDP가 거의 1만 달러에 이를 정도로 상당한 수준의 경제발전 단계에 이르고 있었다.

반면에 체제전환정책의 성과가 성공적이지 못하다고 판단된 러시아를 중심으로 한 독립국가연합 국가들은 비셰그라드 국가들과 다른 경험을 가지고 있었다. 이들 국가들은 대외거래가 적고 자신들이 시장경제에 대한 경험이 거의 없는 상태에서 체제전환정책을 실시하기 시작하였다. 이 때문에 체제전환정책 실시 이후 경제적 어려움이 더욱 가중되는 문제를 낳았고 비셰그라드 국가들처럼 좋은 정책성과를 거둘 수도 없었다.

요약하면 비셰그라드 국가들은 체제전환 이전에 이미 시장개혁에 대한 풍부한 경험과 서구 자본주의 국가들과의 교류를 통하여 시장기능에 익숙한 상태였다고 할 수 있다. 이러한 경험으로 인하여 그렇지 못한 독립국가연합 국가들에 비해서 본격적으로 시장경제체제로 전환하는 과정에서 일반 국민들이 느끼는 충격은 상대적으로 덜 하였다. 따라서 경제에 대한 충격이 다른 체제전환국에 비하여 적었고 따라서 상대적으로 좋은 정책성과를 거두었다고 할 수 있다.

북한은 대외무역 비중이 매우 적고 사회주의 계획경제 체제를 실시하기 이전에 자유시장경제의 경험을 하지 못하였다. GDP 대비 수출비중이 2013년 기준으로 5.9%이고 수입비중이 수입 11.1%로 매우 낮은 수준을 유지하고 있는 폐쇄적인 대외 무역구조를 가지고 있다. 특히 대부분의 무역이 같은 사회주의 국가인 중국과 이루어지고 다른 자본주의체제 국가들과의 대외거래가 매우 적어서 경제적 효율성에 의한 국가경쟁력 차원의 대외거래 경험은 매우 미흡한 실정이다. 따라서 북한이 체제전환정책이 실시되는 경우 비셰그라드 국가들처럼 충격을 덜 받기보다는 러시아를 비롯한 독립국가연합 국가들처럼 혼란을

피하기 어려울 것으로 판단된다.

최근 북한의 경제개발구 확대 조치로 알 수 있듯이 전국적인 경제개발구를 확대 실시하여 외국인직접투자 유치를 통한 외화확보를 하고자 하는 의지를 보여 주고 있다. 그러나 핵병진노선과 같은 경제 외적인 요인에 의하여 스스로 국제사회로부터 고립되는 정치적인 노선을 취하는 한 국제사회의 제제는 가속화되는 악순환을 맞게 될 것이다. 현재와 같은 국제제제 상황에서는 북한 스스로가 본격적인 외국인투자나 대외경제 개방화를 위한 조건을 악화시키고 있다고 볼 수 있다. 향후 북한이 국제사회의 일원으로 복귀하는 상황으로 전개되고 이에 따라 북한에 대한 경제적 제재가 완화되는 상황으로 발전되어 현재 북한의 경제개발구에 대한 법적·제도적 장치에 정치적 안정성이 보장된다면 북한은 다른 국가들처럼 본격적인 체제전환정책을 실시할 수 있다.

둘째, 급진주의와 점진주의적인 체제전환정책의 선택이 필요하다. 그렇지만 지금까지의 논의에서 알 수 있듯이 어느 정책이 항상 좋은 정책성과를 가져다주는가에 대한 결론을 내리기는 어렵다. 예를 들어 급진적인 정책을 실시한 폴란드의 경우 성공적인 정책성과를 거두었다고 할 수 있다. 그러나 또 다른 급진적인 정책을 실시한 러시아나 주변 독립국가연합 국가들의 정책성과가 성공적이었다고 할 수 없다.

제3장의 [표 3-8]을 보면 급진적인 정책을 실시한 동부유럽의 조지아, 몰도바, 그리고 우크라이나는 1990년에 비해 2012년에 1인당 실질 GDP(2005년 가격 기준)가 오히려 하락하는 것을 볼 수 있다. 점진적

인 정책을 실시한 헝가리는 매우 성공적이었다. 헝가리의 1990년 1인당 실질 GDP(2005년 기준)가 7,530달러에서 2012년 11,200달러로 증가하였다. 반면에 점진적인 정책을 실시한 라오스와 캄보디아는 성공적이었다고 할 수는 없어서 경제적으로 체제전환이 시작된 이후 약 25년이 지났지만 여전히 최빈국 상태로 남아 있다.

정책성과가 성공적이라고 할 수 있는 급진주의적 폴란드와 점진주의적 헝가리를 보면 어느 국가의 정책이 더욱 성공적이었는가를 판단하기 어렵다. 제7장에서 논의한 내용을 보면 정책 초기에 점진적인 정책을 실시한 헝가리는 1인당 GDP의 증가속도가 빨랐지만 2000년대 이후에는 두 국가의 1인당 GDP 격차는 많이 좁혀진 것을 볼 수 있다. 따라서 전환정책 초기 점진주의 접근이 더욱 성공적이었다는 의견이 많았지만 그 이후를 보면 어느 속도의 정책이 더욱 좋은 성과를 거두었는지는 명확하지 않다. 다만 제2절에서 보았듯이 개혁정책의 속도를 4개로 구분하는 경우 상대적으로 빠른 속도로 실시하는 국가들이 체제전환의 정책성과가 성공적이었다고 많은 연구자들이 결론을 내리고 있다.

북한도 개혁·개방 정책을 실시하는 경우에 점진적인 방향과 급진적인 방향에 대한 선택을 해야 하는 상황을 맞게 될 것이다. 과연 어떤 방향이 북한의 체제전환을 성공적으로 이끌 것인가에 대한 판단을 하기는 어렵지만 선택의 문제이다. 따라서 두 정책 방향에 대한 장점과 단점에 대한 분석과 기존 체제전환국의 사례 연구, 북한의 상황 및 여건 등을 사전에 연구하고 준비할 필요가 있다.

셋째, 자유화 측면에서 가격 및 환율자유화 정책을 실시하는 것은 북한입장에서 현실적으로 많은 어려움이 있다. 중앙계획경제체제에서 시장경제체제로 전환을 한다는 것은 수요와 공급이라는 시장 기능에 의하여 가격에 의하여 결정되는 것을 의미한다. 이는 중앙계획경제에서 정부에 의하여 제품의 생산방법, 생산량 및 배분이 결정되는 것과는 다르다는 것을 의미한다. 국내시장뿐만 아니라 환율을 자유화함으로써 대외거래도 수요와 공급에 의하여 거래될 수 있도록 하는 것도 자유화 정책의 주요 내용이기도 하다. 물론 국가별로 구체적인 정책 내용은 다르지만 많은 국가들이 전기와 수돗물 공급과 같은 공공부문에 대해서는 다른 부문처럼 급격히 자유화한 것은 아니고 어느 정도 정부가 통제하였다.

헝가리나 베트남은 전환정책 초기부터 소비자나 생산자에 대한 보조금을 급격히 감축하였다. 이는 시장경제체제로 전환하기 위한 목적도 있었지만 더욱 중요한 것은 1980년대 사회주의 국가들이 생산의 비효율성으로 정부의 재정적자가 지속적으로 누적됨에 따라 정부재원이 충분하지 않았던 것도 중요한 이유로 볼 수 있다. 많은 체제전환국들이 급격한 가격 자유화에 의하여 그동안 소비자들이 보유하고 있던 잉여화폐가 시장으로 공급되면서 국내 인플레이션이 급격하게 상승하는 부작용을 낳기도 하였다. 앞에서 보았듯이 우크라이나, 아르메니아 및 카자흐스탄은 1990년 GDP 디플레이터가 1000%가 넘기도 하였다.

북한의 경우는 다른 체제전환국처럼 당장 이러한 가격 자유화 정책을 실시하기 어려울 것이다. 2014년 개혁조치로 생산물의 일정 비율 혹은 계획된 생산량 이상 되는 생산물에 대해서는 시장에서 자율적으로 거래를 하도록 허용되기 시작하였으나 얼마나 활발하게 이루어지는지는 아직 파악하기 어렵다. 이처럼 상품거래시장도 아직 활발하게 이루어지지 않은 상태에서 금융시장이나 외환시장에 대한 자유화를 논의하는 것은 아직 시기상조의 정책 제안이라고 할 수 있다. 그러나 공식적인 시장은 아니라도 북한 주민들에 의하여 장마당이 형성되고 있고 식량이나 공산품 같은 제품들이 국가가 금지하고 있음에도 불구하고 거래되고 있다(통일부 통일교육원, 2014, p.212).

북한의 이러한 현실을 볼 때 공식적인 시장은 발달하고 있지 못하고 있지만 비공식적인 시장은 상당한 수준으로 형성되고 있음을 알 수 있다. 이는 북한 주민들이 시장경제에 의한 가격결정 기능에 상당히 익숙하게 되고 있다는 점을 추론할 수 있다. 따라서 앞으로 가격 자유화 정책이 부분적으로라도 시행되는 경우 북한 경제에 대한 충격이 예상보다는 작게 나타날 수 있음을 시사한다.[12] 따라서 북한의 가격 자유화 정책은 보다 적극적으로 이 정책을 시행한 다른 체제전환국의 사례를 비교 분석하여 북한의 상황에 맞는 보다 구체적인 정책대안에 관한 연구가 필요하다.

넷째, 체제전환정책의 가장 핵심적인 내용은 국영기업의 민영화라고 할 수 있다. 체제전환이 시작된 가장 중요한 이유도 사회주의체제 내에서는 생산효율성이 지속적으로 감소하여 지속가능한 경제발전을

12 민간 부문에서는 개인 식당이나 수리 등의 개신서비스업 부문에서는 시장 거래가 이루어지고 있고 민간 주도의 고용관계가 형성되고 있지만 법적·제도적 통제가 심하여 아직은 수요에 부응하는 생산 활동으로 활발하게 연계되고 있지는 못하고 있다(이석기 외, 2014, p.39).

달성하기 어려웠기 때문이다. 예를 들어 동구권 국가들이 체제전환정책이 불가피하게 된 이유 중의 중요한 것이 정부 재정적자가 심각한 것이다. 헝가리의 경우 1990년 말 기준으로 누적 재정적자가 GDP의 56.8%에 이르렀고 적자의 대부분은 통화 발행으로 부담하였다(Hare, 1991, p.196).

동구권 국가들 중에는 대중적 민영화 정책을 실시하여 국영기업 지분을 형평성 있게 분배하는 것을 우선적 목적으로 두기도 하였다. 반면에 헝가리의 경우 국내자본이 충분하지 않은 상태에서 외국자본의 유입을 통한 민영화 정책을 실시하였다. 헝가리가 이러한 정책을 실시할 수 있었던 것은 사회주의체제 내에서 이미 개혁정책이 꾸준히 실시되면서 외국자본에 대한 국민들의 반감이 다른 동구권 국가에 비해 심하지 않았기 때문이기도 하였다.

다섯째, 본 연구의 제4장에서 논의하였듯이 정책의 성과를 단순히 1인당 실질 GDP, 인플레이션과 같은 경제변수가 아니라 경제, 사회 그리고 환경을 포함하는 지속가능발전이라는 좀 더 광범위한 지표를 가지고 판단하는 경우 기존의 연구의 정책성과에 대한 판단과는 다른 결과를 보여 주었다.

제5장의 실증분석에서 나타났듯이 경제성장의 결정요인은 단순히 경제변수에 의해서만 결정되는 것이 아니라 다른 요소들에 의해서도 결정된다. 예를 들어 국가의 정치적 자유나 경제적 자유와 같은 제도적 요인들도 경제성장을 결정하는 매우 중요한 결정요소이다. 따라서 경제성장이라는 목표를 두더라도 단순히 투자, 시장개방과 같은 경제적

정책만을 가지고는 설명하기가 어려워진다.

지속가능발전은 체제전환을 논의하는 데 있어 경제성장보다는 더 넓은 의미의 경제발전을 고려할 수 있는 중요한 분류 기준이다. Sachs(2012)는 지속가능발전은 경제발전, 환경의 지속가능성, 사회적 포용성을 주축으로 한다고 하였다. 이를 바탕으로 강성진(2012)은 한 국가가 지속가능발전 개념의 맥락 안에서 경제, 사회, 환경의 발전을 이루고자 노력하면 이러한 과정에서 국가의 경제력이 향상되고, 바람직한 사회문화를 건설하고 문화수준을 높임으로써 국제사회에서의 국가의 품격이 높아진다고 하였다.

지속가능성은 중장기적으로 국가 경쟁력을 키울 수 있는 차세대 개발 패러다임으로 인식되며(UN, 2012), 유럽연합(EU) 또한 'EU 지속가능발전전략(EU Sustainable Development Strategy)'과 '유럽 2020(Europe 2020)'을 통해 지속가능발전에 관한 목표를 세워두고 있다. 지식과 혁신을 기반으로 경제를 발전시켜 나가는 스마트한 성장, 효율적인 자원 사용과 녹색화, 산업경쟁력 강화를 통한 지속가능한 성장, 경제 · 사회 · 지역적 통합을 추구하는 포용적 성장(inclusive growth)을 지향하여왔다(정지원 · 강성진, 2012, p.20). 이러한 동향과 추세는 유럽연합뿐 아니라 체제전환 국가에게도 적용이 되기 시작하였다.

EBRD는 체제전환의 방향에 대한 논의를 하는 데 있어서 지속가능발전 차원에서 접근하고 있다. 이를 반영하는 대표적인 노력이 2014년 EBRD가 UNDP와 맺은 양해각서(MOU)이다. 두 기관은 체제전환 국가들에 지속가능발전을 할 수 있도록 지역 경제개발, 민주적 거버넌스, 시민사회, 성평등 등을 강화하는 데 공동 노력을 하기로 하는 합의하였다(EBRD 10월 7일 자료).[13]

북한에 대한 분석에서도 경제적인 체제전환과 더불어 사회적인 불평등 해소, 환경에 대한 인식제고 및 생태 보전 등 지속가능발전의 관점에서 북한 경제체제를 종합적으로 진단하고 장기적인 발전방향을 모색해야 한다. 예를 들어 베트남의 경우 경제적 체제전환을 시작한 후 많은 시간이 경과된 현 시점에서 World Bank와 같이 베트남의 장기 경제·사회 발전계획을 수립하고 있다. 이러한 노력은 지속가능발전을 모색하는 과정이라 할 수 있다. 따라서 북한은 체제전환 초기부터 장기적인 지속가능발전 목표를 설정하고 이를 달성할 수 있는 구체적인 방안을 모색하는 것이 향후 예상되는 체제전환에 따른 사회적 비용을 줄일 수 있는 방안이라 하겠다.

여섯째, 이 책의 체제전환에 대한 연구 성과는 독일처럼 통일이 된 이후의 체제전환정책과는 다르게 보아야 한다. 통일이 된 독일의 경우 이미 통일이 되기 이전에 서독에 충분한 자금이 있었기 때문에 통일 과정에의 비용을 상당한 정도로 감당할 수 있었다. 그러나 이러한 현실은 자금이 충분하지 않은 상태에서 체제전환을 실시하였던 다른 동구권 국가들과는 상황이 다르다. 특히 대부분의 동구권 국가들이 공통적으로 재정적자의 누적이 심각한 문제에 직면하고 있었지만 통일 독일의 경우는 걱정할 필요가 상대적으로 덜하였다. 따라서 통일 독일은 헝가리와 달리 자금조달을 위하여 국영기업의 민영화 과정에서

13 http://www.ebrd.com/news/2014/undp-and-ebrd-join-forces-to-promote-sustainable-progress.html, 검색일: 2016.8.20.

받아야 할 적정 가격에 대해서는 상대적으로 걱정을 적게 해도 되었다(Hare, 1991, p.199).

일곱째, 체제전환을 하는 과정에서 중요한 것은 사회주의체제로 전환하는 과정에서 취득한 민간자산에 대한 보상 문제이다. 제7장에서 논의하였듯이 헝가리의 보상정책을 살펴볼 필요가 있다. 헝가리는 1991년 이후 4차례의 보상법을 통하여 보상쿠폰(compensation coupon)을 원래의 소유자에게 지급하였다. 물론 이 쿠폰은 현금과 같이 사용할 수 있었다. 이러한 정책이 실시된 것은 이미 국가소유로 된 자산을 원 소유자에게 직접적으로 반환하는 것은 현실적으로 어렵기 때문에 대신에 화폐로 지급하였다.

여덟째, 북한의 체제전환정책과 관련하여 기존의 체제전환국의 경험과는 다른 요소를 추가적으로 고려하여야 한다. 북한의 체제전환과정은 한국과 여러 분야에서 접촉을 늘려가는 과정으로 인식할 수 있다. 따라서 지난 반세기 동안 한국의 경험한 경제발전의 경험과 축적된 지식 및 교훈이 적절히 반영되는 정책적 방안을 만드는 것이 필요하다. 한국은 1960년대 최빈국이었으나 현재는 오히려 원조 공여국으로서 세계 각국에 한국의 경제발전 경험을 전수해 주고 있다. 이 축적된 경험이 북한에 대한 맞춤형 체제전환 정책 방안을 제시하는 데 많은 도움이 될 것이다.

북한이 한국과의 관계에서 갖는 특수성을 배제하면 북한도 체제전환과 경제발전 과정에서 한국의 경험과 교훈을 공유하는 것은 빠른 체제전환과 정책적 성공을 거두는 데 매우 중요한 요소가 될 수 있다.

특히, 같은 언어를 사용하는 것은 지식과 경험을 공유하는 과정에서 매우 유리한 점이 될 수 있다. 한국이 국제사회에서 개발도상국들에게 전수해 주는 다양한 분야의 정책경험과 교훈을 통하여 북한의 상황에 맞는 형태로 발전시켜 전수하는 것은 북한 경제의 체제전환을 효과적으로 달성하는 데 매우 중요한 요소가 될 수 있다.

통일이 된 이후의 북한에 대한 체제전환정책의 방향은 비록 세부 부문에서는 다르겠지만 통일된 독일의 선례에서 많은 교훈을 얻을 수 있을 것이다. 그러나 통일 이전의 북한이 선택할 수 있는 체제전환정책은 불충분한 국내자본, 민영화 과정에 대한 국내 기득권의 반발, 국영기업 지분에 대한 분배 형평성 등을 충분히 고려해야 한다. 이러한 정책 목표는 결국 1990년대 동구권 국가들이 처한 체제전환상황과 유사하다.

9.5.2 북한의 체제전환 방향

위의 분석 내용들을 종합하여 볼 때 북한의 체제전환이 실시된다면 과연 체제전환 방향을 어떻게 설정하는 것이 좋은지에 대해 논의가 필요하다. [그림 9-2]는 지금까지의 논의를 종합하여 설정해 본 북한의 체제전환 방향을 설정해 본 것이다.

체제전환을 통하여 현재 한국의 경제발전, 정치적인 자유, 지속가능성 등에 도달하는 것이라고 목표를 세우는 경우 그 목표를 달성하는 과정을 결정해야 한다. 본 연구에서 논의한 주요 국가들의 체제전환 정책을 종합하면 다음 세 개의 국가 그룹의 정책 방향으로 분류할 수

그림 9-2 북한의 체제전환에 대한 방향

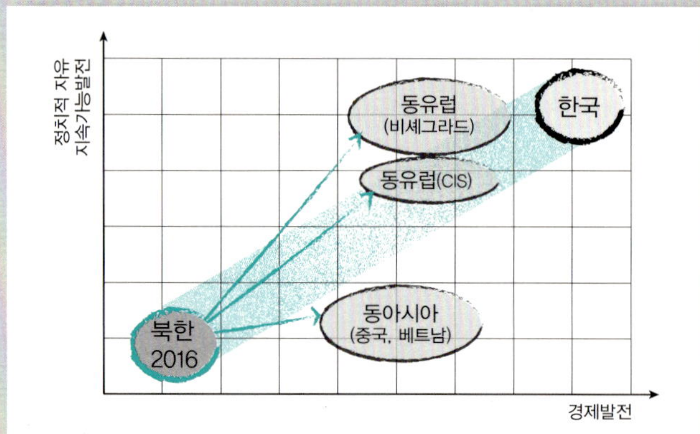

있다. 가장 성공적인 성과를 달성하였다고 할 수 있는 비셰그라드 국가 그룹, 사회주의 정치체제를 유지하면서 경제적 차원의 체제전환정책을 실시한 동아시아 국가 그룹, 그리고 러시아를 중심으로 한 독립국가연합 국가 그룹이다. 이들 국가 그룹의 경제발전 정도, 정치적 자유(프리덤하우스 지수), 지속가능성 정도(SD 지수)는 서로 상이하지만 각 국가 그룹별로 [그림 9-2]에 표시할 수 있다.

그림에서 동유럽 비셰그라드 4개국은 본격적인 체제전환을 시작하기 이전에 이미 다당제를 채택하는 등 정치적 민주화를 적극적으로 추진한 국가들이다. 동시에 소련이 몰락한 이후 경제적 체제전환을 본격적으로 실시하였다. 따라서 본격적인 경제적 체제전환을 시작하는 시기에 이미 1인당 GDP가 1만 달러 내외가 될 정도로 상당한 수준의 경제발전 단계에 도달한 상태였다. 물론 이들 국가들은 다른 체제전환국들보다 높은 체제전환 정책의 성과를 달성하였다.

독립국가연합(CIS) 국가들은 소련이 몰락한 이후에도 여전히 러시아와 긴밀한 관계를 유지하고 있어서 러시아의 강력한 영향력하에 있다. 그리고 정치적 측면에서도 비셰그라드 4개국에 비해 민주화의 발달 정도가 훨씬 덜 되어 있는 상태이다. 그리고 본격적인 경제적 체제전환을 시작한 1990년대에도 서구 자본주의 국가들과의 거래도 다른 동구권 국가들에 비해 덜 확대되었다. 이러한 환경에 의하여 체제전환의 경제적 성과는 비셰그라드 4국에 비해 개선 정도가 크지 않았다.

동아시아 4국은 정치적인 측면은 여전히 1개 정당 중심의 중앙집권적 사회주의체제를 유지하고 있다. 다만 경제적 차원의 체제전환정책만을 추진한 국가 그룹이다. 이들 국가들은 체제전환 정책을 실시하는 초기에 다른 동구권 국가에 비해서 1인당 GDP는 매우 낮은 수준이었다. 4국 중에서 중국은 전환정책을 실시한 이후 높은 성장률을 유지하였지만, 다른 체제전환국에 비해서 아직은 낮은 1인당 GDP에 머물러 있다. 중국 이외의 다른 3국은 지속적인 경제성장에도 불구하고 아직은 저개발국 수준에서 벗어나지 못하고 있다.

종합하면 3개 그룹 국가들은 정치적 혹은 경제적 체제전환, 체제전환 초기 시점에서 다양한 정치·경제·사회·환경 등의 조건, 체제전환 정책 내용 및 속도 등이 유사성도 있지만 많은 차이점을 갖고 있었다. 따라서 북한이 어느 방향으로 체제전환 정책을 실시할 것인가에 대한 논의는 이들 국가들의 위와 같은 다양한 상황을 매우 상세하게 살펴보고 판단해야 할 것이다.

북한이 경제체제의 전환을 고려한다면 이는 한국 경제와 접점을 넓혀 가는 과정으로 이해할 수도 있다. 북한 경제의 체제전환이 지속적인 발전을 추구하면서도 동아시아 국가들처럼 정치적으로는 공산주의를 유지하는 방향으로 진전된다면 동아시아 국가들의 체제전환 경험과 그들 국가들과 한국이 유지하는 다양한 관계에 대한 이해와 분석이 필요하다.

예를 들어, 북한의 낙후된 인프라 시설을 개선하고 추가적인 인프라를 설치하는 경우를 상정해 보자. 특히 전력부문은 국가경제발전에 근간이 되는 분야이고, 소비활동에도 매우 기본이 되는 부문이다. 북한의 전력 상황은 매우 좋지 않기 때문에 이를 개선하거나 추가적인 시설을 건설하는 것이 필요하다. 향후 전력부문의 장기적인 발전방향을 지속가능한 발전 측면에서 고려하는 것이 매우 중요하다.

현재 북한의 전력생산은 주로 수력과 석탄 화력에 의존하고 있다. 현재 수력 비중이 높은 것은 향후 북한의 수자원 활용 측면이나, 전력의 안정적 공급측면에서 바람직하지 않다. 왜냐하면 향후 북한 경제의 향상에 따라 생활용수 및 공업용수 등 타 분야에서 늘어나는 물에 대한 수요를 고려해야 하기 때문이다. 또한 기후변화 요인과 계절적 요인을 고려하면 수자원의 계절성에 너무 의존하는 전력생산은 전력을 안정적으로 공급할 수 없기 때문에 바람직하지 않다.

따라서 지속가능발전 측면에서 안정적이고 대기오염과 기후변화 문제도 고려한 전력체계는 신재생에너지를 적극 활용한 분산형 전원체계를 구성하는 것이다. 전력계통에 연계를 하는 경우와 농촌지역에 독립된 형태로 태양광이나 풍력 등 지역 여건에 맞는 전력체계를 분산형으로 구성하는 것은 환경적 측면에서 바람직하다. 뿐만 아니라 현재 한국이 추진하는 스마트 그리드(smart grid)체계와 같이 첨단 전력시스템과의 연계도 고려하여 장기적인 측면에서 북한의 전력공급 및 수요체계를 검토하는 것이 바람직하다.

타 부문에서도 각 부문의 여건과 특성에 맞는 구체적인 정책대안이 모색되어야 하겠지만, 중요한 정책방향으로 지속가능발전이 고려되어야 한다. 결국 기존의 체제전환국들에 대한 다양한 차원에서의 분석과 평가는 향후 북한에서 전개될 경제적 체제전환의 방향과 정도를 이해하는 중요한 기준이 될 수 있다. 기존의 체제전환 연구에서 강조된 경제적 측면에서의 체제전환뿐만 아니라 장기적이고 통합적인 측면에서 사회적, 환경적 측면이 고려된 지속가능발전 관점에서 북한의 체제전환에 관한 연구가 필요하다. 그리고 북한의 체제전환의 방향에 관한 다각적인 분석을 위해서 북한이 갖는 고유한 지역적 특성뿐만 아니라 문화, 역사 및 관행을 고려한 북한의 특수성을 감안하는 추가적인 연구가 필요하다. 이를 통하여 북한의 체제전환에 따른 국가적, 사회적 비용을 최소화할 수 있는 정책의 조합과 이를 선택할 수 있는 조건과 상황에 대한 분석이 수반되어야 한다.

마지막으로 이 책의 연구를 통하여 얻을 수 있는 또 다른 핵심적 시사점은 1980–90년대 과거 체제전환국들이 시도하였던 체제전환정책에 대한 시각이 변화해야 한다는 점이다. 1980년대에는 신자유주의적 시각에 기반을 하여 정해진 워싱턴 컨센서스가 남미나 체제전환국의 경제위기를 극복하기 위한 정책으로 제시되었다. 이들이 바로 지금까지 논의한 자유화, 개방화, 안정화 및 민영화 정책 방향이다. 물론 국가별로 구체적인 정책 내용이나 정책 실시 속도는 차이가 있었지만 정책성과도 다르게 나타났다.

2008년 글로벌 금융위기를 경험하면서 시장과 정부의 관계에 대한 시각도 변화해 가고 있다. 과거 체제전환정책의 기본적 시각이 되었던 워싱턴 컨센서스에 기반한 정책적 시각에도 변화가 불가피하다. 이는 Kaletsky가 주장한 자본주의 4.0시대에 직면하고 있다는 사실에서 이러한 시각의 변화가 필요함을 잘 보여 주고 있다. 그렇다고 이들의 새로운 시각이 폐쇄주의적 국가나 사회주의적 시각에 의한 정부계획체제를 의미하는 것은 아니다. 다만 시장 만능주의적 시각에서 더 나아가 국가나 정부도 중요한 역할을 할 수 있다는 사실을 시장 중심의 시각과 균형적 차원에서 바라보아야 한다는 것이다. 이러한 시대적·사상적 변화를 반영하여 과거 체제전환국들의 체제전환 경험을 생산적이고 효율적으로 북한의 체제전환과정에 반영시킬 철저한 준비가 필요하다.

참고 문헌

국내 문헌

강성진, 2012, "지속가능한 발전과 국가브랜드를 통해 본 국격의 제고", 미래기획위원회의 위탁연구과제(수행기관: 고려대학교 산학협력단)

강성진, 2014, 《2014 경제발전경험모듈화사업: 녹색성장 경험과 교훈》, 기획재정부 · KDI국제정책대학원.

강성진 · 김수정 · 정태용, 2016, "체제전환정책과 경제적 성과", mimeo.

김민관, 2007, "동유럽 주요국의 경제체제 전환과정", 한국산업은행 연구보고서.

김석진, 2007, "베트남 사례를 통해 본 북한의 대외무역 정상화 전망", 산업연구원 Issue Paper 2007-222.

김석진, 2008, "중국 · 베트남 개혁모델의 북한 적용 가능성 재검토", 산업연구원 정책자료 2008-80.

김성철, 2000, 《베트남 대외경제개방 연구: 북한에 주는 함의》, 통일연구원 연구총서 00-09.

김용희, 2014, "헝가리 체제전환 25년의 경제적 성과분석", 한국외국어대학교 대학원 박사학위(국제관계학과) 논문.

김은영, 2007, "베트남 경제개혁 · 개방 정책: 초기전환과정을 중심으로", 《KDI 북한경제리뷰》, 2007. 11/12월호, pp.47-57.

금융투자협회, 2011, 《베트남 금융산업과 금융시장 현황》, 이머징마켓 조사시리즈 11-4호.

박형중, 2005, "중국과 베트남의 개혁과 발전-북한을 위한 모델?" online

series(PA 05-06) 2005년 12월, pp.1-16.

안재현·윤용남, 2010, "북한 수자원 현황과 용수수급 전망(1)", 《물과 미래》, 43(4), pp.17-26.

윤성학, 1997, "러시아의 경제체제전환과 IMF의 역할: 경제안정화와 구조개혁", 《사회과학논집》, 28, pp.213-237.

이두원, 2000, "베트남 경제의 사유화—민간부문의 형성과 기업화를 중심으로", 《동남아시아 연구》, 10, pp.29-65.

이석기·양문수·정은이, 2014, "북한 시장실태 분석", 산업연구원 연구보고서 2014-738.

이철원, 2003, "헝가리 경제개혁의 추진현황과 평가-금융개혁을 중심으로", 대외경제정책연구원 지역리포트 03-01.

이한우, 2013, "베트남의 국영기업 소유구조 변화와 정부-기업관계", 《동남아시아 연구》, 23(2), pp.143-175.

정지원·강성진, 2012, "녹색경제와 지속가능발전: 논의 동향과 ODA 정책시사점", ODA 정책연구 12-07, 대외경제정책연구원.

정태용·강성진, 2015, "베트남 시장경제의 이행경험 연구와 정책적 시사점", KDI국제정책대학원 Development Research and Learning Network 2015-1.

조대현, 2013, "베트남, 국영기업 구조조정이 성장 내실화의 핵심", 《CHINDIA JOURNAL》, 80, pp.53-55.

최영진, 2010, "아시아 체제이행 국가의 경험이 북한농업에 주는 함의", 《통일과 평화》, 2(1), pp.105-144.

통계청 북한통계, http://kosis.kr/bukhan/statisticsList/statisticsList_01List.jsp#SubCont, 검색일: 2016.08.10.

통일부 통일교육원, 2014, 《2014 북한이해》, 늘품플러스.

한국기상청 기상자료개방포털, https://data.kma.go.kr, 검색일: 2016.08.10.

한국수출입은행, 2009, "베트남 외국인투자환경", http://koreaexim.go.kr/kr/bbs/noti/view.jsp?no=6672&bbs_code_id=1311913463289&bbs_code_tp=BBS_2&code_tp=C01_162_173&code_tp_up=C01_162, 검색일: 2015.04.05.

한국은행 경제통계시스템, http://ecos.bok.or.kr, 검색일: 2016.07.10., 2016.08.29.

국외 문헌

Adam, J., 1995, "The Transition to a Market Economy in Hungary," *Europe-Asia Studies*, 47(6), pp.989-1006.

Arab Republic of Egypt, Ministry of Petroleum,http://www.petroleum.gov.eg/en/AboutEgypt/Pages/Economics.aspx, 검색일: 2016.05.23.

Arellano, M. and O. Bover, 1995, "Another Look at the Instrumental Variable Estimation of Error-components Models," *Journal of Econometrics*, 68, Issue 1, 1995, pp.29-51.

Arellano, M. and S. Bond, 1991, "Some Tests of Specification for Panel Data: Monte Carlo Evidence and an Application to Employment Equations," *Review of Economic Studies*, 58(2), pp.277-297.

Barro, R.J., 1991, "Economic Growth in a Cross Section of Countries," *The Quarterly Journal of Economics*, 106(2), pp.407-443.

Barro, R.J., 2003, "Determinants of Economic Growth in a Panel of Countries," *Annals of Economics and Finance*, 4, pp.231-274.

Barro, R.J., 2013, "Education and Economic Growth," *Annals of Economics and Finance*, 14-2(A), pp.277-304.

Berlage, L. and D. Terweduwe, 1988, "The Classification of Countries by Cluster and by Factor Analysis," *World Development*, 16(12), pp.1527–1545.

Blundell, R. and S. Bond, 1998, "Initial Conditions and Moment Restrictions in Dynamic Panel Data Models," *Journal of Econometrics*, 87, pp.115-143.

Boycko, M., A. Shleifer, and R.W. Vishny, 1994, "Voucher Privatization," *Journal of Financial Economics*, 35, pp.249-266.

CAIT [Climate data explorer], http://cait.wri.org, 검색일: 2016.08.30.

Campos, N.F., 2001, "Will the Future be Better Tomorrow? The Growth Prospects of Transition Economies Revisited," *Journal of Comparative Economics*, 29, pp.663-676.

Dabrowski, M., 1996, "Different Strategies of Transition to Market Economy: How Do They Work in Practice?," *IMF Policy Research Working Paper*, 1579.

Dang, G. and L.S. Pheng, 2015, *Infrastructure Investments in Developing Economies*, Springer.

de Melo, M., C. Denizer and A. Gelb, 1996, "From Plan to Market: Patterns of Transition," *Policy Research Working Paper*, The World Bank.

de Melo, M., C. Denizer, A. Gelb and S. Tenev, 1997, "Circumstance and Choice: The Role of Initial Conditions and Policies in Transition Economies," *Policy Research Working Paper*, 1866.

de Melo, M., C. Denizer, A. Gelb and S. Tenev, 2001, "Circumstance and Choice: The Role of Initial Conditions and Policies in Transition Economies," *The World Bank Economic Review*, 15(I), pp.1-31.

DPRK [Democratic People's Republic of Korea], 2012, "Environment and Climate Change Outlook"

EBRD [European Bank for Reconstruction and Development], *Transition Report*, 각 연도 판.

EBRD, http://www.ebrd.com/ebrd-in-cyprus.html, 검색일: 2016.08.10.

EBRD, http://www.ebrd.com/news/2014/undp-and-ebrd-join-forces-to-promote-sustainable-progress.html, 검색일: 2016.08.20.

EIA [U.S. Energe Information Administration], https://www.eia.gov/cfapps/ipdbproject/iedindex3.cfm?tid=44&pid=44&aid=2&cid=KN,&syid=1990&eyid=2012&unit=QBTU, 검색일: 2016.08.30.

Everitt, B.S., S. Landau, M. Leese and D. Stahl, 2011, *Cluster Analysis* 5th Edition, John Wiley & Sons, Ltd.

Falcetti, E., T. Lysenko and P. Sanfey, 2005, "Reforms and Growth in Transition: Re-examining the Evidence," *EBRD Working Paper*, No.90.

Falke, M., 2002, "Community Interests: An Insolvency Objective in Transition Economies?," *Frankfurter Institut für Transformationsstudien*, No.01/02.

Fischer, S., R. Sahay and C.A. Végh, 1996, "Stabilization and Growth in Transition Economies: The Early Experience," *Journal of Economic Perspectives*, 10(2), pp.45-66.

Freedom House, https://freedomhouse.org/report/freedom-world/freedom-world-2015#.VvC7bE1JmUk, 검색일: 2015.12.30.

Freedom House, http://freedomhouse.org/report-types/freedom-world#.VT-GLtGJimQ, 검색일: 2015.07.31.

Hare, P.G., 1991, "Hungary in transition to a Market Economy," *The Journal of Economic Perspectives*, 5(4), pp.195-201.

Hare, P., 2013, "Institution in Transition," in *Handbook of the Economics and Political Economy of Transition*, Routledge.

Hare, P.G., T. Revesz, P. Aven, G. Oblath and H. W. Sinn, 1992, "Hungary's Transition to the Market: the Case against a 'Big-bang'," *Economic Policy*, 7(14), pp.227-264.

Havrylyshyn, O. and R.V. Rooden, 2003, "Institutions Matter in Transition, But So Do Policies," *Comparative Economic Studies*, 2003(45), pp.2-45.

Havrylyshyn, O. and T. Wolf., 1999, "Determinants of Growth in Transition Countries," *Finance & Development*, 36(2). (http://www.imf.org/external/pubs/ft/fandd/1999/06/havrylys.htm, 검색일: 2016.07.10

Heritage Foundation, http://www.heritage.org/index, 검색일: 2015.07.31; 2015.12.30.

IMF [International Monetary Fund], 2000, "Transition Economies: An IMF Perspective on Progress and Prospects," https://www.imf.org/external/np/exr/ib/2000/110300.htm#II, 검색일: 2014.12.26.

Islam, N., 1995, "Growth Empirics: A Panel Data Approach," *The Quarterly Journal of Economics*, 114(4), pp.1127-1179.

Kaletsky, A., 2010, *Capitalism 4.0: The Birth of a New Economy in the Aftermath of*

Crisis, Public Affairs.

Kennett, D., 2004, *A New View of Comparative Economics*, 2e, South-Western College Publishing: Thomson Learning.

Keynes, J.M., 1936, *The General Theory of Employment, Interest, and Money*, Macmillan.

Kozminski, A.K., 1992, "Transition from Planned to Market Economy Hungary and Poland Compared," *Studies in Comparative Communism*, 25(4), pp.329-330.

Kronthaler, F., 2005, "Economic Capability of East German Regions: Results of a Cluster Analysis," *Regional Studies*, 39(6), pp.739-750, DOI:10.1080/00343400500213630.

Levine, R. and D. Renelt, 1992, "A Sensitivity Analysis of Cross-Country Growth Regressions," *The American Economic Review*, 82(4), pp.942-963.

Lipton, D., J.D. Sachs, S. Fischer and J. Kornai, 1990, "Creating a Market Economy in Eastern Europe: The Case of Poland," *Brookings Papers on Economic Activity*, 1, pp.75-133.

Lipton, D. and J.D. Sachs, 1992, "Prospects for Russia's Economic Reforms," *Brookings Papers on Economic Activity*, 2, pp.213-283.

Maddison, A., 1995, Monitoring the World Economy 1820-1992, OECD.

Mankiw, N.G., D. Romer and D.N. Weil, 1992, "A Contribution to the Empirics of Economic Growth," *The Quarterly Journal of Economics*, 107(2), pp.407-437.

Marangos. J., 2003, "Was Shock Therapy Really a Shock?," *Journal of Economic* Issues, XXXVII(4).

Munasinghe, M., 2008, "Addressing Sustainable Development and Climate Change Together Using Sustainomics," 2010 John Willey & Sons, Ltd., DOI:10.1002/wcc.86.

Nellis, J., 2002, "The World Bank, Privatization and Enterprise Reform in Transition Economies: A Retrospective Analysis," *Working Paper* 23737, World Bank.

Nguyen, V.V., 2014, "Experience on Creating of a Leveling Playing Field (for all of Institutional Sectors) during Transition Process to the Market Economy in Vietnam."

Ostry, J.D., P. Loungani and D. Furceri, 2016, "Neoliberalism: Oversold," *Finance & Development*, 53(2), pp.38-41.

Papp, A., M. Long, M. Kopányi, and P. Mihályi, 1998, "Privatization: Restructuring Property Rights in Hungary," in *Public Finance Reform during the Transition The Experience of Hungary*, edited by L. Bokros and J. Dethier, A World Bank Publication, pp. 362-364.

Republic of Turkey Ministry of Foreign Affairs,http://www.mfa.gov.tr/prospects-and-recent-developments-in-the-turkish-economy.en.mfa, 검색일: 2016.08.10.

Roaf, J., R. Atoyan, B. Joshi, K. Krogulski and an IMF Staff Team, 2014, 25 Years of Transition Post-Communist Europe and the IMF, International Monetary Fund.

Rodrik, D., 2006, "Goodbye Washington Consensus, Hello Washington Confusion? A Review of the World Bank's Economic Growth in the 1990s: Learning from a Decade of Reform," *Journal of Economic Literature*, 44(4), pp.973-987.

Sachs, J., 2012, "From Millennium Development Goals to Sustainable Development Goals," *The Lancet*, 379(9832), pp.2206-2211.

Sachs, J., C. Zinnes and Y. Eilat, 2000, "Patterns and Determinants of Economic Reform in Transition Economies: 1990-1998," *Systemic Transformation in Transition Economie*, I, CAER II Discussion Paper 61.

Schnitzer, M., 2000, *Comparative Economic System*(8th edition), South-Western College Pub.

StataCorp., 2015, *Stata Multivariate Statistics Reference Manual* – Release 14, Stata Press.

Tang, J.C.S. and P.A. Salvador, 1986, "Classification of Countries for International

Development Planning using Cluster Analysis," *Socio-Economic Planning Sciences*, 20(4), pp.237-241.

Tan, P.N., M. Steinbach and V. Kumar, 2006, *Introduction to Data Mining*, Addison-Wesley.

The Maddison-Project, http://www.ggdc.net/maddison/maddison-project/home.htm, 2013 version, 검색일: 2016.5.20; 2016.08.31.

Tryfos, P., 1997, "Chapter 15 Cluster Analysis," in *Methods for Business Analysis and Forecasting: Text and Cases*, John Wiley & Sons.

UNCTAD [United Nations Conference on Trade and Development], 2014, "World Investment Report."

UN STAT, http://data.un.org/Explorer.aspx?d=SNAAMA&f=grID%3a101%3bcurrID%3aNCU%3bpcFlag%3a0, 검색일: 2016.07.11.

Vázquez, S.T. and A. Sumner, 2012, "Beyond Low and Middle Income Countries: What if There Were Five Clusters of Developing Countries?," *IDS Working Paper*, Vol.2012, No.404.

Ward Jr., J. H., 1963, "Hierarchical Grouping to Optimize an Objective Function," *Journal of the American Statistical Association*, 58(301), pp.236-244.

Williamson, J., 1990, "What Washington Means by Policy Reform," in J. Williamson(Ed.), *Latin American Readjustment: How Much has Happened?*, pp.7-20.

Williamson, J., 2004, "The Washington Consensus as Policy Prescription for Development," A Lecture in the Series "Practitioners of Development" delivered at the World Bank on January 13, 2004.

World Bank, 2002, "Transition The First Ten Years: Analysis and Lessons for Eastern Europe and the Former Soviet Union," http://siteresources.worldbank.org/ECAEXT/Resources/complete.pdf, 검색일: 2016.07.29.

World Bank, 2008, "Unleashing Prosperity: Productivity Growth in Eastern Europe and the Former Soviet Union," http://siteresources.worldbank.org/ECAEXT/Resources/publications/UnleashingProsperity.pdf, 검색일: 2014.12.26.

World Bank, "World Development Indicators," http://databank.worldbank.org/data/views/variableSelection/selectvariables.aspx?source=world-development-indicators, 검색일: 2016.01.22; 2016.01.25; 2015.12.30; 2016.05.16; 2016.06.12; 2016.07.05.

Yale University, "Environmental Performance Index," http://epi.yale.edu/, 검색일: 2015.12.30.

경제체제전환과 북한

지속가능발전의 관점에서

초판발행	2017년 1월 20일
초판 2쇄	2019년 3월 20일
지은이	강성진 · 정태용
펴낸곳	고려대학교출판문화원
	www.kupress.com
	kupress@korea.ac.kr
	02841 서울특별시 성북구 안암로 145
	02-3290-4230, 4232
	Fax 923-6311
찍은곳	한국컴퓨터인쇄정보

ISBN 978-89-7641-922-4 93320

값 18,000원

* 잘못 만들어진 책은 바꿔드립니다.